자기표현과 글쓰기

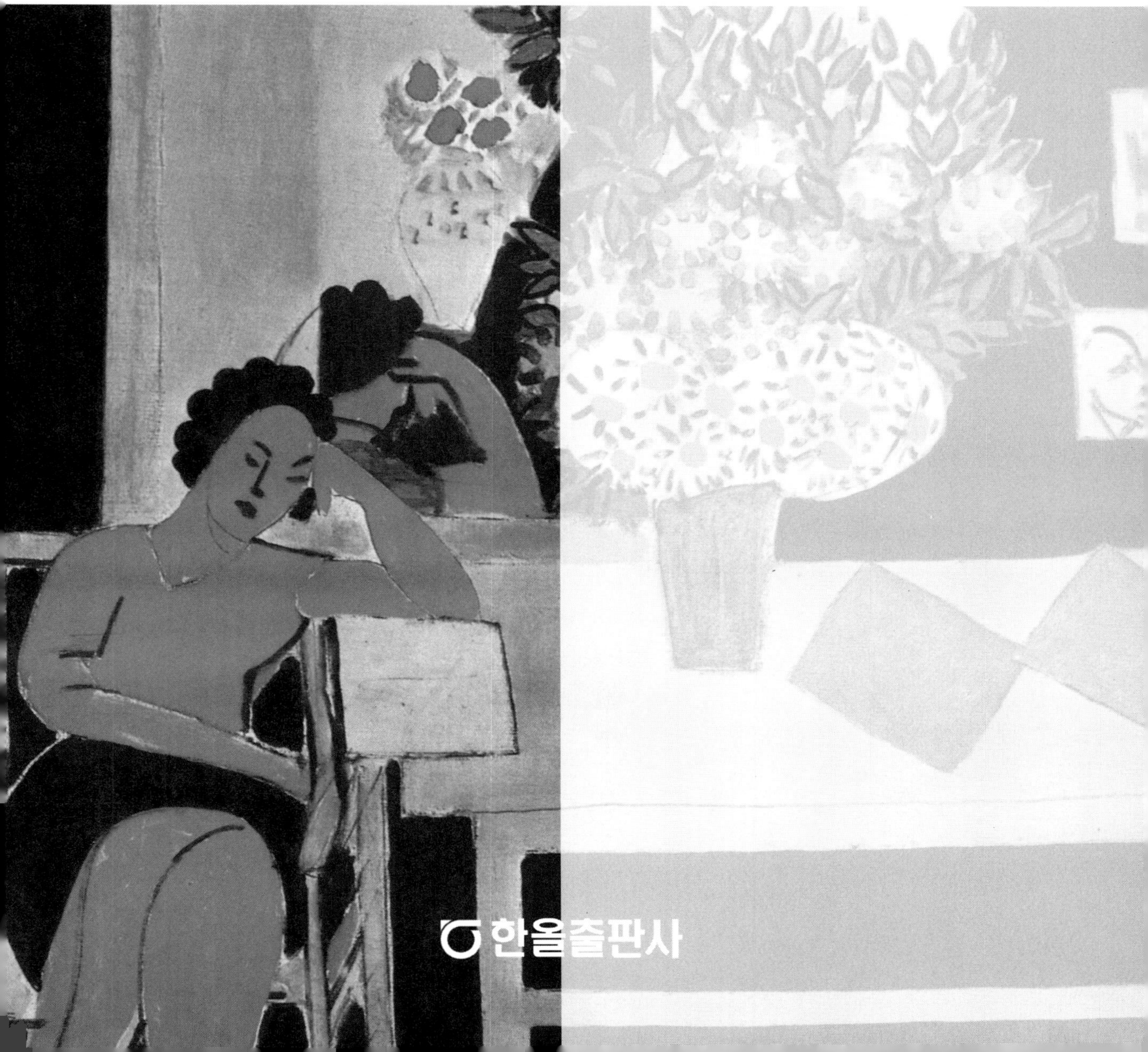

한올출판사

서 문

우리는 무수한 말을 하며 산다. 하루에 50여권 이상의 책이 출판되고 신문 기사에서부터 광고전단지에 이르는 많은 글들이 넘쳐나고 있다. 그런 속에서 새삼스럽게 글쓰기를 강조하는 것은 정작 많은 사람들이 실제 자신의 생각을 글로 써보지 않았기 때문이다.

인간을 생각하는 동물이라고 하는 것은 단지 생각할 수 있는 능력 그 자체만을 가리키지는 않는다. 자신이 생각한 것을 기억하고 또 정리하며, 그것이 다시 새로운 생각으로 이어지게 할 수 있을 때, 우리는 생각하는 동물로서의 인간을 발견하게 되는 것이다.

문화가 글자의 창제에서부터 출발했다고 하는 것은 시사하는 바가 크다. 우리가 글을 쓴다는 것은 한 인간으로서의 의미를 보편화하는 문화행위의 출발이라고 할 수 있다. 말도 마찬가지겠지만, 글이란 근본적으로 소통을 전제로 한다. 대상과의 관계를 고려하고 그 속에서 자신의 정체성을 발견하는 것이다.

이 책은 글쓰기에 필요한 기초적 이론과 다양한 형식을 글들을 쓰는 방법들을 다루고 있다. 글을 잘 쓰는 사람은 단순히 글재주가 뛰어난 사람을 말하지 않는다. 글을 잘 쓰기 위해서는 자신의 생각을 잘 정리해야 할 뿐만 아니라 다른 이들의 생각도 충분히 고려해야만 한다. 따라서 글을 잘 쓰는 사람은 그것만으로도 충분히 평가의 대상이 될 수 있는 것이다.

오늘날 새로운 평가의 기준으로 창의력과 독창성이 요구되고 있다. 뿐만 아니라 사회는 사회성을 비롯한 심성적 특성을 주요한 평가기준으로 삼고 있다. 그리고 그것을 확인하는 방법으로 글쓰기를 요구한다.

따라서 글쓰기란 단순한 재주 이상의 삶의 전략이며, 스스로를 드러낼 수 있는 가장 적절한 수단이라도 믿는다. 글쓰기에 타고난 재주가 필요 없는 것은 아니다. 아무리 노력해도 늘지 않는 것이 글쓰기인 것도 사실이다. 하지만 그러한 글쓰기는 문학작품과 같은 특정 부분을 가리키는 말이다. 사회에서 요구하는 글은 그런 문학적 재능을 요구하는 글과는 그 차원이 다르다.

글쓰기를 싫어하는 사람들이 있다. 하지만 이렇게 생각해보면 어떨까? 비행기에서 낙하산 없이 뛰어내리는 것과 한편의 글을 쓰는 것을 선택하라면 누구나 글쓰기를 선택할 것이다. 우스꽝스러운 비유 같겠지만 사회라는 비행기에서 우리에게 끊임없이 요구하는 것은 바로 이러한 글에 대한 요구이다.

이제 글쓰기는 선택이 아닌 필수적 요소임을 알아야 할 것이다.

2006년 봄

저자 일동

차 례

1부 • 글쓰기를 위한 첫걸음

말과 글은 다르다. 말은 자유스러운 반면 글을 그렇지 않다. 말로 보고하는 것과 글로 보고하는 것은 완연히 다르다. 말은 분위기에 따라 다양한 화재를 차용하거나 원래의 목적과는 다르게 말을 이끌어 갈 수도 있다. 하지만 글은 그렇지 않다. 또한 말로 한 약속은 구속력이 없지만 글은 다르다.

글이란 자신을 드러내는 수단인 동시에 사람들 사이의 약속에 의해 이루어지는 체계라고 할 수 있다. 따라서 글에는 일정한 원리가 있으며, 그것을 지키는 것이 글쓰기의 기본이 된다.

1부에서는 이러한 글쓰기의 이론들을 살펴볼 것이다. 무엇을, 왜, 어떻게 써야하는 지가 그것이다. 글은 생각을 정제한 유기적 구조물이다. 글은 그 자체로 문화이며 형식이다. 따라서 그 형식을 이해하는 데에서부터 글쓰기의 첫걸음을 내딛어 보자.

□ 1강 : 무엇을 쓸 것인가
□ 2강 : 글쓰기 구성의 전략과 방법
□ 3강 : 글쓰기 표현의 전략과 방법

강 1

무엇을 쓸 것인가

– 쓰기의 목적/ 주제의 설정

모든 일을 수행하기에 앞서 우리는 나름대로의 계획을 세운다. 그것은 일을 편안하고 능률적으로 해나기 위해서이다. 사전에 준비를 함으로써 무작정 덤볐을 때 일어날 수도 있는 예기치 않았던 돌발적 상황에 유연하게 대처할 수 있고 나아가 주어진 시간을 효율적으로 사용할 수 있게 되는 것이다. 글쓰기도 마찬가지다. 좋은 글을 쓰기위해서는 무엇을 어떻게 쓸 것인가. 그리고 그에 필요한 일체의 재료들은 무엇인지를 철저히 준비해야 한다. 일종의 설계도를 작성한다고 말할 수 있다. 무엇을 '쓸 것인가'에 대한 고민은 글을 쓰는 목적이 무엇인지에 대해 명확히 인식한다는 것을 의미하고 결국 이것이 우리가 흔히 말하는 글의 '주제'가 된다. 이러한 목적과 의도가 분명해지면 '어떻게 쓸 것인가'에 대한 단계로 자연스럽게 넘어가게 된다. 주제를 가장 효과적으로 전달할 수 있는 글의 종류와 문장의 기술 등이 정해지는 것이다. 인간의 정서와 감정을 다루는 주제라면 문학적인 글이 될 가능성이 많고 아니면 사회적 이슈나 문제에 대한 의견이 담겨질 경우 일반적인 논술의 형태를 띠게 될 것이다. 이러한 과정은 실제 집필로 들어가기 전 구상단계에 해당한다고 할 수 있다. 그러나 모든 글쓰기에 적용될 수 있는 표준적인 절차나 방법이 있는 것은 아니다. 다만 이 장에서는 가장 보편적이고 기본적인 방식을 살펴봄으로써 글쓰기 작업 중 일어날 수 있는 불필요한 시행착오를 최소화하여 능률적인 글쓰기의 길로 안내하는 데 목적이 있다.

여기서는 그러한 절차 중 가장 처음이 되는 글의 주제 설정과 관련한 내용을 살펴볼 것이다. 흔히 '시작이 반이다'라는 말이 있는데 글쓰기 있어 이 시작이 바로 '주제'의 설정이다. 위에서도 잠시 언급했듯이 주제의 설정이란 글의 목적과 목표를 명확히 정하는 것을 말한다. 즉 필자가 글을 통해 말하고자 하는 중심 생각이 된다. 이러한 주제가 일단 정해지면 글쓰기에 마침표가 찍혀질 때까지 모든 내용은 이 주제를 향해 수렴해야 되는데 결국 '주제'의 기능과 역할은 일종의 지도, 방향타와 같은 것이라 할 수 있다.

(1) 글쓰기의 개념

주제에 대한 정의 중 '작가의 인생관 혹은 세계관'이라는 것이 있다. 이것은 너무 거창해서 사실 개념이 명확히 잡히지 않는 말이다. 사실 모든 주제에는 작가의 세계관 혹은 가치관이 들어있기 때문이다. 좀 더 구체적일 필요가 있다. 간단히 말해 위에서도 언급했듯이 주제는 필자가 글을 통해 말하고자 하는 것, 글의 핵심적인 내용이라 할 수 있다. 이것을 좀 더 자세히 알기 위해 '소재'나 '제재'와의 관계를 살펴보는 것이 좋겠다.

소재(素材, material)란 우리가 사는 이 세계 속에 무한히 산재해 있는 모든 글감(이야기 거리)을 말한다. 따라서 글감은 물질적인 것과 정신적인 것(상상적인 것)을 포함하여 거의 무한대에 이른다고 할 수 있다. 결국 가능성의 원천이라 할 수 있다. 즉 가능성이라는 말은 아직 실제 글로써 실현되지 않았다는 것이 되는데 이를 위해 우리는 무한한 자원에서 선택을 해야 한다.

바로 이러한 특별한 선택을 통해 필자가 어떤 글을 쓰기 위해 무한한 원천으로부터 골라낸 것들이 제재(題材, subject matter)다. 그리고 주제란 필자가 선택한 제재를 사용하여 궁극적으로 형상화해낸 핵심적인 사상이나 의미를 가리킨다. 즉 주제는 제재의 뒤에 숨어서 그들을 통일시키고 지배하는 핵심적인 원리이고, 제재는 주제를 효과적으로 드러내기 위해 특별히 사용되는 재료라고 말 할 수 있다.

결국 무한한 소재 속에서 선별적으로 선택을 하게 될 때 선택의 기준, 척도가 주제가 된다고 할 수 있겠다.

(2) 주제 설정의 요령

무엇이든 쓰겠다는 결심이 섰을 때 우리는 막연해진다. 목적과 목표가 구체적으로 정해지지 않았기 때문이다. 이 상태에서는 글을 쓸 수 없고 설혹 시작하더라도 좋은 결과를 기대할 수 없다. 주제가 분명하게 설정되어 있지 않으면 좋은 글을 쓰기란 쉽지 않다. 즉 주제가 구체적이지 못하기 때문에 어디서부터 어떻게 글을 시작해야 할지 가늠하기 힘들어진다는 말이다. 따라서 주제 선정에 대한 나름대로의 방식을 가지고 있어야 하는데 여기서는 기초적인 요령에 대해 알아보도록 하자.

1) 막연한 착상으로부터 구체적인 것으로 작게 한정시켜라

우선 주제를 선정하기 위해서는 주제의 범위를 좁힐 필요가 있다. 즉 막연한 착상 혹은 어렴풋하게 맴돌고 있는 생각을 구체화 시키는 것이다. 사랑이라는 주제로 글을 쓴다고 하자. 사랑에는 다양한 종류가 있다. 막연하게 사랑에 대해 쓰기에는 사랑이라는 범주는 너무 넓다. 사랑에는 이성간의 사랑, 절대자에 대한 사랑, 부모와 자신간의 사랑 등 이루 헤아릴 수 없는 다양한 형태의 양상이 있기 때문이다. 따라서 여기서 필자 나름대로의 태도를 견지해서 가치 평가를 하고 한 가지를 골라야 한다. 흔히 이렇게 해서 선택된 주제를 참주제라고 하는데 용어가 중요한 것이 아니라 작은 범주로 구체화 시킨다는 점을 명심하자. 만약 이러한 선별(주제의 한정)이 이루어지지 않을 경우 주제의 폭이 너무 넓어져서 글의 논지가 흐려져 산만해지기 쉽고 깊이 없이 관념적인 내용으로 흐를 수밖에 없게 된다.

2) 독자가 관심을 갖고 있는 주제를 고민하라

모든 글에는 독자가 있다. 따라서 필자는 자기 자신의 만족에 앞서 독자가 만족할 수 있는 글을 써야 한다. 독자가 만족한다는 것은 독자가 흥미와 관심을 갖고 글에 접근하여 내용에 공감한다는 말이다. 즉 독자를 고려하여 주제를 선택해야 글의 설득력과 호소력 그리고 전파력을 강화시킬 수 있는 것이다. 이를 위해서는 사회적으로 이슈가 되는 문제, 즉 사회적 의의와 가치와 관련되거나 보편성을 띤 주제를 선정하는 것이 좋다. 너무 개인적인 문제를 주제로 선정했을 때 개성이나 독특함을 표현할 수 있을지 모르나 그 너무나 개성적이고 독특함 때문에 독자가 쉽게 공감하기 어려울 수 있으므로 이러한 문제를 충분히 숙고해야 할 것이다.

3) 자신이 관심을 가지고 있으면서 충분히 알고 있는 주제를 선정하라

글은 자신이 평소에 관심을 갖고 있거나 쓰고 싶었던 주제를 설정해서 쓰는 것이 좋다. 필자가 관심도 없는 주제를 설정할 경우에 진지한 글쓰기가 이루어질 수 없다. 마지못해 쓰는 글은 진실성과 사명감이 발휘되지 않는다. 자발적인 글쓰기가 되어야 한다는 말이다. 또한 자신이 선택하려는 주제와 관련된 제반 지식을 충분히 가지고 있어야 한다. 주제와 관련해서 제반 체험과 지식이 불충분하게 되면 아무리 관심 있는 주제라도 글이 추상적으로 흐르거나 피상적인 접근 밖에 할 수 없게 된다. 반대로 풍부한 지식을 가지고 있다면 손쉽게 그리고 생동감 넘치는 어조와 구체성이 있는 글을 쓰게 될 것이다. 또한 충분한 관심과 지식이 있어야 자신 있게 글을 쓸 수 있고 이 자신감이야말로 글이 가지는 생명력의 원천임을 명심하자.

4) 독창적이면서 참신한 주제를 찾아라.

독창적이면서 참신한 주제란 다른 사람들이 별로 관심을 두지 않거나 혹은 놓치고 있는 유의성 있는 주제를 말한다. 참신하고 독창적이라는 주제라고 해서 곧

무에서 유를 창조하는 것만을 뜻하는 것이 아니다. 같은 주제에 대해 보는 시점과 각도를 전혀 다르게 하여 해석함으로써 새로운 의미를 발견하는 것 또한 충분히 신선함을 제공할 수 있다. 즉 기발한 착상을 통해 새로운 의미를 부여함으로써 참신한 관점을 제시할 수 있다면 그것 자체로 충분히 독창적인 글이라 말할 수 있다. 이는 곧 자신만의 개성적인 글을 쓰는 첫 걸음이 될 것이다.

(3) 주제 설정 방법

주제 설정의 일반적인 절차 과정에 대해 살펴보도록 하자.

일반적인 주제 설정 과정은 가주제를 설정한 후 이를 보다 구체적으로 조직하여 참 주제를 설정하고 마지막으로 설정된 참주제를 주제문으로 작성하는 과정을 밟게 된다.

1) 가주제의 설정

아직 구체적으로 한정하지 않은 잠정적인 주제를 말한다. 주제의 범위와 인식이 다분히 추상적인 단계라 할 수 있다. 예를 들면 사랑, 평화, 통일 등 포괄적인 주제들에 대해 생각하고 있는 수준이라 할 수 있다.

2) 참(진)주제

포괄적으로 설정된 가주제의 의미와 범위를 좁히고 구체화하여 필자가 쓰고자 하는 핵심적인 주제로 확정한 것을 말한다. 가주제의 범위를 구체화시키기 위해서는 위에서 살핀 주제의 설정 요령을 고려하여 다양한 관점에서 검토하는 것이 필요하다. 결국 이러한 과정을 통해 필자는 구체적으로 "무엇에 대하여 쓸 것인가?"

의 문제를 명료하게 인식할 수 있게 된다.

예를 들면 '이성간의 사랑', '이라크 전쟁과 평화', '남북통일의 방향과 과제' 등과 같이 좀 더 작은 주제로 한정하여 설정하는 것을 말한다.

3) 주제문의 작성

확정된 참주제를 하나의 문장 형태로 완성한 것을 말한다. 이는 필자가 글을 쓰는 동안 무엇에 대하여 쓸 것인가를 명료하게 인식하게 하고, 나아가 글 전체의 통일성과 방향성을 유지하도록 하는데 도움을 준다. 즉 주제문은 글이 전체적인 통일성과 일관성을 유지하도록 도와주는 하나의 척도가 된다.

주제문 작성에 있어 유의해야할 점은 다음과 같다.

첫째, 완전한 문장의 형태를 취하되 장황하지 않게 해서 의미 전달이 명확하도록 해야 한다.

둘째, 필자의 관점, 태도, 목표 등이 분명하게 드러나야 한다.

셋째, 표현은 명확하고 구체적으로 해야 한다. 따라서 비유나 암시적인 표현은 적적치 못하다.

넷째, 평서형 문장을 취하고 두 개의 주제로 해석이 가능한 문장을 쓰면 안 된다.

주제문의 설정

주제를 완결된 문장으로 진술한 것이 주제문이다. 주제는 대체로 주제문의 주어부에 해당된다. 따라서 주제문을 작성하지 않으면 글의 결론 부분이 모호해지기 쉽다. 왜냐 하면 글의 결론 부분은 주제에는 나타나지 않기 때문이다. 주제문을 작성하면 다음과 같은 이점이 있음을 알아두자.

- 글이 전개될 방향을 예고해 준다.
- 글의 내용과 길이를 예측할 수 있게 해 준다.
- 글이 주제에서 벗어나는 것을 막아 준다.

주제문을 작성할 때의 주의점

(1) 형식면

① 출제자가 요구하는 쟁점이 무엇인가를 명확히 파악한다.

② 완전한 문장이 되도록 진술하여야 한다.

③ 의문문이나 비유적인 형태는 피한다.

④ 대립되는 견해가 제시될 때는 반드시 상대측에 의한 반론의 여지를 생각해야 한다.

⑤ '나는 ~ 이라고 생각한다.'의 표현은 피한다.

⑥ 필자의 독창적인 견해가 요약적으로 제시되어야 한다.

(2) 내용면

① 너무 넓은 범위를 다루지 않도록 한다.

② 서로 다른 둘 이상의 개념을 다루지 않아야 한다.

③ 불명료하고 모호한 표현은 피한다.

④ 일관성이 없거나 모순되는 표현은 피한다.

(3) 예제

(ㄱ) 다음의 주제문들은 어떤 점이 잘못되었는지 지적하시오.

① 언론은 사회의 목탁(木鐸)이다.

② 후진국 국민의 건강 상태에 대하여

③ 침략자에 대한 한민족의 저항과 투쟁 정신은 유사 이래 면면히 발휘되어 왔다.

① ……………………………………

② ……………………………………

③ ……………………………………

(ㄴ) 다음의 주제문들은 별로 바람직하지 못하다. 올바로 고쳐 쓰시오.

① 소년은 봄이요, 노년은 가을이다.

② 대도시의 생활에는 여러 가지 어려움이 뒤따른다.

③ 인구 증가의 억제는 오늘날 가장 시급하고 중요한 과제라고 생각한다.

①

②

③

(4) 취재

주제가 설정 되고나면 주제를 전개시키기 위한 글감, 즉 자료를 조사하여 그것을 정리하는 작업이 필요하게 된다. 이러한 전 과정을 취재(取材)라 할 수 있다. 일반적으로 앞서서 말한 것과 같이 주제와 관련된 재료를 제재라고 한다. 다시 말하면 제재란 글의 실질적인 내용을 구성하는 것으로서 필자가 주제를 살리기 위해 선택한 특별한 소재라고 할 수 있다. 주제 설정과 제재의 선택의 선후관계는 글의 종류에 따라 약간의 차이가 있으나 이는 반드시 그래야한다는 원칙이 아니라 상호보완적인 관계라 할 수 있다. 일반적으로 보고문, 조사 기록, 기행문 등은 제재가 먼저 생기고 주제가 설정되지만, 논설문이나 설명문 등은 먼저 주제를 설정하고 나서 그에 어울리는 제재를 선택하는 것이 보통이다. 그러나 기행문 등과 같은 글도 특정한 목적과 주제를 정해 놓고 주제에 맞는 제재를 취할 수 있으므로 이것은 고정불변의 원칙라고 할 수 없겠다.

1) 제재의 선택과 방법

좋은 글을 쉽게 쓰기 위해서는 주제를 부각시킬 수 있는 적절한 제재를 최대한으로 다양하게 확보해야 한다. 제재란 글의 내용을 구성하는 이야깃거리이기 때문이다. 적재적소에 사용할 수 있는 글감을 풍부하게 가지고 있을수록 글의 내용도 흥미롭고 다채로워질 수 있으며, 주제의 전달과 설득력을 높일 수 있다.

제재의 확보/조건에 있어 다음 사항을 갖추면 좋다.

① 주제를 충분하고 적절하게 뒷받침할 수 있는 제재

② 필자/독자에게 관심도가 높은 제재

③ 근거가 확실한 제재

첫 번째 사항은 별도의 설명이 필요하지 않을 것이다. 두 번째 사항은 시대적 감각 정도를 고려하면 될 것이다. 현재 사회에서 통용되는 다양한 풍속과 동떨어진 자료들은 자칫 글 자체를 고루하게 보일 수 있게 하므로 주의해야 한다. 세 번째 항목은 허구에 바탕 한 창작물은 상관없겠지만 일차적으로 사실관계를 토대로 해서 쓰여 지는 다양한 글에서는 글의 신뢰도와 관계되므로 주의해야 한다. 잘못된 근거 자료는 사실 관계를 왜곡시킬 수 있기 때문이다. 최근 인터넷의 발달로 인하여 다량의 정보를 손쉽게 접근할 수 있는데 자료의 상당수가 출처나 근거가 모호한 것들이 많이 있으므로 그러한 자료를 사용하기 위해서는 신중을 기해야 할 것이다.

예제

다음은 '청소년에 대한 금연 교육의 필요성'이라는 제목을 가지고 '담배는 성장기의 청소년들에게 특히 해롭다.'는 내용으로 글을 쓰기 위해 모아 놓은 글감들이다. 적절치 않은 글감을 제시하고 그 이유를 설명하라.

㉠ 성장 호르몬에 해를 끼치는 담배의 유독 성분

㉡ 영리만을 꾀하는 담배 제조 회사의 상혼

㉢ 담배와 두뇌 활동과의 관련성

㉣ 금연의 조기 교육이 주는 효과

㉤ 일상 생활에서 담배로 인한 폐해

2) 제재 수집 및 확보 방법

세상에 존재하는 모든 것들이 글감, 소재가 될 수 있다는 말은 그 무한한 가능성만큼이나 막연함으로 인해 선택에 있어 막막함으로 다가온다. 그만큼 필자가 설정한 글의 주제에 알맞은 글감을 찾아내기란 쉽지 않다. 따라서 좋은 글감을 효과적으로 수집, 확보하기 위해서는 평소 예리한 관찰력과 상상력을 동원하여 실생활 속에서 만나는 다양한 제재를 유심히 살필 필요가 있다. 아울러 좋은 글감을 얻기 위해서는 다양한 체험과 예리한 통찰력을 키우려 훈련과 노력이 필요하다.

구체적인 방법을 제시하면 다음과 같다.

① 직접 발로 뛰어서 자료를 찾아라.

발로 직접 뛰며 생생한 경험을 하면서 수집하는 자료만큼 훌륭한 것은 없다. 문화와 환경이 다른 다양한 삶의 방식을 직접 접하고 글감을 채취하는 것은 글에 생명력과 흥미를 불러일으킬 수 있는 최상의 방법이라 할 수 있다. 많은 사람들이 스스로 겪어 본 것을 글로 쓸 때 가장 잘 다룰 수 있고, 구체성과 생동감을 실어서 들려줄 수 있기 때문이다. 그러나 아무리 직접 체험이 풍부해도, 평소 글쓰기에 관심을 갖고 체험 속에서 부딪친 어떤 상황이나 사건에 대해 의미와 가치를 부여하는 훈련을 하지 않으면 쓸모 있는 글감도 눈에 잘 들어오지 않고 그냥 지나치기 쉽다. 간단한 메모와 매사 유심히 관찰하려는 자세를 가지려 노력하는 습관이 필요하다.

② 많이 읽고 보고 들어라

전통적으로 독서는 지식과 정보를 얻을 수 있는 보고(寶庫)로 여겨져 왔다. 직접적으로 경험하는 것은 한계가 있을 수밖에 없기 때문이다. 따라서 다른 사람들이 경험하여 축적한 지식과 정보의 도움, 즉 간접적인 체험을 통해 이러한 한계를 보완하게 되는데 이 때 독서는 가장 유용한 방식이 될 수 있다. 또한 다양한 매체의 발달에 따라 최근에는 보고 듣는 시/청각 자료들이 다양하게 산재되어 있다. 즉 영화, 라디오, 텔레비전, 인터넷을 이용한 방식도 유용하게 이용될 수 있다. 특히 이러한 시/청각 매체의 경우가 최근 가장 각광을 받고 있는 자료 수집 방식이 될 수 있는데 이 중 인터넷의 사용은 위에서도 잠시 언급한바 다량의 자료를 쉽고 빠르게 확보할 수 있다는 장점이 있다.

그러나 이러한 간접적인 체험을 통한 자료의 수집에 있어 유의할 점은 자료의 출처와 근거를 정확히 해두는 일이다. 제재 선택과 조건에 있어 주의해야할 사항 세 번째를 상기하자. 근거가 확실한 제재만이 신뢰성 있는 글감으로 자신 있게 글을 쓸 수 있게 해주며 나아가 글 자체의 신뢰를 보장해줄 수 있는 것이다.

③ 생각 좀 합시다.

글을 쓰다보면, 사색과 상상의 과정 속에서도 좋은 제재를 많이 얻을 수 있다. 개인에게 축적되어 있는 다양한 지식들은 그때그때 바로바로 기억 속에서 끄집어 내지지 않지만 차분히 주제를 떠올리면서 생각이나 상상을 하다보면 다양한 제재를 우리에게 제공해 주는 것이다. 이러한 사색의 과정은 바로 글감에 대한 의미 부여와 가치 부여 과정에 다름 아니다. 그러나 생각이나 상상은 머릿속에 있는 것이므로 그 것 자체만으로는 의미가 없다. 반드시 기록을 통해 흔적을 남겨야 한다. 상상이나 생각이 불필요한 공상으로 바뀌는 순간이란 아무런 기록 없이 머릿속에 다시 그것을 내버려 두는 시점임을 명심하자.

3) 정리

자료가 확보되었다가 바로 즉시 글을 쓸 수 있는 것은 아니다. 요건을 갖춘 제재를 마련하면 그것을 글로 서술하기에 편리하도록 정리를 해두어야 한다. 아무리 풍부한 자료라 하더라도 그것을 일목요연하게 정리, 종합해 두지 않으면 필요할 때 즉시 효과적으로 사용할 수 없게 된다. 자료를 찾는데 시간이 다 허비되는 것이다. 따라서 확보한 자료, 제재는 가치와 경중을 정확히 가려내어 분류할 필요가 있다. 이 때 기준은 주제와의 연관성이다. 확보한 제재들 중 비슷한 내용들끼리 우선 분류를 하고 다음에 자신이 전개하려하는 주요 논점과 관련해서 경중을 가려내어 분류해 두면 좋다. 어렵게 구한 자료라 애착이 갈 지라도 현재 자신이 쓸 주제와의 관련이 다소 먼 듯하면 과감히 제외시킬 필요가 있다. 그렇다고 그러한 자료를 버리라는 뜻은 아니다. 나름대로의 분류기준을 만들어 스크랩이나 자료 상자에 보관하여 두었다가 다른 글을 쓸 때 사용하게 된다면 그만큼 자료 수집의 수고를 덜 수 있을 것이다.

연습문제

1. 자기 전공과 관련하여 떠오르는 단어를 최대한 적어 보시오.

2. 다음 가주제를 바탕으로 하여 세 개 이상의 참주제를 설정해 보시오.

[1] 연애
[2] 폭력
[3] 가족
[4] 외교
[5] 인터넷 게임
[6] 텔레비전
[7] 교육
[8] 법
[9] 언론
[10] 경제

3. 1번에서 설정한 참주제를 바탕으로 주제문을 작성해 보시오.

4. 다음 글을 읽고 글의 목적, 주제, 예상 독자를 추측해 보시오. 그리고 글의 각 단락에 대하여 소주제문을 작성해 보고 그것을 바탕으로 글 전체의 주제문을 작성한 다음 주제문을 바탕으로 참주제를 추출해 보시오.

지난 5월에 있었던 컨페더레이션즈 컵을 계기로 붉은 악마 운영진들은 모두가 붉은 악마가 되자는 "Be the Reds" 캠페인을 벌이고 있다. 최근 월드컵 열기가 고조되고, 한국 선수들의 잇단 선전으로 2-3만 명에 불과했던 붉은 악마 회원들은 현재 14만 명으로 늘어났다. 한국 평가전이 있는 날이면, 경기장 뿐 아니라 광화문과 종로 대학로와 같은 도심거리에는 국가대표 유니폼을 입고 다니는 무리들을 쉽게 발견할 수 있다. 이제 '붉은 악마 찾기'는 생활의 발견이 된 셈이다.

모두가 붉은 악마가 되자는 캠페인은 축구에 대한 조건없는 열정, 이벤트로서의 월드컵을 넘어서는 일상 속에서의 카니발을 만들어보자는 뜻일 것이다. 이는 모두가 국가대표 서포터지가 되자는 의미가 아니라 모든 사람이 자신의 지역 축구클럽의 서포터즈가 되자는 의미이기도 하다. 브라질 FA컵 결승전에서 흔히 볼 수 있는 광란의 응원전, 이탈리아 전통의 라이벌전 AC 밀란과 인터 밀란, AS로마와 라치오와의 경기에서 볼 수 있는 화려한 응원 스펙타클들은 월드컵이 끝난 한국의 경기장에서는 과연 실현 불가능한 것일까? 어느 외신의 지적대로 한국인들은 유독 국가대표 경기에만 목을 메고 있지만, 정작 자국 프로리그에는 무관심한 것이 사실이다. 그런 점에서 붉은 악마 신드롬은 토대가 취약한 한국 축구환경에서 과잉되게 드러나는 하나의 검증받지 못한 거품현상이고, 국가와 자본이 만들어낸 환상일지도 모른다.

SK Telecom의 한석규 광고가 과연 한국축구의 선전을 기원하기 위해 만들어진 순수한 응원 필름이라고 생각하면 큰 오산이다. 알다시피, SK Telecom은 이번 2002년 한일월드컵 경기에 공식 스폰서로 지명되기 위해 총력을 기울였다가 경쟁업체인 KT에게 스폰서를 빼앗기고, 절치부심해서 대안으로 삼은 것이 바로 붉은 악마의 지원을 통한 간접광고 효과였다. 이 과정에서 KT 역시 SK Telecom의 기세에 밀리지 않기 위해서 자사 홍보를 위한 응원단을 급조하기에 이른 것이다.

미디어의 응원열기 역시 그 속내는 다른 곳에 있다. 공중파 3개 방송사는 방송권료로 FIFA에 대략 850억 정도를 지불하도록 되어 있다. 한국팀이 만일 16강 진출에 실패하면, 약 300억 정도의 적자가 예상되며, 16강 전에 오를 경우는 반반, 8강에 오를 경우는 대박을 예상하고 있다. 방송사마다 월드컵 총력체제로 전환하면서 시청률 경쟁에서 선점하기 위해 안간힘을 쓰고 있다.

각 방송사마다 쇼 오락 프로그램에 출연한 연예인들에게 국가대표 유니폼을 입히고, 되지도 않는 허접한 응원을 따라하게 만드는 이 어설픈 총력체제가 사실은 사활을 건 자본의 싸움이다. 이 과정에서 붉은 악마의 응원 구호들과 스타일은 또 한번 미디어자본 축적의 구성요소가 된다.

며칠 전 개신교의 한 목사는 붉은 악마 서포터즈가 경기장에 출입하지 못하도록 경기장 출입금지 가처분 신청을 법원에 제출했다고 한다. 그분에게 붉은 악마 서포터즈는 '사탄의 자식'쯤으로 생각되는 모양이다. 일부 보수적인 종교계에서는 진작부터 "Be the Reds"라는 캠페인을 기독교에 대한 정면도전으로 받아들여 이 운동의 해산과 붉은 악마의 해체를 주장했다. 이들은 붉은 악마 서포터즈에 대항하기 위해 '백의 천사'라는 응원단을 만들어 소위 평화와 겸양을 자랑한다는 '백의 민족'이란 이데올로기적 유산을 종교적 대항담론으로 전유하고 있다. 이들은 붉은 악마라는 언어 자체가 축구 국가대표의 공식 서포터즈가 되기에는 부적절하며, 국민들에게 위화감을 심어주고, 한국적 전통성을 찾기가 어려우며, 전체주의적 과격한 행동이 영국의 훌리건을 연상케하여 축구문화의 순수성을 잃고 있다고 주장한다. 백의 천사를 옹호하는 일부 종교계는 급기야는 붉은 악마 퇴출을 위한 특별기도회를 갖는가 하면, 붉은 악마의 이름을 '붉은 호랑이'로 바꿀 것을 요구하고 나섰다. 붉은 악마 서포터즈는 예의 레드컴플렉스와 종교적 악마주의의 구설수에 오르며, 보수 종교계로부터 특이한 '이지메'를 당하고 있는 중이다.

서구에서 서포터즈의 역사도 종교적, 지역적, 경제적, 인종적 대립 속에서 형성된 것은 사실이다. 서포터즈는 그 자체로 결코 순수할 수 없으며, 축구만의 진정성으로 모두 환원되지도 않는다. 60-70년대 영국 축구장은 노동자계급의 파업투쟁의 연장이었고, 스코틀랜드의 글래스고우와 캘틱의 경기는 구교와 신교의 싸움의 장이었다. 바르셀로나와 레알 마드리드는 뿌리 깊은 지역주의의 파벌의식을 그대로 재현한다. 그러나 그러한 대립은 오랜 역사를 거치면서, 서포터즈 문화 안에 녹아들어갔고, 그래서 서포터즈와 관련된 비극적인 사건을 넘어서 물리적 마찰의 심화보다는 수만 관중들의 자발적인 카니발을 형성하는 차이의 문화를 만들어 내고 있는 중이다. 그러나 지금 붉은 악마 서포터즈의 파급효과는 뭔가 불길하고 꿀꿀하다. 월드컵 끝나면 서포터즈는 다시 경기장과 미디어의 '빤스걸'들에게 압도당할지 모르겠다. 그러니 미디어와 재벌 기업들에게 마지막으로 한마디하고 싶다. "제발 입 닥치고 축구나 봐."

이동연, 「제발 입 닥치고 축구나 봐」, http://jayul.net/view

5. 아래에 제시된 주제와 관련해서 작성된 저서 3권, 논문 3편, 신문 기사 3개(인터넷 기사 포함)를 찾아보시오.
(단 자료의 출처를 명확히 하시오. 필자명, 자료명(서명), 출판사(사이트주소, 회사명), 년도 순으로 작성할 것)

1 조선시대 궁중 문화
2 크리스트교와 이슬람교
3 인권
4 학교폭력
5 대중가요(외국 포함)

6. 다음 주제와 관련해서 글을 쓰려고 한다. 주제를 뒷받침할 수 있는 자료를 찾아보고 분류기준을 세워 목록을 작성하시오.

1 힙합 정신과 한국 음악
2 언론의 사회적 기능
3 연애의 목적과 기술

강

2 글쓰기 구성의 전략과 방법

– 단락

(1) 제재의 구상과 전개

필자가 무엇을 쓸 것인가(what)를 확정하고 그것을 정리하는 작업이 끝나면, 이번에는 어떻게 쓸 것인가(how) 하는 구상과 글의 구체적인 전개가 대두된다. 1단계 작업에서 설정되고 정리된 제재를 구체적으로 어떻게 배열하고 구조화하느냐 하는 안(案)을 짜내는 것이 구상(構想)의 단계이다. 구상은 한마디로 설정・수립・정리된 제재들에 서술 순서를 정하고 부분과 전체의 유기적인 관계에 관한 안(案)을 확정하는 작업이라 정의할 수 있다.

그것은 제재를 어떤 방식으로 전개시키느냐로 귀결되는 작업에 해당한다. 구상을 할 때에 주의해야 할 기본 원칙으로 중(中)・요(要)・관(貫)이 있다. '중(中)'은 중심이 없는 산만한 글이 되지 않도록 한다는 말이고, '요(要)'는 지루한 글이 안 되게 한다는 것이고, '관(貫)'은 처음 쓰고자 했던 바를 글을 쓰는 중도에서 변경하는 일이 없도록 일관한다는 말이다.

제재를 전개하는 방식, 곧 구상의 양식은 대체로 전개적 구상(① 시간적 배열, ② 공간적 배열, ③ 소재적 배열)과 종합적 구상(① 단계식 배열, ② 포괄적 배열,

③ 병렬식 배열, ④ 점층식 배열)으로 나눌 수 있다.

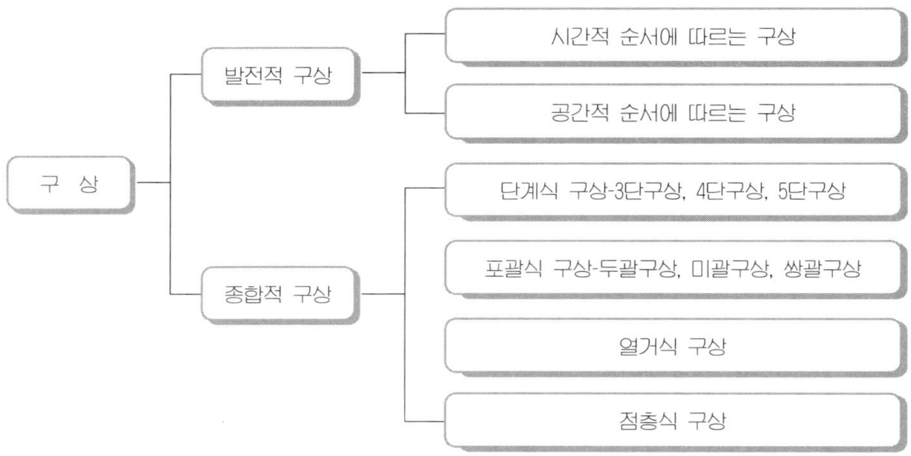

1) 시간적 배열에 의한 방식

어떤 사건이나 상황의 시간적 순서를 이용하여 제재를 배열하고 구조화하여 문장을 작성하는 방식이다. 여기서 시간적 순서라 함은 물리적인 시간의 순서는 물론이고, 체험의 시간적인 순서도 포함한다. 대개의 경우 전자보다는 후자가 보다 강한 인상과 호소력을 가지고 있다. 역사나 문학 기행, 체험기, 체류기 등에 많이 활용된다.

이 배열 방식은 일반적으로 쉽게 사용될 수 있는 평범한 방법이다. 그렇지만 글의 구성이 밋밋하여 자칫 글이 주는 호소력이 떨어지는 단점을 가진다. 따라서 이 배열에 의한 방식으로 글을 구성할 때에는 흥미를 유발할 수 있는 대안의 모색이 요구된다.

2) 공간적 배열에 의한 방식

공간성을 가진 제재를 질서화하고, 체계화하는 구상 방법이다. 어떤 공간 속에 존재하는 사물이나 상황을 기술하거나 설명할 경우 흔히 이런 방식의 전개를 보인다. 이 배열의 방식은 일반적으로는 사물의 형태나 구조 등을 기술하거나 설명할 때 그리고 단체의 조직이나 기구 등을 기술하거나 설명할 때도 효과적이다. 특히 기행문이나 소설에서는 이 방식이 상당한 효과를 보여 준다.

3) 소재적 배열에 의한 방식

이 방식은 서술하고자 하는 소재가 대등한 비중을 가질 때 그 소재의 이행에 따라 배열하는 구상 방식을 말한다. 뒤에 설명할 병렬적 배열에 의한 구상과 상응하는 방식이나 다만 이 배열 방식은 물리적 소재를 기계적으로 배열한다는 데서 그 차이가 있다. 설명문에 흔하게 보이는 구상 방식이다.

4) 계단식 배열에 의한 방식

글의 제재를 몇 개의 단계로 나누어 유기적 · 인과적 · 논리적으로 전개하는 구상 방식을 말한다. 이를 단계식 구상이라고도 하는데 이 구상에는 그 단계의 수에 따라 2단식 · 3단식 · 4단식 · 5단식 · 6단식 등 여러 방식이 있다. 이 가운데 3단식과 4단식이 기본 방식이며 나머지는 이의 변형에 불과하다.

3단식 구상은 가장 흔하게 쓰이는 방식이다. 논증의 글인 경우 서론-본론-결론으로, 서사의 글인 경우 발단-전개-결말(대단원)로, 설명의 글인 경우에는 도입-전개-정리로 보통 짜여지게 된다. 이 방식은 주제에 의해서 문장 전체를 긴밀하게 통제할 수 있어, 주제를 손쉽고 간결하게 전달하는 데 효과적이다.

4단식 구상은 기(起)-승(承)-전(轉)-결(結)로 제재를 전개하는 방식이다. 이는 한시(漢詩)의 절구(絶句)나 율시(律詩)에서 흔하게 볼 수 있다. 이 구상이 3단식과 다른 점은 '전(轉)'의 전개적 묘를 살린다는 데 그 특징이 있다. 이 '전(轉)' 부분은 '기(起)'와 '승(承)'에 이르는 전반부의 상황이나 사태를 반전(反轉) 혹은 역전(逆轉)시킴으로써 변증법적 완성(결, 結)으로 나아가기 위한 효과적인 장치로 마련되는 것이다. 따라서 이 방식에서 '전(轉)'의 묘를 살리지 못하면, 긴장과 흥미를 잃어 실패한 글이 되어 버린다.

2단식은 글의 제재가 전단(前段)과 후단(後段)으로 짜여진 구상 방식을 말한다. 이는 보통 3단식 구상을 축약한 것으로 서론과 본론이 전단이 되고 결론이 후단이 되든가, 아니면 서론이 전단이 되고 본론과 결론이 후단이 된다. 대개 짤막한 글이거나 서론 부분 혹은 결론 부분의 설정이 크게 요청되지 않을 경우 이런 짜임이 효과적일 수 있다.

5단식과 6단식 구상은 3단식을 변화시킨 짜임으로서, 서론을 2단으로 확장하고 본론도 2단(5단식의 경우) 혹은 3단(6단식의 경우)으로 확장하여 글의 전개부와 정점부·전환부를 강화하는 데 효과적인장치로 활용되고 있는 방식이다. 서론 부분을 2단으로 확장하지 않고, 본론 부분을 더욱 확장·강화하는 방법도 있다. 대체로 본론에 제시할 제재가 많을 때 효과적이다.

5) 포괄적 배열에 의한 방식

이는 주제문 혹은 결말이 되는 내용을 글의 어느 부분에 두고 제재를 전개하느냐에 따라 다음과 같이 나누어진다.

① 두괄식 구상

주제 또는 결론이 되는 내용을 글의 첫머리에 내세우고, 그러한 결론을 정당화하기 위한 구체적인 사례나 부연·설명은 그 다음에 배열하는 방식을 말한다. 주제(혹은 결론)를 먼저 선명하게 제시하는 까닭에 어떤 주제를 다루고 있는지 독자를 빨리 이해시키는 데 효과적이다. 독자의 공감을 쉽사리 얻기 어려운 주제를 다룰 경우는 적합하지 않다. 이 구상을 연역식이라고도 한다.

② 미괄식 구상

결론 혹은 주제가 되는 내용을 글의 맨 끝 부분에 두고, 그 앞부분은 그러한 결론으로 이르기까지의 사례나 상황을 제시·논증·설명하는 방식이다. 다시 말하면 제재의 결론을 마지막에 가서 귀납적으로 내리는 방식이다. 따라서 이 구상을 귀납식이라고도 한다. 제시하고자 하는 주제 혹은 결론이 보편성 혹은 일반성을 띠지 못하는 것을 설득하고자 할 때 이 방식이 효과적이다.

③ 쌍괄식 구상

앞에서 말한 두괄식과 미괄식을 아울러 포용한 방식으로 주제 혹은 결론을 맨 처음과 맨 끝에 배치하는 방식이다. 도입 단계에서 주제를 선명히 제시하고 본론에서 그것을 논증한 다음, 끝 부분에 가서 주제를 재차 확인·강조하는 방식을 취한다. 이 구상은 논문에서 주로 사용된다.

④ 중괄식 구상

주제 또는 결론을 글의 중간에 제시하는 것으로서 그리 많이 쓰이는 방식은 아니다. 글의 본론 부분에서 주제 또는 결론을 드러내고, 글의 첫머리와 끝 부분에서는 다만 그러한 주제로 가기 위한 도입과 보충 설명으로 짜여지게 된다. 주제를 노골적으로 드러내지 않고 독자에게 부담 없이 접근하고자 할 때 효과적인 방법이다.

6) 병렬식 배열에 의한 방식

이 방법은 몇 개의 대등한 비중을 가진 제재를 병렬적으로 전개해 나가는 글의 짜임을 가리킨다. 주제를 하나로 포괄하여 제시할 수 없거나 또 그럴 필요가 없을 경우, 혹은 주제를 하나로 제시하기에는 어려운 경우 혹은 난해한 성질의 주제를 글로서 전개하고자 할 때 이 방법이 효과적이다.

7) 점층식 배열에 의한 방식

글의 제재를 그 규모가 점차 크고, 깊고, 강하고, 중요하게 고조시키는 방향으로 전개해 나가는 방법을 말한다. 이 구상은 소설이나 희곡, 시나리오, 방송 대본 등의 문학 작품에서 흔히 쓰인다. 특히 사건의 발단에서부터 전개를 거쳐 위기를 맞고, 이어서 절정에 이르기까지의 과정을 이 방법으로 제시한다.

(2) 개요 및 초고의 작성

글의 구상과 전개를 머리 속에서 완성하게 되면, 그 다음 단계로 글의 줄거리, 곧 개요(outline)와 그에 따른 초고의 작성으로 들어가게 된다. 글의 개요를 작성하지 않고 곧바로 초고 작성에 임하면, 문맥의 혼란과 이탈이 따르고 자칫 망각에 의해 주요 대목이 없어질 수 있으며, 혹은 내용을 중복한다거나 전체 문장의 균형을 깨뜨릴 가능성이 있다. 이러한 실수에 빠지지 않기 위해서 요청되는 것이 바로 개요의 작성이다.

1) 개요의 작성

개요 작성 상의 요령은 정리된 제재와 결정된 구상을 바탕으로 주제와 논점 및 세부 사항을 일관성 있게, 그리고 일목요연하게 드러나도록 하는 일이다. 그러기 위해서는 논점의 상하, 대소, 주종 관계에 따라 부호 혹은 숫자를 붙여 짜놓기 마련인데 이것이 곧 개요이자 글의 세부적인 목차가 되는 것이다. 목차는 필자가 사고를 조직화·체계화하는 데 도움이 될 뿐만 아니라, 독자가 글의 중심 내용이나 구조를 파악하는 데도 도움이 된다.

개요 작성 시 유의할 점은 다음과 같다.

(1) 계층적으로 배열해야 한다.

→ 짧은 글이나 병열식 구성의 글에서는 개요가 평면적인 구성이 될 수도 있다.

(2) 소재를 선택하여 조합할 때 서로 이질감이 없어야 한다.

→ 개요 항목 간에 긴밀성이 있어야 한다.

(3) 논지가 뚜렷이 드러나도록 배열하여야 한다.

개요 작성의 일반적 방법

첫째, 주제의 내용을 두 가지 이상의 주요 논점으로 나누어 대항목을 정한다.

둘째, 대항목을 두 가지 이상의 종속 논점으로 나누어 중항목 또는 소항목으로 세분화한다.

셋째, 각 상위 항목과 하위 항목을 일관성 있게 부호나 숫자로 표시한다.

넷째, 개요의 각 항목은 대체로 다음과 같은 내용으로 구성하는 것이 좋다.

- 서론 : 문제 제기
  - 화제에 대한 집중과 흥미 유발
  - 글 쓴 동기와 의도를 밝힘
  - 문제의 현황 설명

- 본론 : 문제 해결 방안 제시 (주제의 전개)
  - 사실 제시, 이에 대한 필자의 견해 진술
  - 자신의 견해의 정당성을 논거를 제시하여 입증
  - 통계 숫자, 권위자의 학설, 사례와 예화 등
  - 예상되는 반론 격파
  - 해결 방안의 구체화 및 그 유효성

- 결론 : 주제의 재확인, 제안
  - 본론의 요약 정리
  - 독자의 결심 촉구, 행동으로 유도
  - 새로운 과제의 제시와 앞으로의 전망

예제

'환경을 보호하자.'라는 제목으로 글을 쓰려고 한다. 아래의 글감을 논점의 비중에 따라 정리하시오.

- 환경 오염의 문제점 제기
- 환경 오염 부담금제의 실시
- 공해의 심각성
- 환경 오염의 폐해
- 자원의 재활용 극대화
- 생태계의 파괴
- 전 국민적 각성과 노력 촉구

2) 초고의 작성

① 제목 달기

제목은 그 글의 얼굴이다. 제목을 통해 우리는 그 글의 성격이나 주제를 가늠할 수 있기 때문이다. 따라서 제목을 확정하는 일은 초고 작성에 있어 첫 번째 당면

하는 과제가 된다. 제목은 대체로 이해하기 쉽고 선명한 것이 좋지만, 때에 따라서는 암시적·상징적인 것이 효과적일 수도 있다. 그것은 글의 성격에 따라 가늠될 문제이다. 즉 전달 중심으로 하는 논설문·설명문 같은 경우는 글의 주제로서 제목을 삼는 것이 일반적이며, 표현을 중심으로 하는 문예문은 소재나 주제 혹은 이미지나 상징을 이용한 제목을 다는 것이 보통이다. 주제를 강력하게 부각하고 싶을 경우는 주제를 제목으로 달고, 작품의 분위기나 주제를 암시하는 것이 보다 효과적이라 생각될 경우는 이미지나 상징으로 제목을 다는 것이 바람직하다.

② 첫머리의 요령

첫머리도 글의 성격에 따라 상당히 달라질 수 있다. 전달 중심의 글은 대체로 첫머리 부분의 일정한 요식을 준수함으로써 그 기능을 충실히 해내지만, 표현 중심의 글은 때로 파격적인 서두를 제시함으로써 독자에게 강력한 인상을 심어 주고 독자들을 끌어들이는 데 오히려 효과적일 수 있기 때문이다. 그러나 대개의 경우 글의 첫머리는 문제를 제기하거나 암시하거나 주의를 환기하는 부분이므로, 어떤 내용을, 어떤 이유로, 어떻게 다룰 것인가 밝히는 부분으로 생각하면 틀림없을 것이다.

따라서 서두는 글의 목적, 내용, 방법에 대한 간략한 소개로 시작하거나, 주의를 환기함으로써 과제에 자연스럽게 접근하는 방법을 택하는 것이 바람직하다. 주의를 환기하는 방법으로는 설문을 적절하게 제시하거나, 첫머리를 솔직하게 자기 고백적으로 서술하거나, 짧고 참신한 경구(警句) 혹은 명구(名句)를 인용하거나, 주제와 관련되는 일반적인 제재를 끌어들이는 방법 등이 있다.

③ 끝맺음의 요령

마무리하는 방법도 글의 성격에 따라 상당히 달라질 수 있다. 또 그래야 효과적이다.

전달 위주의 글은 필자가 제시하고 알리고자 하는 주제를 이 부분에서 다시 한 번 간결하게 환기·강조할 필요가 있다. 그러기 위해 주제를 요약하여 기술하고 나아가 그에 관련된 전망을 제시하는 것으로 흔히 마무리를 짓는다.

그러나 표현 중심의 문예문, 특히 희곡이나 시나리오·방송 대본·극적인 소설

같은 데서는 독자에게 강력한 인상과 충격을 주기 위하여 글의 절정(climax)에서 끝맺는 경우도 이따금 나타난다. 전달 중심의 글에서 전망을 제시하는 것이나 문예문에서 절정으로 끝맺는 것은 글의 여운을 남기기 위한 하나의 효과적인 전략이다. 또 극히 드물기는 하나 끝이 다시 시작인 것도 있다. 이는 불교적인 윤회의 의미를 드러내든가, 혹은 생명이 붙어 있는 한 인간의 삶은 새로이 시작되는 것이며 끝이란 있을 수 없다는 것을 보여주기 위한 의도의 극적인 표현이라 하겠다.

문단(文段)

(1) 문단의 구성

(ㄱ) 문단

① 하나의 글은 하나의 문단으로 짜여진다.

② 주제를 분명히 하기 위해 많은 단락이 필요하며, 하나의 단락은 여러 개의 문장을 필요로 한다.

③ 단락에서 가장 중요한 내용을 나타내고 있는 문장을 소주제문이라고 한다.

④ 소주제문을 도와주는 문장들을 뒷받침 문장(보조문장)이라고 한다.

(ㄴ) 소주제문 작성시 유의점

① 선명하면서도 인상적이어야 한다.

➔ 내용이 모호하거나 반복되는 것은 피한다.

② 범위를 알맞게 잡아야 한다.

➔ 범위는 문단의 균형 유지에 필수적이다.

③ 소주제문은 문단의 중심이 되어야 하며, 모든 보조문장은 소주제문을 중심으로 통일되어야 한다.

(2) 문단의 종류

(ㄱ) 형식과 내용 - 형식문단/내용문단

(ㄴ) 소주제문의 위치 - 두괄식 문단 / 미괄식 문단 / 양괄식 문단

(ㄷ) 기능

① 도입 문단 : 글의 앞에 놓여, 글의 방향을 제시하거나 암시를 주어 독자에게 흥미와 관심을 갖도록 유발한다.

② 발전 문단 : 도입 문단이 끝난 다음에 글의 내용을 본격적으로 전개해 나가는 구실을 한다.

③ 전환 문단 : 긴 글의 중간에 놓여, 독자에게 글의 방향을 다시 일깨워 주는 역할을 한다.

④ 종결 문단 : 글을 끝맺으면서 어떤 결론을 내리거나 남은 문제점을 제시하기도 하고, 앞으로의 전망을 나타내기도 한다.

⑤ 주제문단 : 가장 핵심이 되는 문단, 글쓴이의 의견이나 주장이 담겨 있는 문단.

⑥ 연결 문단 : 문단과 문단을 연결하는 문단.

⑦ 보충 문단 : 앞 문단에서 빠뜨린 것이나 더 설명을 요하는 것에 언급하고 덧붙이는 문단.

⑧ 강조 문단 : 앞에서 이미 언급한 것을 다시 강조하기 위하여 덧붙인 문단.

⑨ 회화 문단 : 소설이나 대화의 인용이 있는 문장에서 대화를 쓰는 경우.

㈃ 문단의 내용 구성

① 기본 원리 : 단일성

② 구성 요소 : 중심 논제의 진술 · 논제의 상세화, 논제의 요약으로 설명되지만, 이 중에서 가장 중요한 것은 중심 논제의 진술이다. 결국 하나의 문단이 하나의 화제를 담고 있음을 뜻한다.

※ 문단 쓰기의 유의점

① 한 문단에는 집약된 하나의 내용만을 다룬다.

② 한 문단에는 일반적으로 하나의 중심 문장이 들어간다.

③ 중심 문장은 간결하고 논리적으로 쓴다.

④ 문단의 내용은 통일되어야 한다.

⑶ 문단의 연결

*구상(構想) : 글을 조직하는 것을 말한다.

(ㄱ) 자연적 구상

① 시간적 순서에 의한 것 : 역사, 사건의 전개, 행동의 경과, 경험이나 기억을 대상으로 할 때

② 공간적 순서에 의한 것 : 자연이나 사회 상황을 묘사할 때

③ 혼합적 순서에 의한 것 : 기행문이나 여행안내서 등에

(ㄴ) 논리적 구상 : 논설문, 보고문, 논문 등

① 인과의 방법 : 주장과 관련된 원인과 결과를 분석한 근거로 제시하는 방법

예 주장 : - 대기 오염을 막아야 한다.
결과 : - 인체에 나쁜 영향을 끼친다.
- 호흡기나 눈의 자극 증상 등의 고통을 겪는다.

② 연역적 방법 : 일반적 원리(대전제)를 근거로 구체적, 개별적 문제에 대한 결론을 이끌어낸다

예 모든 M은 P다.(모든 사람은 죽는다.) 〈대전제〉
어떤 S는 M이다.(소크라테스는 사람이다.) 〈소전제〉
따라서, (어떤) S는 P다.(그러므로 소크라테스는 죽는다.) 〈결론〉

③ 귀납적 방법 :구체적, 개별적 사실들을 논거로 하여 일반적 원리를 이끌어 내는 방법으로, 귀납 추론의 가장 주요한 특징은 관찰된 사실로부터 관찰되지 않은 사실을 이끌어낼 수 있다는 점이다. 그러나 단점으로는 부분적 관찰에서 결론을 끄집어낸 것이므로 이 결론이 절대적 진리가 아닐 수도 있다. 즉 성급한 일반화의 오류에 빠질 수도 있다.

예 식물은 영양을 섭취해야 산다. 〈사례 ①〉
동물도 영양을 섭취해야 산다. 〈사례 ②〉
식물과 동물은 생물이다. 〈사실 명제〉
그러므로 모든 생물은 영양을 섭취해야 산다. 〈결론〉

연습문제

1. 자신의 이야기를 감추고 싶거나 혹은 자신의 주장에 따른 결과에 대해 확신을 가지고 있지 않다면 어떤 구성 방식을 취하는 것이 좋은가.

2. 다음 〈보기〉는 '유교 사상의 현대적 의의'라는 제목으로 글을 쓰는 과정 중의 일부로서, (가)는 수집된 글감의 일부이고 (나)는 글 전체의 개요이다. (가)의 내용이 들어가기에 적절한 곳은 어디인지 생각해 보자.

〈보　기〉

(가)

현대 산업 사회에서는 급속한 과학 기술의 발달로 인해 인간을 목적보다는 도구로 간주하는 경향을 보여 왔다. 하지만 과학 기술을 발달시키는 궁극적인 목적은 인간의 삶의 질을 높이는 데 있다. 유교에서 제일의 덕목으로 삼는 인(仁)은 사람[人]을 기본 의미로 하고 있다. 특히 부모에게서 물려받은 신체에 대한 각별한 주의를 강조했던 것도 이와 관련된다.

(나)

서론 : 현대 사회에서의 유교 사상의 필요성

1. 현대 산업 사회와 전통적 유교 사상의 관계
2. 유교 사상은 현대인들에게 올바른 가치관을 심어 줌

본론 : 현대 사회에서의 유교 사상의 의의

1. 생명의 존중

1) 인간 경시 풍토가 만연함
2) 생명의 소중함을 일깨워 줌

2. 정신적 가치의 중시
   1) 물질을 최고의 가치로 간주하는 세태
   2) 정신적 가치의 중요성을 강조

3. 공동체 의식 함양
   1) 파편화, 개인화되어 가는 경향
   2) 사회나 가족에 대한 공동체 의식 함양

결론 : 유교 사상의 올바른 계승
1. 현대인에게 올바른 가치관을 함양하는 역할
2. 유교 사상을 올바른 방향으로 계승해야 할 필요성

3. '도시와 농어촌의 교육 불균형과 그 대책'이라는 제목으로 글을 쓰기 위해 모아놓은 글감들이다. 이를 논리 전개에 맞게 늘어놓으시오.

- 농어촌 지역의 학생수가 부족하여 학교의 운영에 막대한 지장을 받고 있다.
- 전국 초등학교의 87%에 해당하는 수도권 초등학교 1, 2, 3학년이 2부제 수업을 하고 있다.
- 인구 비율면에서 볼 때도 도시 지역이 농어촌 지역보다 교내 폭력 사고의 발생 건수가 많다.
- 교육 투자의 우선 순위를 전면 재조정해야 한다.
- 농어촌 지역에서는 학생 수가 부족하여 문을 닫는 학교가 속출하고 있다.
- 인구의 격감으로 몇 개 학년이 한 교실에서 배우는 복식 수업을 실시하고 있다.
- 도시와 농어촌 간의 교육 불균형이 심각한 상태에 이르고 있다.
- 도시 지역에서는 과밀 학급이 문제시되고 있다.

강

3 글쓰기 표현의 전략과 방법

– 글쓰기의 종류

서술(敍述)의 방법(方法)

(1) 설명법

'설명'은 독자들에게 어떤 사실을 정의하여 알려 주고, 정보를 제공하고, 사물이나 상황을 분석해 보여 주는 진술방식으로, 네 가지 진술방식 가운데 가장 널리 쓰인다고 할 수 있다. 이는 묘사나 서사의 진술에 비해 객관적이며 과학적인 문장의 글에 속한다.

① 정의

어떤 단어나 개념에 대하여 의미를 설명하는 것(용어의 개념)

예 노예는 / 타인의 합법적 사유재산인 / 인간이다.
(종개념) (종차) (유개념)

➔ 피정의항 : 노예, 정의항 : 종차, 유개념

정의의 원칙

(1) 피정의항과 정의항은 대등해야 한다.
(2) 피정의항이 정의항의 부분이어서는 안된다.(피정의항에서 사용된 용어나 술어가 정의항에 반복 사용되어서는 안된다)
(3) 피정의항이 부정이 아닌한 정의항이 부정이어서는 안된다.
(4) 정의항은 비유적 표현이어서는 안된다.

② 비교(대조)

어떤 사물을 다른 사물과 대립시켜서 얼마나 같은지 또는 얼마나 다른지를 설명하는 것.

예 곰은 소보다 영리하다.

③ 분류(구분)

어떤 큰 사물을 그보다 작은 하위 개념으로 나누거나, 하위 개념을 큰 개념으로 묶는 것.

예 문학에는 시, 수필, 소설 등이 있다.

④ 분석

사물의 속성을 나누어 밝히는 것.

예 아버지 : 생물, 동물, 인간, 남자, 자식
연필 : 나무+흑연

⑤ 인용

다른 사람의 말이나 주장, 학설을 빌려 쓴 것.

⑥ 예시

주제나 소주제에 관련된 내용을 다른 실증적인 사례를 빌려다가 설명하는 것.

(책이나 신문에서 본 내용, 다른 사람의 이야기, 실제로 본 사실, 옛부터 전해 오는 이야기 등)

설명의 방법

(1) 구체적 사실을 열거한다(어떤 일이 있었는가 궁금해 하는 독자를 위해)
(2) 다른 것과 구별한다.
- 정의(이것이 무엇인가 하는 의문에 대해)
- 구분(어떻게 갈라지는가의 물음에 대해)
- 분류(어떤 종류가 있는가의 물음에 대해)
- 분석(어떤 요소, 성분이 있는가의 물음에 대해)
- 비교(어떤 공통점, 유사성이 있는가의 물음에 대해)
- 대조(어떤 차이점이 있는가의 물음에 대해)

(3) 생성 관계를 제시한다.
- 원리와 기구(어떤 원리와 작용에 의한 것인가 하는 물음에 대해)
- 역사(어떻게 변천해 왔는가의 물음에 대해)
- 과정(어떻게 하면 좋겠는가의 물음에 대해)

(4) 의의와 가치를 제시한다.
- 해석(어떤 의미를 지니고 있는가의 물음에 대해)
- 평가(어떤 가치가 있는가의 물음에 대해)

(2) 묘사법(描寫法)

묘사는 마치 그림 그리기와 같은 글쓰기 양식이라 할 수 있다. 그림은 대상을 사실 그대로 정확하게, 그리고 대상의 전체를 모두 담아내는 사진과는 다르다. 그림은 대상 자체를 담아 낸다기보다 대상에 대한 화가의 느낌이나 해석을 담아 낸다. 그림의 전후 좌우, 크기나 명암의 정도, 배치 방식 등은 모두 이를 효과적으로 드러내기 위해 유기적으로 연관되어 있다. 묘사문을 쓰는 것도 이와 흡사하다. 지배적인 하나의 인상을 중심으로 대상의 전체와 부분, 부분과 부분들이 유기적으로 연결됨으로써 전체적인 통일감을 줄 수 있어야만 하는 것이다.

1) 인물 묘사

① 인물의 특징을 표현하는 것
② 나이, 키, 얼굴, 체형, 목소리, 습관, 행동 등으로 나타나는 특징을 묘사한다.

2) 상황 묘사

① 어떤 사물이나 장소에 관한 특징을 표현한다.
② 평범한 것보다는 확실하고 특색 있는 것을 대상으로 해야 한다.
③ 너무 길고 자세하게 할 필요 없이 필요한 것만 간략하게 묘사한다.

3) 묘사의 관점

묘사의 글을 읽을 때 독자는 필자의 시점(視點)을 의식하게 된다. 시점이란, 필자가 묘사를 할 때 어떤 위치, 어떤 각도에서 대상을 바라보았는가 하는 것을 말한다. 이것은 영화 촬영에 있어서의 카메라의 앵글과 통하는 바가 있다.

① 고정 관점

묘사를 할 때 대상을 관찰하는 눈을 이동시키지 않고 일정한 위치와 각도를 유지하는 것을 말한다. 이 때 묘사의 대상은 단일한 것이라야 한다.

② 동적 관점

어느 부분에서 다른 부분으로 시점을 이동시켜 가며 관찰하는 것을 말한다.

③ 원근적 관점

묘사하려고 하는 대상이 너무 방대하거나 상상적인 공간에까지 확장되는 경우에 채택되는 관점으로 원근적 관점이라는 것이 있는데, 이 경우의 묘사는 비가시적 사물을 가시적 사물로 변화시키거나, 그 반대로 가시적 사물을 비가시적 사물로 변화시켜서 하게 된다. 이 경우의 관점은, 특정한 위치와 각도를 포기하고 상상의 차원에서 비유를 통해 묘사하게 된다.

(3) 논증법

논증문은 한 가지 사실에 대해 서로 다른 의견을 가진 사람들이 각자 자기 주장을 전달하려는 데 글쓰는 목표를 두고 있으며, 더 나아가 자신의 의견을 상대방으로 하여금 믿게 하기 위하여 증명하여 주는 글이다. 그러므로 논증은 어떤 사건·문제·의견·판단의 대립이 글쓰는데 있어 기본 조건이 된다. 그러나 사건·문제·의견·판단에 대립이 있더라도, 그것이 반드시 논증이 되는 것은 아니다. 논증은 지식이나 지적인 판단이 필요한 경우에만 가능하기 때문이다. 따라서 구체적인 사건이나 문제에 있어, 판단이 아니라 사실 확인이 그 문제의 해결점이 될 때는 논증이 될 수 없다. 독자에게 어떤 사실을 설명한다든지 설득을 하려면, 필자가 쓰는 글의 내용에 모호함이나 모순이 있어서는 안된다.

1) 명제의 종류

① 사실명제

진실을 확인하는 명제(분명한 사실을 토대로 그 사실에 대한 옳음/그름에 대한 판단을 필요로 한다.)

예 우리 나라는 민주 공화국이다.

② 정책명제

당위를 주장하는 명제(사건이나, 문제가 왜 그렇게 되었는가 또는 될 수밖에 없었는가의 당위성과 그러함의 적절함/부적절함을 따져서 옳고 그름을 밝히고 주장함으로써 상대방으로 하여금 믿게 하는 것이다.)

예 우리는 자연을 보호해야 한다.

③ 가치명제

가치 판단을 내리는 명제(사건이나 문제에 대해 좋고/나쁨의 정도를 따져서 가치에 대한 판단을 제시하는 것을 말한다.)

예 충무공은 우리 나라의 위대한 장군이다.

2) 사실적 증명

① 실험에 의한 것

특별한 장치나 기구를 사용하여 나온 이론이나 자료에 의하여 증명하는 것.

예 한국인의 한 달 평균 독서량은 1.7권이다.

② 자연 법칙에 의한 것

자연 법칙에 의하여 명제에 대한 증명을 하는 것.

예 일주일이 지났으면 우리는 그만큼 죽음에 가까워진 것이다.
겨울이 가면 봄이 온다.

③ 상식에 의한 것

누구든지 알고 있을만 한 것. 역사적으로 일반적으로 잘 알려져 있는 것.

예 훈민정음은 세종때 만들었다.

④ 증언에 의한 것

실제로 어떤 사람이 보거나 들은 내용 또는 경험한 일들에 대하여 사실임을 밝히는 것.

예 전문가의 의견, 권위 있는 사람의 판단

3) 논리적 증명

① 귀납법

개별적인 특수한 사실・원리 → 일반적 사실・원리를 이끌어 내는 방법.

예 지렁이는 죽는다/소는 죽는다/사람은 죽는다.......

→ 지렁이는 동물이다/소는 동물이다/사람은 동물이다......

→ 따라서 모든 동물은 죽는다.

② 연역법

이미 알고 있는 일반적인 사실・원리 → 특수한 사실・원리를 이끌어 내는 방법.

예 모든 동물은 죽는다 -대전제

→ 지렁이는 동물이다/소는 동물이다/사람은 동물이다..... -소전제

→ 지렁이는 죽는다/소는 죽는다/사람은 죽는다...... -결론

③ 유추

한 쪽의 사실을 바탕으로 다른 쪽의 속성을 미루어 짐작하는 증명법. 귀납, 연역보다는 논리성이 부족함.

예 대부분의 독재자들은 사후에 존경을 받지 못했다.

→ 그 사람은 독재자이다.

→ 따라서 그는 존경을 받지 못할 것이다.

(4) 서사법(敍事法)

서사란 대상의 움직임이나 사건을 서술하는 것을 말한다. "누가 어떤 행동을 했는가?" 혹은 "무슨 일이 일어났는가?"에 대한 대답이라고 할 수 있다. 묘사의 경우 전체적인 인상이나 느낌을 기술하기 위한 감각작용과 공간인식이 중요한 데 반해, 기본적으로 시간의 경과에 따른 변화라 할 수 있는 움직임이나 사건의 추이를 서술하는 서사의 경우에는 무엇보다도 시간인식이 중요시 된다. 사건의 앞뒤 관계나 문맥적 연관성 등이 구체적으로 제시되어야 하는 것이다. 이런 점에서 본다면 서사란 일단 '사건의 시간적 진술'로 정의될 수 있다. 그러나 일정한 시간적 과정 속에서 일어나는 사건이라고 모두 서사가 되는 것은 아니다. 이때의 사건은 일정한 의미와 가치를 지닌 것으로서 보편적 관심의 대상이 될 수 있는 것이어야 한다.

➔ 어떤 행동이나 사건을 있는 그대로 표현하는 것.
사람이나 사물로 말미암아 일어난 사건을 시간적 순서로 나타내는 방식.
행위자의 행동 동기, 행위자의 성격, 행동이나 사건의 배경을 자세히 기술한다.

① 주관적 서술

쓰는 이가 주인공이 되고 읽는 이들이 상대가 되어 직접 이야기하는 것 같은 느낌이 들도록 표현하는 방식.

② 객관적 서술

쓰는 이가 제3자의 입장에서 사건이나 행동을 표현하는 것. 신문 기사나 방송 원고 등.

③ 대화식 서술

글 속에 제3자를 등장시켜 사건이나 상황을 표현하는 방식. 소설 등.

2부 · 규범적 글쓰기

말하기와 달리 글을 쓰는 것은 자유롭지 못하다. 언어가 사회와의 약속이라는 측면에서 글의 규정은 더욱 강하다. 형식을 넘어서는 내용이 있다면, 그것 역시 높게 평가받을 수 있겠지만 형식은 또 다른 내용이라고 할 수 있다. 형식을 잘 갖춘 글은 그 자체로 의미를 갖는 것이다. 이 장에서 다루게 될 내용은 형식과 그에 따른 내용을 구성하는 방법이다.

자신의 생각을 표현하는 방식을 배움으로써 자연스레 자신이 하고싶은 이야기를 끌어낼 수 있는 것이 곧 규범적 글쓰기를 배우는 이유이다.

1강

표현의 기술

– 수사법의 종류와 활용

아리스토텔레스가 수사학이란 "어떤 특정한 상황에서 설득하기 위하여 동원할 수 있는 모든 방법을 발견하는 기술"로 정의한 이후 수사법이란 청중을 설득하기 위해 동원할 수 있는 논증의 기술이나 착상, 배열, 그리고 그것을 가장 효과적으로 표현할 수 있는 문체를 포괄하는 개념으로 이해되어 왔다. 그러나 보통 한정적인 의미로 수사법이라 할 때 문자 언어에 의한 표현 방법, 즉 문체에 한정해 논의되기도 한다.

우리가 이 장에서 살필 수사법이라는 것은 바로 문체와 관련하여 자신이 쓴 글을 효과적으로 전달하기 위한 수단으로서 '글의 표현기법'에 관한 내용들이다. 여기에서는 수사법의 개념과 기능, 수사법의 종류와 특성을 중심으로 살펴보기로 하자.

(1) 수사법의 개념과 기능

올바른 글쓰기란 일차적으로 규범에 맞게 쓰여진다는 것을 전제로 한다. 여기에서 규범이란 정확한 단어의 선택, 문장의 호응, 단락과 단락의 유기적 연결 등을 말하는데 이것과 관련해서는 이미 앞 장에서 살핀바 있다.

글을 쓰는 사람은 누구나 자신이 전달하고자 하는 내용을 독자가 최대한 쉽고 편하게 이해할 수 있도록 하기위하여 다양한 방법을 강구한다. 어려운 개념은 보다 쉽게, 추상적이기 보다는 구체적인 예를 통해 표현하려 노력하고 고루한 표현보다는 참신하고 개성 있는 표현을 위해 노력하는 것이다. 이처럼 글쓰기에 있어 글을 쓰는 사람이 자신의 글을 읽는 독자에게 내용을 효과적으로 전달하기 위해 이용하는 일체의 표현수법를 수사법이라 할 수 있다.

결국 수사법이란 효과적으로 글을 꾸미는 방법, 장식이라 할 수 있다. 특히 문학적인 글은 가능한 글을 아름답고 개성적으로 꾸미려 하기 때문에 수사법과 관련된 내용은 문학과 관련하여 많이 논의되어 왔다. 그러나 수사법은 단순하게 글을 치장하는 방법이 아니다. 화려한 장식 속에는 글 쓰는 사람이 궁극적으로 전달하고자 하는 주제와의 연관이 빠질 수 없다. 즉 수사법은 글의 내용을 전달하기 위한 단순한 재주 이상의 것이라고 할 수 있다. 더욱이 문학 작품은 그 독특한 언어 구조에서 비롯되는 매우 미묘한 표현의 차이에; 의해 다양한 전달 능력을 지니게 되고 읽는 사람에게 매우 상이한 인식을 다채롭게 안겨준다는 점에서 수사법의 중요성은 훨씬 부각될 수밖에 없다.

이와 같은 수사법은 일차적으로 개별 문장 속에서 이루어지지만 이것은 나아가 문장과 문장의 결합을 통해서, 문맥 속으로 확장되어 그 기능을 발휘한다. 따라서 다음의 수사법의 종류와 특성은 개별 문장의 수사로부터 시작하여 특수한 문장과 문장과의 결합 속에서 이루어지는 수사, 문맥에 의한 수사에 대해 살펴보려 한다.

수사법의 유형

수사법은 작게는 60여 종으로 분류하지만 크게는 비유법, 변화법, 강조법으로 분류한다.

(1) 비유법(譬喩法) : 표현하고자 하는 대상(어떤 사물의 현상, 상태, 마음의 움직임 등)을 다른 사물에 빗대어 표현하는 수사법. 표현하고자 하는 대상을 원관념, 비유되는 대상을 보조 관념이라 한다.

(2) 강조법(强調法) : 문장 내용을 더욱 뚜렷이 전달하고자 읽는 이의 신경을 자극하여 강렬한 느낌을 주는 수사법

(3) 변화법(變化法) : 어구나 서술에 변화를 주어 독자의 주의를 불러일으키고, 지루한 느낌을 없애는 수사법 갈래

	(작용)	(효과)	(역효과)
→ 비유법	연상적 작용	그윽한 느낌	본뜻이 흐려지기 쉬움.
→ 강조법	자극적 작용	강렬한 느낌	진실감이 없어지기 쉬움.
→ 변화법	흥미적 작용	생동하는 느낌	잔재주 같은 느낌이 남.

(2) 수사법의 종류와 특성

1) 개별 문장의 수사

① 비유법

가. 직유법

직유법이란 원관념과 보조관념 사이의 유사성을 전제로 어떤 사실을 뒤엎는 것이 아니라 다른 현상을 별개의 것으로 유지한 채 그 사실에 대한 우리의 인식 작용을 미적으로 혹은 의미론적으로 자극한다. 이에 직유법은 원관념과 보조 관념이 비교적 직선적이며 명백하게 드러나는 표현방식이라 할 수 있다. 따라서 원관념과 보조관념의 관계를 나타내는 데에 '같이', '처럼', '듯', '인양', '마치~같다' 등이 보조 수단으로 쓰인다.

공중을 느릿느릿 비행해오는 시체는 가느다란 바람에도 흔들린다. 우선 시체의 머리카락이 쉬임 없이 흩날리고 그럼으로써 시체는 그가 지니고 있던 모든 잡된 요소를 바람에 실어 보내버리고 이제야

> 태어나기 전의 사람, 아니 모든 것을 살았기 때문에 가장 가벼워져서, 마치 병아리의 노오란 한 개의 깃털처럼 가벼워져서, 공중을 나는 것이다.
>
> \- 김승옥, 〈건〉 중에서

직유법이 원관념과 보조관념 사이의 유사성을 전제로 이루어진다고 하지만 이 유사성은 원관념에 대한 보조관념의 동질성만을 뜻하지 않는다. 오히려 표현의 참신성과 개성을 드러내기 위해서는 이질적인 것들 사이에서 유사성을 발견할 때다.

나. 은유법

은유법이란 "A는 B이다"처럼 원관념과 보조관념이 보조 수단을 사용하지 않고 직접 연결되는 표현 방식을 가리킨다. 직유가 유사성을 전제로 성립되는 것이라면 은유는 동일성을 전제로 성립된다. 따라서 은유에는 새로운 세계를 개척하기 위한 상상력이 개입되어 있다.

> 인생은 한 편의 시(詩)다. 생물학적 입장에서 볼 때 유년시대, 성년시대, 노년시대의 이 삼자를 갖추고 있는 이 인생이 아름다운 배치가 아니라고 그 누가 단언할 수 있단 말인가. 하루에 아침, 낮, 일몰이 있고, 일 년에 4계절이 있는 그대로의 모습이야말로 얼마나 좋은 것인가.
>
> \- 임어당, 〈생활의 발견〉

"A는 B이다"라는 전형적인 형식의 은유가 사용되고 있다. 즉 인생은 한편의 시라는 표현 속에는 인생과 한 편의 시를 동일시함으로써 독자에게 인생이 지니고 있는 미적인 세계를 전달하고 있는 것이다.

② 대유법

가. 환유법

환유법은 어떤 것을 나타내기 위해 그것의 속성 또는 거기에서 연상되는 다른 것의 이름을 말하는 표현방식이다. 환유는 표지물에 의해 그것의 본체를 나타내는 경우, 도구로써 일 또는 일하는 사람을 나타내는 경우, 용기로써 그 내용물을 나타내는 경우 등으로 구분할 수 있다. 사물의 이름이 그 사물과 관련된 다른 어떤 것을 대신한다는 측면에서 볼 때 환유의 종류는 ㉠ 구체물 대신에 추상물을 말하는 것, ㉡ 추상물 대신에 구체물을 말하는 것, ㉢ 원인 대신에 결과를 말하는 것, ㉣ 결과 대신에 원인을 말하는 것 등이 있다.

> ㉮ 황혼에서 새벽까지
> ㉯ 주먹이 법보다 앞선다.
> ㉰ 그는 지갑을 너무 좋아한다.
> ㉱ Again 2002의 깃발은 올라갔다!
> ㉲ 국민들은 요순시대를 원한다.

예문의 ㉮는 표지물에 의하여 그것의 본체를 나타내는 경우이고, ㉯는 도구로써 일 또는 일하는 사람을 나타내는 경우이며, ㉰는 요기로써 그 내용물을 나타내고 있다. 또한 ㉱는 구체물 대신에 추상물을 말하고 있으며 ㉲는 추상물 대신에 구체물을 통하여 표현하는 것이고 ㉳는 원인 대신에 결과를 가지고, ㉴는 결과 대신에 원인을 통해 표현하는 예이다. 환유는 단순히 문학적인 글뿐만 아니라 실생활에서도 자주 활용되는 표현법이라 할 수 있다.

나. 제유법

제유법은 사물의 한 부분으로써 그 사물 전체를 의미하거나 사물의 전체로써 그 사물의 한 부분을 의미하는 표현방식이다. 제유와 환유는 대단히 유사한 표현방식으로 제유를 환유의 일종으로 보는 견해도 있다. 아리스토텔레스는 제유를 환유와 함께 은유의 하위 유형으로 설명하기도 하였다.

> ㉮ 인간은 빵만으로 살 수 없다.
> ㉯ 우리 과에는 인물들이 많다.

예문의 ㉮는 사물의 한 부분인 빵을 통해서 사물의 전체 즉 먹는 것 전체를 의미하며, ㉯는 사물의 전체, 즉 인물을 통해서 인물의 한 부분인, 어떤 분야의 인재를 의미하고 있다. 이론가에 따라서는 앞서 제시되었던 환유의 종류 중 구체물 대신에 추상물을 말하는 것과 추상물 대신에 구체물을 말하는 것을 제유로 보기도 한다.

③ 의인법

의인법은 말 그대로 사람이 아닌 것을 인간 특유의 속성을 가진 듯이 표현하거나 생명이 없는 사물이나 추상적인 개념을 생명이 있는 것으로 표현하는 방식을 말한다. 의인법은 은유와 밀접한 관계를 가지고 있어서 서로 중첩되어 나타나기도 한다.

> 오이 가족 이 살고 있었어요. 근데 하루는 꼬마 오이가 이렇게 말 했어요.
> 신문을 보고 계시는 아빠께 물었어요.
> "아빠 저 오이 맞아요?"
> "어 그럼 오이 맞지"
> 화분을 가꾸고 계시는 할머니께 물었어요..
> "할머니 저 할머니 손자 맞아요?"
> "그럼 맞구 말구"
> 공부를 하고 있는 누나에게 물었어요..
> "누나 나 오이 맞지?"
> "그럼 니가 오이지 호박이냐"
> 설거지를 하고 계신 엄마께 물었어요
> "엄마 저 오이 맞죠?"
> "당근이지"
> 그래서 막내 아들은 집을 나갔어요..
> 왜냐하면 엄마가 당근이지는 맞다고 한 건데 그것도 모르고 자기가 당근 인줄 알고
> 그래서 오이 가족은 어린 오이를 찾아 다녔어요.
>
> \- 인터넷 유머 중에서

예문은 완전히 의인화된 예이다. '오이'에 인간적 속성이 완전히 부여되어 있다.

의인법은 유럽에서는 호머 이래 문학의 중요한 수사법으로 여겨져 왔고, 중세시대에는 풍유법의 등장과 밀접한 관계를 맺고 있었으며, 르네상스 시대에는 신화적, 낭만적 시의 발전에 중요한 역할을 담당했었다. 오늘날의 의인법은 생동감 있는 문체를 구사하거나 분위기, 감정 등을 생생하게 전하기 위해 자주 사용된다.

④ 완곡어법

완곡어법은 단어나 문장의 의미 혹은 느낌이 지나치게 강해 타인의 기분을 상하게 할 수 있는 표현을 피하여 부드럽고 완화된 고상한 단어 또는 표현을 통해 표현 전체를 부드럽게 하기위해 사용하는 기법을 말한다. 따라서 품위나 격식을 중시하는 사람들에 의해 자주 사용된다.

> ㉮ 어제 만난 애 어땠어?
> 음...귀엽더라.
> ㉯ 훌륭한 곡이었습니다. 그런데 제가 이젠 좀 나이가 먹었나 봅니다. 하하하!

예문 ㉮는 만났던 사람의 얼굴이 이쁘지 않았다는, 불쾌한 감정을 갖게 하는 표현 대신에 부드럽고 완화된 의미로 흔히 쓰이는 표현이다. ㉯에서도 "자신의 취향과 맞지 않았다"는 직접적인 표현 대신에 부드럽고 완화된 부드러운 표현을 사용하고 있다. 이처럼 사람들이 언어 사용에 신중을 기하는 것은 상황마다 그에 따르는 효과를 기대할 수 있기 때문이다.

2) 특수한 문장 결합의 수사

① 대조법

대조법은 상반되는 어구 또는 사상을 대조적으로 배치하는 표현기법이다. 대조법은 대립에 의해 의미를 명확히 변별하기 위해 사용된다.

> 말과 글이 같으면서 다른 점은 여러 각도에서 발견할 수 있다. 우선 말은 청각에 이해시키는 점, 글은 시각에 이해시키는 점이 다르다. 말은 그 자리, 그 시간에서 사라지지만, 글은 공간적으로 널리, 시간적으로 얼마든지, 오래 남을 수 있는 것도 다르다.
>
> – 이태준, 〈문장 강화〉 중

예문은 언어라는 측면에서 공통되지만 말과 글이 갖는 차이점을 설명하는 이태준의 〈문장 강화〉의 일부분이다. 예문과 같이 대조법은 상반된 사상이나 어구가 아니라 할지라도 상호 차이점을 분명히 하여 변별점을 확실히 이해시키기 위한 방법으로 사용될 수 있다.

② 열거법

열거법은 비슷한 속성이나 비중을 가진 단어, 구절, 문장들을 나열하는 표현 방식이다. 열거법에서는 열거되는 사항들이 내용적, 계통적으로 유사한 비중을 지니고 있어야 한다.

> 예 기쁘고, 슬프고, 노여워하고, 사랑하고, 미워하는 것들이 모두 다 느낌의 움직임이다.
>
> - 조지훈 「소재와 표현」

③ 반복법

반복법이란 한 문장이나 단락에서 같거나 유사한 단어, 어구 또는 문장을 반복함으로써 문장의 의미를 강조하는 표현 기법이다. 반복법은 같은 말을 반복하는 경우, 유사한 말을 반복하는 경우, 같은 뜻을 지닌 말을 반복하는 경우 모두를 포괄한다.

> 예 · 산에는 꽃 피네. / 꽃이 피네. / 갈 봄 여름 없이 / 꽃이 피네.
>
> - 김소월 「산유화」
>
> · 해야 솟아라, 해야 솟아라, 말갛게 씻은 얼굴 고운 해야 솟아라.
>
> - 박두진 「해」

④ 점층법과 점강법

이 두 가지는 표현의 강도를 조절하여 독자에게 강한 호소력을 미치게 하는 방법으로 점층법은 표현의 강도를 점점 높여가는 것이고, 반대로 점강법은 점차적으로 의미가 약하거나 덜 중요한 어구로 강도를 낮춘다.

> 예 · 신록은 먼저 나의 눈을 씻고, 나의 머리를 씻고, 나의 가슴을 씻고, 다음에 나의 마음의 모든 구석구석을 하나하나 씻어 낸다.

· 첫날엔 오십 리, 다음 날엔 사십 리, 삼십 리, 점점 줄어지다가는 하루씩 어느 마을에고 들어가 쉬었다.
· 집과 마을, 학교와 직장, 나라와 세계에서 이루어지는 사회 생활이 또 우리의 생각과 느낌을 살지게 한다.

- 조지훈 「소재와 표현」

⑤ 대구법

대구법은 문장의 구조가 서로 같거나 비슷한 두 문장을 나란히 짝을 지어 배열함으로써 의미가 서로 보완되게 하거나 같은 의미가 강조되게 하는 방법이다. 대구법은 짝이 되는 두 구절의 글자수가 대체로 비슷하고 품사도 같아야 하지만 단어가 같으면 안 된다. 단어가 같으면 반복법이 되는 것이다.

예 · 범은 죽어서 가죽을 남기고, 사람은 죽어서 이름을 남긴다.
· 이성은 투명하되, 얼음과 같으며, 지혜는 날카로우나 갑 속에 든 칼이다.

⑥ 억양법

억양법은 처음에 상대방의 결함을 지적하는 식의 부정적 이야기를 하다가 나중에 칭찬하는 식의 긍정적 이야기를 하거나 그 반대로 긍정적인 이야기에서 부정적인 이야기로 나가는 방식을 말한다. 따라서 저자가 하고 싶은 본의는 항상 뒤에 놓이게 되고 결과적으로 앞의 어조와 뒤의 어조는 큰 차이를 지니게 된다.

예 · 얼굴은 곱지만, 속이 얕다.
· 사람은 착하지만 변변치 못해.

⑦ 기타

가. 연쇄법

연쇄법은 앞 문장의 끝 부분을 뒷문장의 첫머리에서 사용함으로써 논리의 순차성이나 사물의 유기적 관계를 강조하는 표현 방식이다. 연쇄법은 단어나 어구가 반복된다는 점에서 대구법이나 반복법에서처럼 리듬을 드러내기도 한다.

> 예 · 맛있는 바나나, 바나나는 길어, 길으면 기차, 기차는 빨라, 빠른 건 비행기
> · 흰눈은 내려, 내려서 쌓여, 내 슬픔 그 위에 / 고이 서리다.

나. 도치법

도치법은 정상적인 문법의 서술 순서를 의도적으로 바꾸어 놓음으로써 어떤 행위나 인상을 강조하는 표현 기법이다. 강조되는 부분은 항상 도치된 문장의 뒤에 위치한다.

> 예 얼른 사랑에 들어가서 알아보고 오오, 백수성에서 무슨 기별이나 있었나.

다. 문답법

글을 쓰는 사람이 직접 자신의 생각을 밝히지 않고 스스로 묻고 대답하는 형식을 말한다. 따라서 희곡이나 소설에서 등장인물끼리 묻고 대답하는 것은 문답법에 해당되지 않는다.

저자 자신이 분명한 답을 알고 있으면서도 굳이 물음을 던지는 이유는 읽는 사람들이 주의해서 읽어야 할 중요한 내용이라는 것을 강조하기 위함이다. 일종의 대화 형식이라는 점에서 단조로운 서술에 비해 생동감을 줄 수 있는 수사법이라 할 수 있다.

> 예 · 아희야, 무릉이 어디오, 나 옌가 하노라.
> · 그렇다면 그 둘의 관계는 무엇일까? 그것은 병립의 관계이다.

3) 문맥에 의한 수사

① 설의법

물음의 형식을 사용한다는 점에서 일면 문답법과 비슷한 듯 보이지만 문답법이 글을 쓰는 사람 자신이 물음에 대한 답을 제시해야 하는 데에 비해 설의법에서는 물음 자체에 답이 내포되어 있기 때문에 굳이 답을 제시할 필요가 없다는 점에서 전혀 다르다. 독자들이 확실히 알 수 있는 내용을 의문문의 형식으로 표현함으로써 보편적이며 일반적인 상식선에 호소한다는 측면과 동시에 자신이 주장하는 내용 자체를 일반화시키려는 의도를 가지고 있다.

> 예 자식 죽여 눈을 뜬들 그게 차마 할 일이냐?

② 반어법

반어법은 표면적인 의미와 이면적 의미를 상반되게 표현함으로써 의미를 강조하는 표현 방법이다. 반어법에는 표면적 의미가 긍정적이고 이면적 의미가 부정적인 경우와 표면적 의미가 부정적이고 이면적 의미가 긍정적인 경우가 있다.

> (1) 선의의 경우
> 　예 참 얄밉게도 생겼네. (귀엽게 생겼다는 뜻이다.)
>
> (2) 악의의 경우
> 　예 (그릇을 깬 경우에) 잘 깨먹었다. (나무라는 의도를 반대로 표현한 것이다.)

③ 역설법

역설법이란 표면적으로 비합리적이고 자기 모순에 차 있으면서도 실제로는 확실한 진리를 포함하는 경우의 표현 방식이다. 역설법은 대개의 경우 사람의 의표를 찔러 놀라게 해서 전하려고 하는 사실이나 주장을 강하게 호소하고 인상 깊게 하는 효과가 있다.

예 극과 극은 서로 통한다. 천재와 바보는 종이 한 장 차이다.

지금까지 수사법의 개념과 기능을 몇 몇 종류로 나눠 살펴보았다. 기본적인 수사법의 개념과 쓰임새를 확실히 숙고하여 글에 다양하게 활용하면 자신만의 독특하고 개성적인 표현을 하는데 큰 도움이 될 것이다.

연습문제

1. 다음 예문을 읽고 사용된 수사법이 무엇인지 말하여 보자.

> · 명예를 잃는 것은 모두를 잃는 것이요.
> · 용기를 잃는 것은 많은 것을 잃은 것이요.
> · 돈을 잃는 것은 아무 것도 안 잃은 것이다.

2. 다음에 예시된 단어들을 "A는 B이다"라는 은유법의 형식으로 표현하고 그렇게 생각하는 이유를 밝혀 보시오.

> 돈, 음악(예술), 사랑, 여자/남자, 국회의원, 축구, 수업, 말, 인간, 인터넷, 게임

3. 아버지와 어머니의 사랑에는 어떤 차이점이 있는지에 대해 대조하여 자신의 의견을 쓰시오.

4. 다음 범주에 드는 사람들 중 가장 좋아하는 5인을 열거하고 좋아하는 구체적인 기준이 무엇인지 밝히시오. 반대로 싫어하는 사람 5인을 열거하고 역시 싫어하는 구체적인 기준이 무엇인지 밝히시오.(*외국인도 상관없음)

1 정치인
2 연예인
3 조선왕조의 왕들
4 소설가, 시인, 화가, 만화가, 음악가 中 택 1
5 운동선수

5. 자신의 현재 이성 친구 혹은 미래의 배우자에게 본문에서 살펴본 수사법 중 적어도 다섯 개 이상을 사용하여 편지를 작성하시오.

쉬어가기

늑대다! 하고 소리친 소년

어렸을 때 어찌어찌 하다가 받은 마음의 상처 때문에 거의 강박적으로 거짓말을 하는 한 소년이 있었다. 사람들은 소년의 거짓말이 너무 상습적이었기 때문에 무슨 일을 맡겨도 도무지 믿어지지가 않았다. 그래서 생각다 못한 동네사람들이 맡긴 임무가 양떼를 지키는 일이었다.

한데 소년은 새로 생긴 이 일이야말로 거짓말 솜씨를 신나게, 마음껏 발휘할 수 있는 기가 막힌 기회라고 생각했다. 소년은 꼭 늑대가 양떼를 공격하고 있기라도 한 것처럼 목청껏 늑대다! 늑대! 하고 외쳤다.

동네사람들은 소년의 고함 소리를 듣고 부랴부랴 양떼가 있는 곳으로 달려왔다. 하지만 늑대는 물론 늑대 그림자도 구경할 수 없었다. 얼굴이 빨개지기는커녕 오히려 동네사람들을 꾸짖는 투로 소년이 말했다. 왜 그렇게 오래 걸렸어요? 혼자서 늑대를 쫓아내다 물려 죽을 뻔했잖아요.

다음날 다시 양치기 소년은 거짓으로 늑대다! 늑대! 를 외치고, 사람들은 다시 헐레벌떡 소년을 구하러 달려왔다. 물론 늑대는 안보였다. 어? 이것 봐라? 사람들은 그제야 이 녀석이 옛날 버릇이 또 재발한 게 아닌가 하고 의심했다. 그러자 소년은 사람들의 의심이 싹 가실 정도로 오히려 당당하게 선언하는 것이었다. 정말 자꾸 이렇게 어슬렁어슬렁 오시면 나도 이 직업을 그만두겠어요. 날마다 난 혼자서 무시무시한 맹수들과 싸우느라고 거의 목숨을 걸다시피 하고 있는데, 여러분은 그저 느적느적 소풍 오는 식으로 오시니 말입니다. 오시면서 꽃도 꺾고 경치 구경도 하고 그러시는 모양이죠?

소년의 말에 기가 질린 사람들은 다음에는 진짜 신속하게 달려오마고 약속했다. 그런데 바로 그날 밤 늑대들이 새까맣게 몰려와서 양떼를 공격했다. 이쪽저쪽 사방에서 늑대다! 늑대! 난리였다. 그동안 은근히 그 거짓말쟁이 소년에게 미안한 마음을 품고 있던 동네사람들은 다른 양치기들의 고함 소리는 싹 무시하고 오직 그 거짓말쟁이 양치기만을 구하러 바삐 뛰어갔다.

동네사람들의 재빠른 행동 덕분에 그 양치기 소년과 거기 있는 양떼들만은 아무 탈이 없이 무사할 수 있었다. 하지만 다른 곳의 피해는 엄청났다. 어떤 용감한 양치기 하나는 자기 양들을 지키다가 그만 심하게 물려서 중태에 빠지기 까지 했다. 그는 광견병에 걸려 생각조차 하기 끔찍한 죽음을 맞지 않으면 안 되었다.

순진한 사람만이 미안한 감정을 느낄 여유가 있다.

강

2 흠 잡을 데 없는 글쓰기

– 표준어, 맞춤법

한글 맞춤법의 원리는 한글을 배우면서 자연스럽게 알게 된다. 이 글에서는 한글 맞춤법의 조항을 소개하는 것에서 한 걸음 나아가 일상생활에서 흔히 잘못 쓰기 쉬운 예들을 중심으로 한글 맞춤법을 설명하고 있다. 낯익은 예를 읽는 동안 맞춤법의 원리를 자연스럽게 익힐 수 있다. 한글 맞춤법을 비롯한 어문 규정의 전문은 '국립국어원(www. korean.go.kr)'에서 볼 수 있다.

(1) '한글 맞춤법'의 실제

한번 정해진 표기는 일관되게 유지하는 것이 한글 맞춤법의 원칙이다. 예를 들어 본딧말에서 말이 줄어들어 준말이 되는 경우에도 표기하는 방법은 변하지 않는다.

01

(ㄱ) 게 섰거라(← 서 있거라)
(ㄴ) 옜다(← 여기 있다)
(ㄷ) 밭다리, 밭벽, 밭사돈(← 바깥)
(ㄹ) 오늘은 왠지(← 왜인지) 기분이 좋아.

'게 섰거라'를 '*게 섯거라'로 적지 않는 것은 '섰거라'가 '서 있거라'에서 온 말이기 때문이다. '있-'의 받침을 그래도 유지한다. '옜다'의 경우도 마찬가지다. '여기 있다'의 받침 'ㅆ'으로 적는다. '밭다리, 밭벽, 밭사돈'의 '밭'은 '바깥'에서 온 말이므로 받침을 'ㅌ'으로 적는다. '왠지'와 '*웬지'를 구별하는 것도 본딧말의 표기와 관련이 있다. '왜인지'에서 줄어든 말이므로 '왠지'로 일관되게 적는다. "웬 낯선 사람이 찾아 왔던데?"와 같은 경우는 '왜'와 관계가 없는 말이다.

이러한 원리에 따라 '반듯이'와 '반드시'를 구별할 수 있다. 예를 들어 '금을 반듯하게 긋다'의 뜻으로 '반드시'를 쓰지 않고 '반듯이'를 쓰는 것은 '반듯하다'와 관련이 있는 말이기 때문이다. 둘 다 '반듯-'에서 나온 말이다.

02 (ㄱ) 금을 <u>반듯이(← 반듯하게)</u> 그어라.
(ㄴ) 오늘 <u>반드시(↚ 반듯하게)</u> 끝내라.

'반드시'는 '반듯하다'와는 아무런 관련이 없는 말이다. 이러한 점은 아래의 '지긋이, 지그시'에서도 볼 수 있다.

03 (ㄱ) 나이가 <u>지긋이(← 지긋하게)</u> 든 반백의 신사.
(ㄴ) 눈을 <u>지그시(↚ 지긋하게)</u> 감았다.

'일찍이, 더욱이'를 '*일찌기, *더우기'로 적지 않는 것도 '일찍, 더욱'과의 관련성을 보여 주기 위해서이다.

04 (ㄱ) <u>일찍이(*일찌기)</u> 문명을 꽃피운 우리나라.
(ㄴ) 비도 내리고 <u>더욱이(*더우기)</u> 바람도 세다.

그렇지만 표기의 일관성을 지키면 소리가 달라지는 경우에는 소리대로 적어야 한다. 예를 들어 '거칠다, 거칠고, 거칠어'에서는 '거칠-'로 일관되게 적을 수 있지만 '-은'이 연결될 경우에는 '거친'이 되므로 '*거칠은'으로 적을 수 없다.

05 (ㄱ) 하늘을 나는(*날으는) 비행기

(ㄱ)′ 멀리 날아가는(*날라가는) 비행기

(ㄴ) 거친(*거칠은) 벌판에 푸른 솔잎처럼

(ㄷ) 놀이터에서 노는(*놀으는) 아이들

"오늘이 몇 년, 몇 월 며칠이지?"라고 할 때의 '며칠' 또한 '몇 년, 몇 월'과의 일관성을 고려하면 '*몇 일'로 적을 것으로 예상할 수 있다. 그렇지만 '몇 월'이 [며둴]로 소리 나듯이 '*몇 일'은 [며딜]로 소리 나기 때문에 '*몇 일'로 적을 수 없다. 그러므로 '며칠'로 적는다.

06 오늘이 몇 년 몇 월 며칠(*몇 일)이지?

이와는 달리 소리가 달라지더라도 표기의 일관성을 지키는 경우도 있다. 아래는 새로운 말이 만들어지면서 소리가 달라졌지만 원래의 모양대로 적은 경우이다.

07 (ㄱ) 눈꼽(눈곱) / 눈쌀(눈살)

(ㄴ) 만듦

'눈곱'은 [눈꼽]으로 소리 나고 '눈살'은 [눈쌀]로 소리 나지만 '곱'과 '살'이 자립적으로 쓰이기 때문에 '*눈꼽', '*눈쌀'로 적을 경우 두 말 간의 관련성을 보여 주기 어렵게 된다. 따라서 '눈곱', '눈살'로 일관되게 적는다.

잘못된 말을 쓰기 때문에 한글로도 잘못 적는 경우가 적지 않다. 예를 들어 "이 나무로는 탁자를 □□이 좋겠다."의 □□에 알맞은 말을 '만듬'으로 잘못 알고 있는 경우에는 [만드미]라고 잘못 읽어서 적을 때도 '만듬이'로 잘못 적는 일이 많다. [만들미]로 올바르게 읽는 경우에는 대부분 '만듦이'로 적는다.

08 (ㄱ) 나의 삶은 나의 것이다.

(ㄴ) 빈방 있슴 / 줄 방 없슴.

국어에서 명사형을 만들 때 '-ㅁ/음'이 연결되는데 받침이 'ㄹ'인 말일 때는 '살-+-ㅁ→삶'처럼 'ㄻ'이 된다. 명사형은 동사나 형용사를 명사처럼 만들어 주는 역할을 하는 말이다. 흔히 '있다, 없다'의 '있-, 없-'을 명사형으로 만들 때 잘못 적는 일이 적지 않다.

09 (ㄱ) 빈방 있습니다.
(ㄴ) 줄 방 없읍니다.

'있음'을 '*있슴'으로, '없음'을 '*없슴'으로 잘못 쓰는 일이 많은데 '있-+-음', '없-+-음'이므로 '있음'과 '없음'이 옳다. 이러한 혼란은 '있음'과 '*있슴'이 소리가 같기 때문에 나타난 것이므로 '먹-'의 경우에 '먹음'이 맞고 '*먹슴'이 되지 않는 것을 생각하면 혼동에서 벗어날 수 있다. '*있읍니다'와 '있습니다'를 혼동하는 경우에도 '먹습니다'를 '*먹읍니다'라고 하지 않는다는 것을 생각하면 '있습니다'가 맞는 말임을 알 수 있다.

국어의 동사나 형용사에 여러 가지 어미가 연결되는 것을 '활용'이라고 한다. 그런데 어미가 연결될 때에는 동사나 형용사의 모음에 따라 아래와 같이 일정한 규칙이 존재한다.

10 (ㄱ) 막-아, 볶-아, 얕-아
(ㄴ) 먹-어, 죽-어, 뱉-어

위에서 알 수 있듯이 '막-, 볶-, 얕-'처럼 '아, 오, 야'가 들어 있는 말 뒤에는 '-아'가 연결되어 '막아, 볶아, 얕아'가 되고 '먹-'처럼 그 외의 모음이 들어 있을 경우에는 '-어'가 연결된다. 따라서 ""의 '*남어라'는 '남아라'로 고쳐야 옳고 ""의 '*뱉았다'는 '뱉었다'로 고쳐야 옳다.

또한 특정한 어미가 연결될 때 전체의 모습이 바뀌는 경우도 있는데 이때도 일정한 규칙이 존재한다.

11 (ㄱ) 잠그-다, 잠-가, 잠그-니/ 담그-다, 담-가, 담그-니
(ㄴ) 머무르-다, 머물러/ 들르-다, 들러

'잠그-'는 '-어'가 연결되면 '잠가'로 모양이 바뀐다. '담그-'도 마찬가지다. 이처럼 전체 모양이 바뀌는 경우 '불규칙 활용'이라고 한다. "물옮고 "옮다. '머무르-'는 '-어'가 연결되면 '머물러'가 되고 '들르-'는 '들러'가 된다.

한편, '사귀어'와 '바뀌어'와 같이 'ㅟ+어'가 되는 경우에는 모양이 변하지 않는다. 흔히 '*사겨', '*바껴'로 쓰는 것은 잘못이다. '*사겨'는 '사기어'가 준 말이고 '바껴'는 '바끼어'가 준 말로 '사귀어', '바뀌어'와 관계가 없다.

12 (ㄱ) 우리 한반 사겨(← 사귀어) 볼래요?
(ㄴ) 모든 것이 너무 빠르게 바껴(← 바뀌어)간다.

한편 '되-'에 '어'로 시작하는 어미가 연결되어 줄어들면 '돼'가 된다. '되-+-었다→됐다', '되-+-어서→돼서'가 그러한 경우다. '되라'와 '돼라'는 둘 다 가능하다. '되라'는 '되-'에 간접적, 문어적 명령을 나타내는 '-으라'가 연결된 말이고 '돼라'는 직접적, 구어적 명령을 나타내는 '-어라'가 연결된 말이다.

13 (ㄱ) 철수는 고등학생이 됐다(← 되었다).
(ㄴ) 자식이 돼서(← 되어서) 그게 할 소리냐?
(ㄷ) 저도 내년이면 고등학생이 돼요(← 되어요).
(ㄹ) 그래, 너라도 잘 돼라(되라)

실제 국어 생활에서 혼동이 되는 말 중에는 소리가 같아져서 구분하기가 쉽지 않은 예들이 있다. 이러한 말들을 구분하기 위해서는 문법적인 특성을 이해해야 한다. 아래의 예는 국어에서 '요'와 '-오'가 나타나는 경우이다.

14 (ㄱ) 무엇을 할까요.
(ㄴ) 말씀 낮추십시오.

국어에서 '요'는 말이 끝난 다음에 덧붙어서 높임의 뜻을 나타낸다. '무엇을 할까'에 '요'가 덧붙으면 '할까요'가 된다. 그런 까닭에 '할까요'에서 '요'가 빠져서 '할까'가 되더라도 문장이 성립하는 데는 이상이 없다. 그렇지만 '-오'는 빠질 경우 '*

말씀 낮추십시-'에서 알 수 있듯이 문장이 성립하지 않는다는 점에서 '요'와는 다르다. '이리 오시오', '무엇 하오'에서도 '오'를 빼면 문장이 성립하지 않는다.

'요'의 이러한 특성은 '예'에 상대되는 말이 '아니오'인지 '아니요'인지를 결정하는 근거가 된다. '예'의 낮춤말 '응'에 상대되는 짝은 '아니'이다. 여기에 높임의 뜻을 나타내는 '요'가 붙어서 '아니요'가 되었다고 설명하면 '응, 아니'와 '예, 아니요'가 등급의 차이를 두고 서로 짝을 맞춰 존재하는 현상을 적절하게 보여 줄 수 있다.

15 (ㄱ) 아니, 난 못 봤는데.
(ㄴ) 아니요(*아니오) 영수가 온다고 했어요.
(ㄷ) 나는 의사가 아니오.

'아니오'는 '나는 의사가 아니오', '그것은 당신 책임이 아니오'와 같이 '아니-'에 '-오'가 붙은 서술어이다.

한편 아래의 '-요'는 서술격조사 '이-' 다음에 나타나서 문장끼리 서로 연결해 주는 역할을 하는데 이 말은 역사적으로 '이고〉이오〉이요'의 과정을 겪어서 생긴 말로 위에서 다룬 '요'와는 관련이 없는 말이다.

16 이것은 책이요 저것은 연필이다.

한글 맞춤법에서는 소리와 관련되는 현상을 규정하고 있는데 대표적인 것으로 두음 법칙을 들 수 있다. 두음 법칙은 아래에서 볼 수 있듯이 단어의 첫머리에서 'ㄴ, ㄹ' 소리를 꺼리는 현상을 말한다. 자립적인 명사뿐 아니라 합성어와 고유 명사에서도 두음 법칙이 나타난다. 다만 의존 명사일 때는 두음 법칙을 적용하지 않는다. '몇 년, 몇 리'의 '년'과 '리'가 그러한 경우이다.

17

	녀, 뇨, 뉴, 니	랴, 려, 례, 료, 류, 리	라, 래, 로, 뢰, 루, 르
어두/비어두	여자/남녀	양심/개량	낙원/극락
의존 명사	몇 년, 2002 년	몇 리, 그럴 리가	
합성어	신-여성/남존-여비	역-이용/해외-여행	중-노동/사상-누각
고유 명사	한국여자대학	신흥이발관	

또한 두음 법칙은 원칙적으로 한자어에만 적용된다. 예를 들어 '리을', '녀석' 같은 고유어에는 두음 법칙이 적용되지 않는다. 의존 명사일 때는 두음 법칙이 적용되지 않으므로 같은 말이라도 자립 명사로 쓰일 경우와 의존 명사로 쓰일 경우에 표기가 달라진다. 예를 들어 '年度'는 자립적으로 쓰일 때는 '연도'가 되고 의존적으로 쓰일 때는 '년도'가 된다. '신년도, 고랭지'는 '신년-도, 고랭-지'로 분석되는 구조이므로 두음 법칙이 적용되지 않는다.

18 (ㄱ) 연도별 생산 실적, 회계 연도/회계연도
(ㄴ) 2000 년도/2000년도, 2000 년대/2000년대
(ㄷ) 신년-도, 구년-도, 고랭-지

'란/난', '량/양'의 경우에 한자어 다음에는 두음 법칙이 적용되지 않으므로 '란', '량'이 되고 고유어나 외래어 다음에는 두음 법칙이 적용되어 '난', '양'이 된다.

19 (ㄱ) 가정란, 투고란, 독자란, 학습란, 답란
(ㄴ) 어린이난, 어머니난, 가십난(gossip欄)

20 (ㄱ) 노동량, 작업량
(ㄴ) 일양, 알칼리양(alkali量)

한편 '율/률'의 경우에는 모음이나 'ㄴ' 받침 뒤에서는 '율'이 되고 그외의 받침 뒤에서는 '률'이 된다.

21 (ㄱ) 비율(比率), 실패율(失敗率)
(ㄴ) 선율(旋律), 전율(戰慄), 백분율(百分率)
(ㄷ) 법률(法律), 능률, 출석률

사이시옷 규정 또한 소리와 관계가 있다. 사이시옷은 발음에 따라 적도록 되어 있는데 실제로는 올바른 발음을 모르는 일이 많아서 적용하기 어려워하는 일이 많다.

22 (ㄱ) 시냇가, 찻잔, 나뭇잎, 툇마루

(ㄴ) 기댓값, 대푯값, 만둣국, 등굣길, 성묫길, 장밋빛, 맥줏집

(ㄷ) 곳간(庫間), 셋방(貰房), 숫자(數字), 찻간(車間), 툇간(退間), 횟수(回數)

(ㄹ) 초점(焦點), 개수(個數), 기차간(汽車間), 전세방(傳貰房)

사이시옷이 쓰이기 위해서는 두 가지 조건을 충족해야 한다. 첫째, 뒷말의 첫소리가 된소리로 나거나 뒷말의 첫소리 'ㄴ, ㅁ'이나 모음 앞에 'ㄴ' 소리가 덧나는 합성어이어야 한다. 둘째, 첫 번째 조건을 충족하는 합성어 중에서 '한자어+한자어'나 '외래어+고유어'가 아니어야 한다. '시냇가[-까], 찻잔[-짠], 나뭇잎[-문닙], 툇마루[-퇸마루]' 등은 두 가지 조건을 충족하므로 사이시옷을 적는다. 그렇지만 '내과(內科), 화병(火病)' 등은 첫 번째 조건은 충족하지만 두 번째 조건을 충족하지 못하므로 사이시옷을 적지 않는다. '기댓값, 만둣국, 장밋빛' 등은 두 가지 조건을 충족하므로 사이시옷이 들어가야 한다.

'한자어+한자어' 구성이더라도 '곳간(庫間), 셋방(貰房), 숫자(數字), 찻간(車間), 툇간(退間), 횟수(回數)'는 예외적으로 '사이시옷'을 적는다. '초점(焦點), 개수(個數), 기차간(汽車間)', '전세방(傳貰房)'은 사이시옷을 적지 않으므로 주의해야 한다.

23 (ㄱ) 머리말/*머릿말, 인사말/*인삿말

(ㄴ) 핑크빛, 피자집

위에서 '머리말'이 옳은 것은 [머린말]로 소리 나지 않고 [머리말]로 소리 나기 때문이다. '인사말'도 마찬가지다. '한자어+한자어' 구성일 때와 마찬가지로 '핑크빛, 피자집'처럼 외래어가 들어간 구성일 때도 사이시옷이 들어가지 않는다.

어원에 따라서 표기를 정하는 일도 있다. 예를 들어 '넓-[廣]'과 관련 있는 말은 의미적인 관련이 있으면 '넓-'으로, 관련이 적으면 '넙-'으로 적는다.

24 (ㄱ) 강아지가 고기를 넙죽 받아 먹는다.

(ㄴ) 하인이 넙죽 절을 한다.

(ㄷ) 무를 넓적하게 썰어서 깍두기를 담갔다.
(ㄹ) 넓적다리, 널따랗다, 넙치[廣魚]

위의 '넙죽'은 '넓-'과는 의미적으로 관련성이 멀어졌으므로 '넓'으로 적지 않고 '넙'으로 적는다. '넓적하다'는 의미적인 관련성이 있으므로 '넓'으로 적는다.

'붙이다'와 '부치다'도 '붙-'의 의미가 살아 있으면 '붙이다'로 적고 그렇지 않을 경우에는 '부치다'로 적어서 구분한다. 아래 밑줄 친 '올려붙이다, 걷어붙이다, 밀어붙이다'와 '숙식을 부치다'는 유의해야 한다.

25 (ㄱ) 반창고를 붙이다, 주석을 붙이다, 조건을 붙이다
(ㄴ) 따귀를 올려붙이다, 계획대로 밀어붙이다

26 (ㄱ) 극비에 부치다, 한글날에 부치다
(ㄴ) 삼촌 집에 숙식을 부치다, 논밭을 부치다

'오이소박이'는 '오이에 소를 박은 음식'을 말한다. '박다'의 의미가 살아 있으면 '박이'가 되고 그렇지 않은 경우에는 '배기'가 된다. '차돌박이'는 '흰 차돌이 박혀 있는 듯한 고기의 부위'를 말한다.

27 (ㄱ) 오이소박이/*오이소백이, 차돌박이/*차돌백이/*차돌배기
(ㄴ) 붙박이, 덧니박이, 판박이

28 (ㄱ) *한 살박이/한 살배기
(ㄴ) 알배기, 공짜배기, 진짜배기

'한 살배기'처럼 '-배기'가 쓰이는 말들은 '박다'와는 의미적으로 관련이 없는 말들이다.

흔히 두 문장을 연결할 때 쓰는 '*그리고 나서'는 '그러고 나서'를 잘못 쓴 말이다. '*그리고 나서'와 '그러고 나서'는 문법적인 기준에 따라 구별되는 말이다. '*그

리고 나서'는 '그리-+-고 나서'로 분석되는데 '-고 나서' 앞에는 '먹고 나서', '쉬고 나서', '일하고 나서'처럼 용언만이 올 수 있다. 따라서 '그리-'는 용언이어야 한다. 하지만 의미가 맞는 '그리-'를 찾을 수 없으며 *이리고 나서, *저리고 나서'가 불가능하므로 '이, 그, 저'의 계열 관계를 이루지도 않는다. 따라서 '*그리고 나서'는 '그러고 나서'를 잘못 쓴 것임을 알 수 있다. '그러고 나서'는 '이러고 나서, 저러고 나서'와 같이 계열 관계를 이룬다.

29 ㈀ 밥을 먹었다. 그러고 나서(*그리고 나서) 물을 마셨다.
㈁ 밥을 먹었다. 그리고 물을 마셨다.
㈂ 밥을 먹었다. 그러고는(*그리고는) 물을 마셨다.

'*그리고는' 또한 '*그러나는, *그래서는' 등이 불가능한 데서 알 수 있듯이 '그러고는'을 잘못 쓴 말이다.

아래의 '-대'와 '-데'도 문법적인 기준에 따라 서로 구별해서 써야 하는 말이다. '-대'는 직접 경험한 사실이 아니라 남이 말한 내용을 간접적으로 전달할 때 쓰인다.

30 ㈀ 영희가 그러는데 철수가 결혼한대.
㈁ 철수도 오겠대?

또한 '-대'는 아래와 같이 놀라거나 못마땅하다는 뜻으로 쓰이기도 한다.

31 ㈀ 왜 이렇게 일이 많대?
㈁ 신랑이 어쩜 이렇게 잘 생겼대?

'-데'는 말하는 사람이 과거에 직접 경험한 사실을 나중에 회상하여 말할 때 쓰이는 말로 '-더라'와 같은 의미를 전달한다.

32 ㈀ 두 살배기가 아주 말을 잘하데.
㈁ 철수는 아들만 둘이데.

(2) 띄어쓰기

띄어쓰기는 글쓰기를 할 때 어려움을 많이 겪는 분야이다. 띄어쓰기가 어려운 것은 예외적인 경우가 많아서 예측하기가 힘들기 때문이다. 띄어쓰기를 잘하는 유일한 방법은 믿을 만한 국어사전을 찾아보는 것이다. 국어사전 찾기가 불편하다면 컴퓨터의 한글 문서 편집기에 들어 있는 문서 교정 기능을 이용하기를 권하고 싶다. 컴퓨터를 이용하여 글쓰기를 하는 경우 편리하게 이용할 수 있다. 이 글에서는 국어사전에서 단어를 올리는 원리와 국어사전을 통해서 띄어쓰기 문제를 해결하는 방법 등을 제시하고 있다.

1) 띄어쓰기의 원리

띄어쓰기 원리는 ≪한글 맞춤법≫에 명시되어 있다. "문장의 각 단어는 띄어 씀을 원칙으로 한다."가 그것이다. 이 원칙은 대단히 명료해서 '단어'가 무엇인지 알기만 하면 띄어쓰기 문제는 모두 해결할 수 있을 것처럼 보인다. 그러나 실제로 띄어쓰기 문제는 명료하게 해결하기가 쉽지 않다. 기준으로 제시한 단어가 무엇인지 잘 모르기 때문이다. 흔히 조사는 단어로 다루어진다. 그렇지만 조사를 띄어 쓰는 일은 없다.

≪한글 맞춤법≫ 제41항에서 '조사는 앞말에 붙여 쓴다'는 별도의 조항을 마련한 것도 이 때문이다. 조사가 단어인데도 붙여 쓰는 것을 보면 단어의 개념이 그리 분명하지 않다는 것을 짐작할 수 있다. 그런 까닭에 '단어'를 기준으로 설명하는 것은 좋은 방법이라고 하기 어렵다.

2) 자립성과 의존성

아래의 말들을 두 개의 동아리로 나누어 보자. 어떻게 나눌 수 있을까?

01 하늘, 자동차, 를, -는구나, 바다, 구름, -겠-, -습니다

아마 많은 사람들은 '하늘, 자동차, 바다, 구름'과 '를, -는구나, -겠-, -습니다'로 나누는 데 동의할 것이다.

02 (ㄱ) 하늘, 자동차, 바다, 구름
(ㄴ) 를, -는구나, -겠-, -습니다

그렇다면 이 두 동아리의 차이는 무엇일까? 앞의 것은 명사이고 뒤의 것은 명사가 아니라고 대답하는 사람들도 있고 뜻이 있는 말과 없는 말의 차이가 아니냐고 대답하는 사람들도 있다.

'하늘'과 '를'의 근본적인 차이는 단독으로 소리를 내서 쓸 수 있는지의 여부이다.

03 (ㄱ) 무얼 보니? 하늘
(ㄴ) 어딜 가니? 바다

(3)에서처럼 '하늘, 바다' 등은 단독으로 소리를 내서 쓸 수 있다. 그렇지만 '를, -는구나, -겠-' 등은 단독으로 소리를 내서 쓰는 일이 없다. [를], [는구나]라고 일부러 읽지 않는 한 이들을 단독으로 소리 내서 쓰는 경우는 없다고 할 수 있다.

단독으로 소리를 내서 쓰는 말들을 '자립적'이라고 하고 그렇지 못한 말들은 '의존적(비자립적)'이라고 한다. 의존적인 말들은 단독으로는 쓰이지 못하고 언제나 앞이나 뒤에 나타나는 다른 요소에 의존한다는 특징이 있다.

04 (ㄱ) 학교<u>를</u>
(ㄴ) 먹<u>-습니다</u>
(ㄷ) 가<u>-겠</u>-다

(4(ㄱ))의 '학교를'에서 '를'은 '학교'에 의존하고 있고 (4(ㄴ))의 '-습니다'는 '먹-'에, (4(ㄷ))의 '-겠-'은 '가-'와 '-다'에 각각 의존하고 있다.

이처럼 단독으로는 쓰일 수 없어서 다른 말에 의존하고 있는 말들을 띄어 쓸 가능성은 거의 없다고 할 수 있다. 의존적인 요소가 둘 이상 나타날 때도 마찬가지다.

05 (ㄱ) 서울에서처럼만
(ㄴ) 좋-습니다그려

(5(ㄱ))의 '에서', '처럼', '만'과 (5(ㄴ))의 '-습니다', '그려'는 모두 의존적인 요소이므로 언제나 붙여 쓴다. 그러므로 어떤 말이 자립적인지 의존적인지를 판정하는 일은 띄어쓰기를 결정하는 중요한 근거라고 할 수 있다.

그런데 의존적이지만 띄어 쓰는 예외적인 경우가 있다. 의존 명사가 바로 그것이다. 의존 명사는 이름에서 알 수 있듯이 앞말에 의존적이다. 그렇지만 (6)에서 알 수 있듯이 명사와 의미와 기능이 거의 유사하다는 점에서 명사처럼 앞말과 띄어 쓴다.

06 먹을 것(밥)이 없다.

국어에서 의존적인 요소로는 '어미, 조사, 접사' 등을 들 수 있다. 사전에는 의존 요소들을 분명하게 나타내고 있어서 띄어쓰기를 쉽게 결정할 수 있게 해 준다.

07 (ㄱ) 개-
(ㄴ) -었-
(ㄷ) -는구나

위의 '개-'는 '개살구'와 같이 뒤에 오는 말에 의존한다는 뜻이고 '-었-'은 '먹었다'와 같이, '-는구나'는 '먹는구나'와 같이 다른 말에 의존하고 있다는 뜻이므로 띄어쓰기를 쉽게 알 수 있다.

자립적인 요소는 단독으로 쓰이기도 하고 다른 말과 결합하여 새로운 말을 만들기도 한다.

08 (ㄱ) 어디선가 귀를 찢을 듯한 큰 소리가 들렸다.
(ㄴ) 철수는 말로는 언제나 큰소리만 친다.

(8(ㄱ))의 '큰 소리'와 (8(ㄴ))의 '큰소리'는 의미가 다르다. '큰 소리'는 소리가 큰 것이지만 '큰소리'는 소리가 큰 것과는 관계없이 과장하여 말하는 것을 뜻한다.

09 (ㄱ) 이번 계약은 성사가 안 됐다.
(ㄴ) 밥을 못 먹었다니 너무 안됐다.

(9(ㄱ))의 '안 되다'는 '되지 않다'와 관련이 있다. 그렇지만 (9(ㄴ))의 '안되다'는 '안쓰럽다'의 의미다. '안'과 '되다'의 의미를 고스란히 유지하고 있는 '안 되다'는 띄어 쓰지만 새로운 의미가 생긴 '안되다'는 붙여 쓴다. 새로운 단어가 되었다고 말하는 경우가 이런 경우다.

새로운 단어인지 아닌지를 판단하는 첫 번째 기준은 이처럼 새로운 의미가 생겼는지 따져 보는 것이다. 예를 들어 '노루의 신체 기관'을 의미하는 '노루 귀'는 띄어 쓰지만 '미나리아재빗과의 풀'을 의미하는 '노루귀'는 붙여 쓴다. '노루귀'에는 '노루'나 '귀'로는 예측할 수 없는 의미가 생겼다고 할 수 있다.

10 (ㄱ) 노루∨귀 - 노루의 귀
(ㄴ) 노루귀 - 미나리아재빗과의 풀

두 번째 기준은 두 말 사이의 관계가 긴밀한가 그렇지 않은가를 따져 보는 것이다. 예를 들어 한 단어인 '돌아가다'는 '돌아'와 '가다'의 관계가 긴밀하여 다른 요소가 중간에 끼어들 수 없지만 한 단어가 아닌 '받아 가다'는 다른 요소가 끼어들 수 있다.

11 (ㄱ) 모든 노력이 물거품으로 돌아갔다/*돌아(서)갔다.
(ㄴ) 모두들 선물을 받아 갔다/받아(서) 갔다.

이러한 사실은 '돌아가다'와 '받아 가다'의 띄어쓰기를 결정하는 근거가 된다.

"부장이 화가 나서 서류를 찢어 버렸어."라고 할 때 '찢어 버리다'의 띄어쓰기는 두 가지 가능성이 있다. 첫째는 '찢어 버리다'가 보조 용언으로 쓰인 경우이다. '밥을 먹어 버렸다', '국이 식어 버렸다'의 '버리다'와 같은 경우인데 이럴 때는 띄어 쓰는 것이 원칙이되 붙여 쓰는 것이 허용된다.

12 서류를 찢어∨버렸다/찢어버렸다.

그런데 겉모습은 같지만 '버리다'가 보조 용언이 아니라 본용언인 경우도 있을 수 있다. 즉 '서류를 찢어 버렸다'를 아래와 같이 생각해 볼 수도 있다.

13 서류를 찢어(서) (휴지통에) 버렸다.

'버리다'가 본용언으로 쓰인 경우라면 '서류를 찢어∨버렸다'와 같이 띄어 쓰는 것만 가능하고 '서류를 찢어버렸다'와 같이 붙여 쓰는 것은 불가능하다.

보조 용언의 경우 띄어 쓰는 것을 원칙으로 삼고 붙이는 것을 허용한 것은 보조 용언 구성이 합성어와 구의 중간적인 특징을 가지고 있기 때문이다.

14 (ㄱ) 전쟁터에서 병사들이 죽어 간다.
(ㄴ) *전쟁터에서 병사들이 죽어서 간다.

'죽어 간다'는 '죽다'에는 의미 변화가 없고 '간다'에만 의미의 변화가 있다.

이는 구성 요소만으로는 예측할 수 없는 새로운 의미가 생기는 합성어와는 다른 점이다. 그렇지만 (14(ㄴ))처럼 중간에 '서'와 같은 다른 요소가 끼어들지 못하는 점은 합성어와 동일하다. 이처럼 합성어와 구의 특성을 모두 가지고 있다는 점에서 띄어 쓰는 것을 원칙으로 하되 붙여 쓰는 것도 허용한 것이다.

그런데 아래와 같이 '-어 지다'와 '-어 하다'가 붙는 경우는 이러한 원칙에서 예외이므로 주의해야 한다. 둘 다 보조 용언으로 다루기는 하지만 '-어 지다'는 타동사를 자동사로 바꾸고 '-어 하다'는 형용사를 타동사로 바꾼다는 점에서 언제나 붙여 쓰는 것만 가능하다.

15 (ㄱ) 뜻을 이룬다. → 뜻이 이루어진다.
(ㄴ) 꽃이 예쁘다. → 꽃을 예뻐한다.

'뜻이 이루어∨진다'나 '꽃을 예뻐∨한다'와 같이 띄어 쓰는 일이 있지만 이는 잘못이므로 '뜻이 이루어진다'와 '꽃을 예뻐한다'로 붙여 써야 한다.

3) 조사의 띄어쓰기

조사는 학교 문법에서 단어로 다룬다. 그렇지만 조사는 자립성이 없어서 다른 말에 의존해서만 나타날 수 있다. 또한 자립적인 명사와 달리 조사는 구체적인 의미를 나타내기보다는 그것이 결합하는 체언의 문법적 기능을 표시한다. 이러한 점에서 띄어 쓰지 않는다.

조사의 띄어쓰기에서 흔히 나타나는 잘못은 여러 개의 조사가 겹칠 경우 띄어 쓰려고 하는 것이다. 조사는 둘 이상 겹치거나 어미 뒤에 붙는 경우에도 붙여 쓴다.

16 겹침: 집에서처럼
여기서부터입니다　　　너마저도
어미: 나가면서까지도
갈게요

아래의 밑줄 친 말들은 조사라는 사실을 잘 모르고 앞말과 띄어 쓰는 일이 많다.

17 (ㄱ) 너같이 친절한 사람도 없을 거야.
(ㄴ) 역시 친구밖에 없어.
(ㄷ) 사과는커녕 오히려 화를 내던데?
(ㄹ) "알았구나."라고 말씀을 하셨어.
(ㅁ) 너뿐만 아니라 다른 사람도 그래.

'너같이'의 '같이'는 조사이므로 앞말에 붙여 쓴다. 단 '너와 같이'처럼 조사가 앞에 오는 경우는 조사가 아니므로 띄어 쓴다. '너 같은'의 '같은' 또한 조사가 아니다. '밖에'는 조사인 경우와 명사인 경우로 나누어진다. 조사로 쓰일 때는 서술어로 부정을 나타내는 말이 온다는 특징이 있다.

18 (ㄱ) 가진 것이 천 원<u>밖에</u> 없어.
(ㄴ) 이런 일은 철수<u>밖에</u> 못할걸.
(ㄷ) 아직은 "맘마"라는 말<u>밖에</u> 몰라.

이러한 기준을 적용하면 "이 <u>밖에도</u> 다른 사례가 많이 있다."의 '밖에'는 조사가 아님을 알 수 있다.

'사과는커녕'은 '사과는∨커녕'으로 띄어 쓰는 일이 많지만 '는커녕'이 하나의 조사이므로 붙여 쓴다. '"<u>알았구나."라고</u>'의 '라고'는 인용을 나타내는 조사이다. 그러므로 앞말과 띄어 쓰지 않는다. '라고'와 비슷한 '하고'는 조사가 아닌 용언의 활용형이므로 앞말과 띄어 쓴다.

19 (ㄱ) 할아버지께서는 "알았구나."<u>라고</u> 말씀하셨습니다.
(ㄴ) 할아버지께서는 "알았구나."<u>∨하고</u> 말씀하셨습니다.

'너뿐만 아니라'는 '너뿐만아니라'로 모두 붙여 쓰거나 '너∨뿐만∨아니라'로 잘못 띄어 쓰는 일이 많다. '뿐'과 '만'이 모두 조사이므로 '너뿐만∨아니라'가 옳다. '뿐'은 명사 뒤에서는 조사이고 관형형 어미 뒤에서는 의존 명사로 쓰인다.

20 (ㄱ) 온 사람은 철수<u>뿐</u>이다. (조사)
(ㄴ) 때렸을 <u>뿐</u>만 아니라 (의존 명사)

4) 어미와 의존 명사의 띄어쓰기

어미와 의존 명사는 겉으로 볼 때 형태가 같아서 구분하기 어려운 경우가 있다. 이럴 경우 문법적인 설명을 하는 일이 있는데 이러한 설명은 문법에 대한 지식을 특별히 갖추지 않은 보통 사람에게는 대단히 어렵고 별 도움이 되지 않는 경우가 많다.

21 ㈀ 학교에 가는데 비가 오기 시작했다.
㈁ 이 일을 하는 데 며칠이 걸렸다.

(21㈀)의 '-ㄴ데'는 하나의 어미이고 (21㈁)의 '데'는 의존 명사이므로 띄어쓰기가 다르다는 설명은 웬만한 문법 지식을 갖추지 않고서는 이해하기가 어렵다.

'-ㄴ데'의 띄어쓰기를 쉽게 구분하는 방법은 뒤에 '에'를 비롯한 조사가 결합할 수 있는지 따져 보는 것이다. '에'가 결합할 수 있으면 띄어 쓰고 결합할 수 없으면 띄어 쓰지 않는다. 조사가 결합하는 것은 명사류의 대표적인 특징 중의 하나이다.

22 ㈀ 학교에 가는데에 …… (결합 불가능)
㈁ 이 일을 하는 데에…… (결합 가능)

'학교를 가는데에'는 '에'가 결합할 수 없으므로 붙여 쓰고 '이 일은 하는 데에'는 '에'가 결합할 수 있으므로 띄어 쓴다고 할 수 있다. 다음도 '에'를 상정할 수 있어서 '데'를 띄어 쓰는 경우다.

23 얼굴이 예쁜 데(에)다가 마음씨도 곱다.

'ㄴ바'도 두 가지 경우를 혼동하는 일이 많다. 그렇지만 뒤에 조사가 결합할 수 있으면 띄어 쓰고 결합할 수 없으면 붙여 쓴다는 기준을 적용하면 쉽게 구분할 수 있다.

24 ㈀ 금강산에 가 본바 과연 절경이더군.
㈁ 그 일은 고려해 본 바 없다.

(24(ㄱ))의 '본바'는 뒤에 조사가 결합할 수 없지만 (24(ㄴ))은 '그 일은 고려해 본 바가 없다'와 같이 조사가 결합할 수 있다. 그러므로 (24(ㄴ))의 '본 바'는 띄어 쓴다고 할 수 있다.

25 제시간에 도착했는지 모르겠다.

(25)를 '도착했는∨지'로 띄어 쓰는 것은 잘못이고 '도착했는지'로 붙여 써야 옳다. 이러한 사실을 기억하기 위해서는 '-ㄴ지'가 하나의 어미라는 문법적 사실을 외우기보다는 (25)와 (26)이 의미가 같고 띄어쓰기 또한 같다는 사실을 이해하는 것이 좋은 방법이다.

26 제시간에 도착했는가 모르겠다.

국어의 화자 중에 '도착했는가'를 '도착했는 가'로 띄어 쓰는 사람은 없을 것이다. 따라서 '도착했는가'와 '도착했는지'가 서로 같으므로 '도착했는지'로 붙인다고 이해하는 것이 '-ㄴ지'가 어미이므로 앞말과 붙인다는 문법적인 사실을 기억하는 것보다 이해하기가 쉽다.

다음의 '도착할지 모르겠다'의 띄어쓰기 또한 '도착할까 모르겠다'와의 비교를 통해 쉽게 이해할 수 있다.

27 (ㄱ) 제시간에 도착할지 모르겠다.
(ㄴ) 제시간에 도착할까 모르겠다.

또한 이렇게 이해하면 아래와 같이 'ㄴ'과 '지'를 띄어 쓰는 경우도 비교적 쉽게 구분할 수 있다.

28 벌써 집 떠난 지 삼 년이 지났다.

(28)의 '떠난 지'는 문법적으로 관형형 어미 'ㄴ'과 의존 명사 '지'로 이루어진 말

이다. 이러한 구성은 주로 '시간의 경과'를 뜻하며 띄어 쓴다는 점에서 (25)의 '-ㄴ지' 구성과는 다르다.

이 둘의 띄어쓰기는 틀리는 일이 많다. 그렇지만 (25)의 '도착했는지'는 '도착했는가'로 바꿀 수 있는 반면 (28)의 '떠난 지'는 '*떠난가'로 바꿀 수가 없다는 사실을 기억하면 둘을 혼동하지 않고 쉽게 구별할 수 있다.

이 밖에 '시간의 경과'를 나타내는 말로는 '간'과 '만'이 있다. '간'은 접미사와 의존 명사로 쓰이고 '만'은 조사와 의존 명사로 쓰인다.

'간'은 '시간의 경과'를 나타낼 때 접미사이므로 앞말에 붙여 쓴다. 그렇지만 '거리'를 뜻할 때는 의존 명사이므로 띄어 쓴다. '지'나 '만'이 시간의 경과를 나타낼 때 의존 명사인 것과는 대조적이다.

29 (ㄱ) 한 달간, 십 년간 (시간)
(ㄴ) 서울 부산 간, 부모 자식 간 (거리)

'만'이 조사로 쓰일 경우에는 주로 '한정'이나 '비교'의 뜻을 나타낸다.

30 (ㄱ) 철수만 오너라. (한정)
(ㄴ) 키가 형만 하다. (비교)

'만'이 '시간의 경과'를 나타낼 때는 의존 명사이다. 이때는 주로 '만에', '만이다', '만이야'의 꼴로 쓰이는 특징이 있다.

31 (ㄱ) 십 년 만에 만난 친구
(ㄴ) 이게 얼마 만이야.

다만 "정말 오랜만이군."이라고 할 때는 '오랜∨만'으로 띄어 쓰지 않는다. '오래간만'의 준말이기 때문이다.

한편 '만'과 '하다'가 연결된 구성은 두 가지로 쓰인다.

32 (ㄱ) 강아지가 송아지만∨하다.
(ㄴ) 음악이 들을∨만하다/들을만하다.

'송아지만∨하다'의 '만'과 '하다'를 접미사 '만하다'로 다루는 일도 있었지만 이때는 조사 '만'과 '하다'가 연결된 구성이다. 이때의 '만하다'가 접미사라면 '송아지만은 하다'와 같이 중간에 보조사가 끼어드는 현상을 설명하기 어렵다. '들을∨만하다/들을만하다'와 같이 용언의 관형형 다음에 오는 '만하다'는 보조 용언이다. 그러므로 띄어 쓰는 것이 원칙이되 붙일 수도 있다.

의존 명사가 들어 있는 경우 띄어 쓴다는 점도 기억해 두어야 한다. 'ㄹ걸'의 띄어쓰기는 'ㄹ 것을'로 풀 수 있느냐에 따라 달라진다.

33 (ㄱ) 나중에 후회할걸.
(ㄴ) 후회할 걸 왜 그랬니?

(33(ㄱ))의 '후회할걸'은 '-ㄹ걸'이 어미로 쓰이는 경우로 '할 것을'로 풀 수가 없다. 그렇지만 (33(ㄴ))은 의존 명사 '것'이 들어 있는 '할 것을'로 풀 수 있으므로 '할 걸'로 띄어 쓴다.

34 (ㄱ) 사랑을 할 거야(← 할 것이야)
(ㄴ) 내일 뭐 할 거니(← 할 것이니)

이러한 점은 '터'가 들어 있는 구성에서도 마찬가지다. '할 터인데', '갈 터이야'로 풀 수 있으므로 '할 텐데'와 '갈 테야'로 띄어 쓴다.

35 (ㄱ) 비가 와야 할 텐데(← 할 터인데)
(ㄴ) 나는 집에 갈 테야(← 갈 터이야)

5) 관형사의 띄어쓰기

관형사는 뒤에 오는 말과 띄어 써야 한다. 아래의 예는 띄어쓰기를 잘못하는 일이 많으므로 주의해야 한다.

36 (ㄱ) 각(各) 가정, 각 개인, 각 학교, 각 부처, 각 지방
(ㄴ) 고(故) 홍길동/고인(故人), 귀(貴) 회사/귀사(貴社)
(ㄷ) 동(同) 회사에서 3년간 근무했음.
(ㄹ) 만(滿) 나이, 만 15세
(ㅁ) 매(每) 경기, 매 회계 연도, 별(別) 사이가 아니다.
(ㅂ) 연(延) 10만 명, 전(全) 국민
(ㅅ) 갖은 양념, 딴 일, 맨 꼭대기, 뭇 백성, 새 신, 온 식구
(ㅇ) 온 사람이 몇 명이냐?

(36ㄴ)에서 '고 홍길동'과 '고인'의 띄어쓰기가 다른 것은 '고인'의 경우 '인(人)'이 비자립적인 일 음절 한자어이므로 띄어 쓰기 어렵기 때문이다. '귀 회사, 귀사'의 경우도 마찬가지다.

6) 수 표현의 띄어쓰기

'스물여섯'의 띄어쓰기는 어떻게 해야 할까? 결론부터 미리 말하면 '스물여섯'으로 붙여 쓴다. 그런데 국어사전에는 '스물여섯'이 올라 있지 않다. 이는 '스물여섯'이 합성어가 아니며 '스물∨여섯'으로 띄어 쓴다는 말이다. 구성 요소인 '스물'과 '여섯'에서 '스물여섯'의 의미를 예측할 수 있다는 점에서 '스물여섯'은 분명히 합성어가 아닌 것으로 보인다.

그렇다면 왜 '스물여섯'으로 붙여 쓸까? '스물여섯'으로 붙여 쓰는 근거는 《한글 맞춤법》 제44항에서 찾을 수 있다.

37 수를 적을 때는 '만(萬)' 단위로 띄어 쓴다.

이 규정은 '십이억∨삼천사백오십육만∨칠천팔백구십팔'과 같은 띄어쓰기에 적용되지만 '스물여섯'에도 적용된다. '만' 단위로 띄어 쓴다는 것은 '만'보다 작은 수일 경우에는 언제나 붙여 쓴다는 뜻이기 때문이다.

'스물여섯'이 단위를 나타내는 의존 명사 '살'과 결합할 때는 '스물여섯∨살'로 띄어 쓴다. 그런데 아라비아 숫자를 쓰는 경우에는 띄어쓰기가 조금 다르다.

38 ㈀ 스물여섯∨살

㈁ 26∨살(원칙)/26살(허용)

즉 한글로 적는 경우에는 '스물여섯∨살'만 가능하지만 아라비아 숫자로 적는 경우에는 '26살'로 붙여 쓰는 것도 허용된다. 아라비아 숫자와 다음의 단위 명사를 붙여 쓰는 현실의 직관을 수용한 결과라고 할 수 있다. 실제로 '26∨살'보다는 '26살'로 쓰는 일이 많다.

아래와 같이 '제-'가 붙어 차례를 나타내는 경우의 띄어쓰기 또한 혼동하는 일이 많다.

39 ㈀ <u>제2∨차</u> 회의 (원칙)

㈁ <u>제2차</u> 회의 (허용)

㈂ <u>제∨2차</u> 회의 (잘못)

'제-'는 접두사이므로 뒤에 오는 말에 붙여 써야 하고 '차'는 단위를 나타내는 의존 명사이므로 앞말과 띄어 써야 한다. 따라서 (39㈀)이 원칙이고 (39㈁)은 허용된다. (39㈂)처럼 쓰는 일이 많지만 이는 잘못이므로 주의해야 한다. 아라비아 숫자가 올 경우 다음의 단위 명사는 무조건 붙여 쓰는 것으로 단일하게 기억하는 것도 좋은 방법이다.

7) 전문어와 고유 명사의 띄어쓰기

전문어의 띄어쓰기 원칙은 "단어별로 띄어 쓰되 붙일 수 있다(한글 맞춤법 제50항)"이다. 전문적인 내용을 담은 전문어는 단어별로 띄어서 제시하는 것이 이해에 도움이 되기 때문에 이러한 원칙이 생긴 것으로 이해 할 수 있다.

40 (ㄱ) 금동미륵보살반가사유상
(ㄴ) 금동∨미륵보살∨반가∨사유상

(40(ㄱ))과 (40(ㄴ))을 비교해 보면 단어별로 띄어쓰기를 한 경우가 뜻을 짐작하기가 쉽다는 것을 알 수 있다. 다만 붙일 수 있도록 한 것은 전문 영역에서는 붙여 쓰더라도 아무런 지장이 없기 때문이다.

그렇다고 전문어에 속하는 말은 모두 단어별로 띄어 쓸 수 있는 것은 아니다. 이미 한 단어로 굳어진 아래와 같은 경우가 그러한 예이다.

41 염화-나트륨, 강장-동물, 사과-나무, 두시-언해

화합물이나 동식물의 분류상의 명칭, 책명처럼 이미 하나의 단어로 굳어진 경우에는 전문어라 하더라도 띄어 쓸 수 없다.

고유 명사는 "단어별로 띄어 쓰되 단위별로 띄어 쓸 수 있다(한글 맞춤법 제49항)"라고 되어 있다. 단위별로 띄어 쓰도록 한 것은 자연스러운 띄어쓰기 직관을 허용하기 위한 것이다.

42 (ㄱ) 성균관∨대학교∨문과∨대학∨부속∨연구소(단어별 띄어쓰기)
(ㄴ) 성균관대학교∨문과대학∨부속연구소(단위별 띄어쓰기)

(42(ㄱ))보다 (42(ㄴ))의 띄어쓰기가 더 자연스럽게 느껴진다. 그러한 직관을 보여주기 위해 '단위별로 띄어 쓴다'는 단서를 단 것으로 설명할 수 있다.

그렇지만 이러한 단서는 위의 (42)와 같은 경우에만 적용된다. 아래는 고유 명

사지만 이러한 조항에 적용을 받지 않는다.

43 이순신/이충무공, 황보민/황보∨민

사람의 성과 이름은 언제나 붙여 쓴다. 호가 올 경우도 마찬가지다. 띄어 쓸 수 있는 경우는 '황보민'과 같이 성과 이름을 혼동할 우려가 있을 때이다.

연습문제

1. 아래의 문장을 고치고 고친 근거에 대해 이야기해 보자.

(1) 사람들은 원자력 이용이 주는 이익보다 만약의 위험에 민감하게 반응해 왔다.

(2) 이처럼 상황이 악화된 직접적 계기는 회사 경영권을 놓고 두 진영이 싸움을 계속하고 있기 때문이다.

(3) 결혼 비용을 부모에게 의존한다는 것은 요즘 젊은 세대의 독립심 부족을 지적할 수 있을 것이다.

(4) 모두들 부장의 눈치를 의식해 겉으로 말을 하지 않았지만 그 제안에는 반대 입장이었다.

(5) 올해부터는 무언가 새롭고 창의적인 관점에서 각자에게 부여된 업무를 완벽하게 처리할 수 있는 능력을 계발하도록 조직하는 데 노력하고 그러한 동기를 부여하는 등 회사 내의 이러저러한 창의적 발상을 촉진하는 제도를 시행할 예정이다.

2. 아래의 예는 서울의 시내 버스에서 볼 수 있는 문구이다. 고칠 곳이 있는지, 만약에 있다면 어떻게 고치면 좋을지 이야기해 보자.

(1) 물의 중요함을 생활화합시다.

(2) 쓰레기 종량제를 정착화합시다.

(3) 환승 손님은 내릴 때마다 꼭 찍어 주세요. 찍지 않으면 본인 부담이 됩니다.

3. 아래의 문장에서 밑줄 친 부분의 띄어쓰기를 결정하고 그 근거를 말해 보자.

(1) 기획실에서 다음과 같이 알려온바 이를 알려 드립니다.

(2) 기획실에서 알려온바 다음과 같으니 참조하시기 바랍니다.

4. '창공(蒼空)'은 국어사전에 있는데 '푸른 하늘'은 국어사전에 없다. 이러한 사실이 뜻하는 것이 무엇인지 생각해 보자. 그리고 이러한 사실을 근거로 국어사전에서 고유어를 홀대한다고 주장할 수 있는지 자신의 견해를 밝혀 보라.

쉬어가기

– 까마귀와 여우

늙은 까마귀가 한 마리 있었다. 얼굴이 하도 못생겨서 제 짝도 아직 제대로 변변하게 만나지 못한 신세였다. 어느 날, 나뭇가지에 앉아서 훔쳐온 치즈 조각을 먹고 있었다. 마침 지나가던 여우가 이 광경을 지켜보고는 치즈에 눈독을 들였다. 여우는 고개를 쳐들고 까마귀를 불렀다.

넌 얼굴이 너무 못났으니까 그 못난 얼굴을 보충할 뭔가 장점이 있을 거야. 목소리는 어때? 짧게라도 네가 노래를 들려주면, 내가 그 방면에 전문가니까, 사심 없이 평가를 해주지. 이건 정말로 참신하고 즐거운 제안이 아닐 수 없었다. 나한테 성악 오디션이라니! 까마귀 노처녀는 그래서 부리를 힘껏 벌리고 노래를 시작하려 했다. 그 통에 치즈가 땅바닥에 툭 떨어졌다. 이때를 놓칠세라 여우는 재빨리 치즈를 잡아채서 숲 속으로 달아나서는 느긋하게 먹어 치웠다.

이런, 내가 생각이 너무 짧았구나. 까마귀의 탄식이었다.

손님한테 대접부터 하고 노래를 했어야지! 누군들 빈속에 노래를 듣고 싶은 마음이 생기겠어? 잘 사과를 하면, 혹시 친절하게 다시 한번 기회를 줄지도 몰라.

그리하여 까마귀는 정중한 사과의 뜻을 담은 편지를 쓰면서 아울러 편지 말미에 자기가 마련한 음악 파티에 와 줄 수 없겠느냐는 초대의 뜻을 비쳤다. 여우가 초대에 응하자, 까마귀 노처녀는 노래를 부르기 전에 조심스럽게 차린 식사를 대접해서 여우가 양껏 먹게 해 주었다. 공짜 식사에 기분이 좋아질 대로 좋아진 여우는 신나게 박수를 쳐 대고 앙코르까지 대여섯 번이나 요청했다.

그런 일이 있은 이후로 까마귀는 정기적으로 여우를 위한 음악 파티를 열었다. 그런데 그렇게 꾸준히 연습을 계속하다 보니 실제로 목소리가 좋아지고 성량이 풍부해졌을 뿐만 아니라, 성격까지도 긍정적으로 바뀌게 되었다. 균형이 잡히고 당당해졌으며 자신감이 넘치게 된 것이다. 오히려, 나쁘게 이야기하면 자만심까지 언뜻언뜻 비칠 정도였다. 이런 변화가 어느 노총각 까마귀는 생김새야 못생겨도 상관없다는 듯이 노처녀 까마귀에게 구혼을 해 결국 결혼하게 되었다.

가장 값싼 미덕은 곧이곧대로 말해 주는 것.

3강

3 자기 글을 돋보이게 하는 법

– 비문의 진단, 치료

(1) 고쳐쓰기

1) 퇴고의 개념

이미 작성된 초고를 놓고 그 글에 미진한 점은 없는지, 불합리한 점은 없는지, 논지가 잘못 전개된 부분은 없는지, 빠진 것은 없는지, 불필요한 것이 들어가 있지는 않은지, 원고 쓰는 양식에 어긋남은 없는지 등에 관하여 수정하고 보완하는 일을 말한다. 즉 퇴고는 독자의 입장에서 자신의 문장을 비판하는 것이다. 독선적인 표현은 하지 않았는가? 누가 읽어도 이해할 수 있는 문장인가? 객관적인 눈으로 자신의 문장을 볼 수 있어야만 한다.

2) 퇴고의 유래

중국 당대(唐代)말엽에 가도(賈島)라는 시인이 있었다. 어느 날 저녁 시를 한 수 짓다가 승퇴월하문(僧堆月下門) [스님은 달빛 아래 절간 문을 밀친다.]으로 할 것인가, 승고월하문(僧敲月下門) [스님은 달빛 아래 절간 문을 두드린다.]으로 할 것인가를 결정하지 못하고 깊은 생각에 빠졌다. '밀 퇴(推)로 할 것인가 두드릴 고(敲)로 할 것인가'를 곰곰이 생각하며 노새에 몸을 맡겨 정신없이 길을 가던 가도(賈島)는 맞은편에서 고관의 행차가 오는 것도 몰랐다. 여전히 '퇴'와 '고'를 중얼거리던 가도는 그만 노새에 탄 채 고관의 행렬을 들이받고 말았다. 가도는 고관 앞에 끌려 나가지 않을 수 없었다. 앞에 꿇어 엎드려 시를 짓는 일에 마음이 팔려 그리 되었음을 사죄하고, '퇴'와 '고'의 문제를 변명으로 이야기하였다. 고관은 잠시 생각한 후 '그건 퇴보다 고가 나으리라'했다. 이 고관이야말로 당시 경윤(京尹)벼슬을 하고 있던 당대 문호 한퇴지(韓退之)였다. 이 일이 있은 후로 한퇴지는 가도의 친한 글벗이 되었고, 세상 사람들은 글 고치는 일을 '퇴고'라 부르게 되었다.

3) 퇴고의 필요성

- 글을 쓰는 도중에 주제에서 이탈하거나 논점에서 벗어날 수 있다. 이러한 것들은 퇴고를 함으로써만 바로잡을 수 있다.
- 글은 다듬을수록 좋은 글이 된다. 좋은 글은 내용의 전달 효과가 뛰어날 뿐만 아니라, 독자의 기억에도 오래 남는다. 따라서 좋은 글이 되는 마지막 단계가 퇴고이다.

(2) 퇴고의 원칙

1) 퇴고의 원칙

① 부가附加의 원칙

- 쓰여진 글에 있어서 빠진 부분과 부족하다고 느껴지는 부분을 찾아 보완하는 것. 글쓰기 전에 의도했던 바가 잘 드러나 있는가, 너무 심한 비약으로 중간의 단계를 건너뛰거나 한 곳은 없는가, 논리적인 결함은 없는가 등을 주로 살핀다.

② 삭제削除의 원칙

- 글에 불필요한 부분이 들어가 있다거나 지나치게 많이 들어간 것들을 찾아 삭제하는 것. 쓸데없이 덧붙여 씀으로써 과장된 느낌을 주거나 표현이 지나쳐서 조잡하고 가식적인 느낌을 주는 부분은 없는가를 살핀다. 문장의 긴장미를 지니게 한다.

③ 재구성再構成의 원칙

- 글의 구성을 바꾸어 놓았을 때 더욱 효과적일 수 있는 부분이 없는가를 살펴보고, 문장 구성을 변경하여 주제 전개의 양상을 부분적으로 고치는 것.

2) 퇴고의 요령

① 전체의 검토

- 표현하고자 했던 내용이 충분히 표현되었는가, 주제는 확실히 자기가 말하고자 의도했던 대로인가, 좀 더 정확한 주제문을 나타낼 수는 없는가를 살핀다.
- 요점이 잘 드러나고 있는가, 주제 이외의 다른 부분이 오히려 강조되어 있지는 않은가, 의도했던 바와는 달리 해석될 가능성이 있는 부분은 없는가를 살핀다.
- 세부적인 항목들이 모두 주제와 연관되고 조화되어 있는가, 중심 줄거리와 어긋나는 항목이 들어가 있지는 않은가, 까다롭거나 모호한 항목이 들어가 있지는 않은가를 살핀다.

② 부분의 검토

- 모든 단락이 하나의 주제 아래서 유기적으로 통일되어 있는가, 강조는 적절한가, 각 부분은 중요도에 따라 적절한 비율로 쓰여지고 있는가를 살핀다.
- 부분과 부분의 관계는 논리적으로 명료한가, 한 의견에서 다른 의견으로 옮아갈 때 그 발전을 명확하게 나타내고 있는가를 살핀다.

③ 문장의 검토

- 각각의 문장은 내용을 정확히 나타내고 있는가, 문법과 문맥에는 이상이 없는가를 살핀다.

④ 단어 및 용어의 검토

- 단어는 정확히 사용되고 있는가, 잘못 이해된 용어는 없는가를 살핀다.
- 독자가 이해하기 힘든 용어는 없는가를 살핀다.
- 잘못 쓴 글자나 빠진 글자는 없는가를 살핀다.

⑤ 최종 종합 검토

- 적어도 서너 번 정도 낭독을 하면서 어색한 곳이 없는가를 살펴본다.
- 맞춤법이 잘못된 곳은 없는가, 부호가 잘못 사용된 곳은 없는가를 살펴본다.
- 처음부터 끝까지 다시 한 번 읽어본 후, 그 글이 발표된 이후 후회할 부분은 없는가를 살핀다.
- 가능하면 다른 사람에게 읽게 하여 충고를 듣는다.

3) 문장 평가의 기준

① 알기 쉽게 쓰여졌는가.
② 가치 있는 주제를 담고 있는가.
③ 주제에 의한 통일이 이루어져 있는가.
④ 구체적이며 설득력 있는 소재들로 이루어져 있는가.
⑤ 논리적이고 효과적으로 구성되어 있는가.
⑥ 단락 상호간의 연결이 긴밀히 잘 되어 있는가.
⑦ 내용을 정확히 전달하고 있으며 표현 능력이 풍부한가.
⑧ 정확하고 구체적이며 명확한 용어를 사용했는가.
⑨ 문법과 격식에 맞추어 썼는가.
⑩ 독창성이 있는가.

(3) 바른 문장 길라잡이*

이 글에서는 생각을 글로 표현할 때 고려해야 할 몇 가지 기준을 설정한 다음, 실제의 예를 분석하여 글쓰기 과정에서 저지르기 쉬운 잘못을 바로잡을 수 있는 모형을 제시하고 있다. 처음에 제시된 예를 읽어 보고 고칠 부분을 찾아본 다음 '분석'과 '수정'을 읽고 자신의 견해와 비교해 보자. 이 글에서 '수정'으로 제시된 부분이 절대적으로 옳은 답이라고 생각하지 말고 스스로의 비판적인 견해를 제시해 보자.

1) 무엇에 대해 이야기하고 있는지를 의식하면서 글을 쓰자.

(가) 저 배는 사람과 짐을 싣고 하루 세 번 왕복한다.

(나) 전세계적으로 석유와 석탄의 매장량은 그리 많지 않을 뿐만 아니라, 일부 지역에만 분포되어 있다.

분 석 앞부분의 화제와 뒷부분의 화제가 같지 않다. 앞에서는 '석유와 석탄의 매장량'에 대해서 말하고 뒤에서는 '석유와 석탄'에 대해서 말하고 있다. 앞뒤의 화제를 '석유와 석탄'으로 통일한다.

수 정 전세계적으로 석유와 석탄은 매장량이 그리 많지 않을 뿐만 아니라 일부 지역에만 분포되어 있다.

(다) 3면이 바다로 둘러싸여 있고 섬이 많은 우리나라에도 여러 가지 영향이 끼치게 될 것은 틀림없다.

분 석 이 문장은 어느 부분에 중점을 두어 기술하는지가 불분명하다. 문맥상으로는 '우리나라'에 중점이 놓인 듯하나 문장 구조상으로는 '영향'이 부각되어 있다.

* 임동훈 (한림대 교수). 이 글은 국립국어원의 『국어문화학교 교재』 (2004)에 실린 내용을 그대로 원용하였다.

수 정 삼면이 바다로 둘러싸여 있고 섬이 많은 우리나라도 여러 가지 영향을 받을 것이 틀림없다.

㈃ 세상에 존재하는 모든 것들은 다 영혼을 가지고 있다고 생각하였으며, 우리와 다른 어떤 강력한 힘을 가진 것으로 믿었던 주변의 모든 것들이 숭배의 대상이었다.

분 석 전체 문장의 화제가 불분명하다. 앞부분의 앞에는 '우리 조상들은' 정도를 상정할 수 있고 뒷부분의 앞에는 '우리 조상들에게는' 정도를 상정할 수 있기 때문이다. 또 앞부분과 뒷부분의 연결 관계가 잘 드러나도록 적절한 어미를 선택한다.

수 정 우리 조상들은 세상에 존재하는 모든 것들이 다 영혼을 가지고 있다고 생각하고 우리와 다른 어떤 강력한 힘을 가진 것으로 믿었던 주변의 모든 것들을 숭배의 대상으로 삼았다.

㈄ 가야 연맹에서는 발달된 철제 농기구를 사용하여 농업 생산력이 크게 증대되었고, 또 풍부한 철을 중국과 일본 등지에까지 수출하였다.

분 석 앞부분은 피동이고 뒷부분은 능동이어서 정보 전달의 흐름이 자연스럽지 않다.

수 정 가야 연맹에서는 발달된 철제 농기구를 사용하여 농업 생산력을 크게 증대하였고, 또 풍부한 철을 중국과 일본 등지에까지 수출하였다.

㈅ 그러나 선진국의 농부들은 농기계를 이용하여 스스로의 힘이나 가축으로 농사를 지을 때보다 힘을 훨씬 적게 들일 뿐만 아니라, 시간 또한 적게 걸린다.

분 석 선진국의 농부들에 대해 이야기하고 있는 문장인데, 뒷부분에서는 갑자기 화제가 시간으로 바뀌었다. 동일한 화제가 뒷부분에도 유지되게끔 한다.

수 정 그러나 선진국의 농부들은 농기계를 이용하여 스스로의 힘이나 가축으로 농사를 지을 때보다 힘을 훨씬 적게 들일 뿐만 아니라, 시간 또한 절약한다.

2) 주어와 서술어를 의식하면서 글을 쓰자.

(가) 개화 운동이 진행되면서 정부는 영어 강습 기관인 동문학을 세우고, 함경도 덕원의 주민들은 원산 학사를 세워 자제들에게 새로운 지식과 외국어를 가르침으로써 우리나라 근대 교육의 출발점이 되었다.

분석 이 문장은 주어가 없다. 또 원산학사와 비교할 때 동문학에 대한 정보가 부족하다. 동문학이 어떤 사람들에게 영어를 가르치는 곳이었는지가 언급될 필요가 있다. 이후에 정부에서 세운 육영공원에서는 주로 양반 자제들에게 새로운 지식과 외국어를 가르쳤다.

수정 개화 운동이 진행되면서 정부는 영어 강습 기관인 동문학을 세우고, 함경도 덕원의 주민들은 원산학사를 세워 자제들에게 새로운 지식과 외국어를 가르쳤는데, 이것이 우리나라 근대 교육의 출발점이 되었다.

(나) 그러나 강대국 프랑스는 베트남의 독립을 인정하지 않았고, 7년간의 전쟁으로 북위 17° 선을 경계로 하여 분단되었다.

분석 앞부분과 뒷부분의 주어가 다른데도 뒷부분에 주어가 나타나 있지 않다. 전체 문장의 화제가 '베트남'이므로 화제가 잘 부각되도록 글을 구성해야 한다. 또 앞부분과 뒷부분의 관계가 잘 드러나도록 적절한 어미를 선택해야 한다.

수정 그러나 강대국 프랑스가 베트남의 독립을 인정하지 않아 베트남은 7년간의 전쟁을 치르고 북위 17도 선을 경계로 하여 분단되었다.

(다) 재활용품을 내놓을 때, 재활용이 안 되는 쓰레기를 섞어 내놓아 수거를 하지 않기 때문에 집 주변이 보기 흉하게 된다.

분석 앞뒤 문장의 주어가 다르면 주어를 생략해선 안 된다.

수정 재활용품을 내놓을 때 재활용이 안 되는 쓰레기를 섞어 내놓으면 환경 미화원들이 수거를 하지 않기 때문에 집 주변이 보기 흉하게 된다.

㈑ 정부는 질서를 유지하고 국민의 생명과 재산을 보호하기 위해서 독점적으로 강제력을 행사하는데, 정부의 강제력 행사가 자의적이 되지 못하도록 권력을 분립시키고 있다.

분 석 앞부분의 주어와 뒷부분의 주어가 다른데도 뒷부분의 주어가 표현되지 않아 뒷부분의 주어가 무엇인지 잘 파악되지 않는다. 이 문장은 화제인 '정부'에 중점을 두어 앞부분과 뒷부분을 통일되게 구성하는 쪽이 의미 전달에 효과적이다.

수 정 정부는 질서를 유지하고 국민의 생명과 재산을 보호하기 위해서 독점적으로 강제력을 행사하는데, 정부가 강제력을 자의적으로 행사하지 못하도록 권력이 분립되어 있다.

3) 문장 성분 사이의 호응이 적절한지에 유의하면서 글을 쓰자.

㈎ 사람들은 자연을 보호하기도 하지만 도움을 받기도 한다.

㈏ ① 작성된 계산표의 자료를 수정, 추가, 삭제 등의 편집 작업을 통하여 계산표의 내용을 변경시킬 수 있다.

② 위 자격을 갖춘 자로써 최근 5년간 공공기관에서 발주한 공연장, 집회장, 전시장 시설을 설계 또는 감리 실적이 있는 업체

분 석 '자료를'이나 '시설을'에 걸리는 서술어가 없다.

수 정 ① 작성된 계산표의 자료를 수정, 추가, 삭제하는 등의 편집 작업을 통하여 계산표의 내용을 변경시킬 수 있다.

② 위 자격을 갖춘 자로서 최근 5년간 공공 기관에서 발주한 공연장, 집회장, 전시장 시설을 설계하거나 감리한 실적이 있는 업체

㈐ 최근에는 공장의 종류와 위치 결정에 국가 정책의 영향도 크다.

분 석 '공장의 종류와 위치 결정에'에 걸리는 서술어가 없다.

수 정 최근에는 공장의 종류와 위치 결정에 국가 정책이 미치는 영향도 크다.

4) 문장 성분을 연결할 때에는 대등성이 유지되게 한다.

(가) 한번 오염된 환경이 다시 깨끗해지려면 많은 비용과 노력, 그리고 긴 시간이 든다.

분석 '시간'은 '들다'의 목적어가 되기 어렵다는 점에서 '비용', '노력'과 대등한 단어가 아니다.

수정 한번 오염된 환경이 다시 깨끗해지려면 많은 비용과 노력이 들고 시간도 많이 걸린다.

(나) 대도시에서는 밀집된 인구, 교통 수단, 공장 등에서 배출되는 오염 물질에 의하여 대기와 수질 오염, 쓰레기 문제, 소음 등 복합적인 환경 문제가 발생하고 있다.

분석 '밀집된 인구'와 '교통 수단', '공장'은 대등한 관계에 있지 않다. 후자와 달리 전자는 '-에서 배출되는'에 연결되지 않기 때문이다. '대기'와 '수질 오염'도 서로 대등적이지 않다.

수정 대도시에서는 밀집된 인구와 교통 수단, 공장 등에서 배출되는 오염 물질에 의하여 대기와 수질의 오염, 쓰레기와 소음의 증가 등 복합적인 환경 문제가 발생하고 있다.

(다) 구성원들은 소외 의식을 느끼지 않고 자기가 속한 집단의 문제 해결과 한번 결정한 것을 실천하기 위해 적극적으로 나설 수 있을 것이다.

분석 명사구인 '자기가 속한 집단의 문제 해결'과 문장인 '한번 결정한 것을 실천하-'가 나란히 연결되어 있다. 달리 표현하면 이 문장은 명사인 '해결'과 동사인 '실천하다'를 '과'로 연결한 것이다. 또 '-기 위해'라는 표현도 후행하는 '적극적으로 나서다'와 잘 어울리지 않는다.

수정 구성원들은 소외 의식을 느끼지 않고 자기가 속한 집단의 문제를 해결하고 한번 결정한 것을 실천하는 데에 적극적으로 나설 수 있을 것이다.

(라) 그 나라 주민과의 충돌이나 민족의 정체성을 상실하는 등의 문제가 발생되기도 한다.

> **분 석** 명사구인 '그 나라 주민과의 충돌'과 문장인 '민족의 정체성을 상실하-'가 조사 '이나'로 연결되어 대등성이 깨어져 있다.
>
> **수 정** 그 나라 주민과의 충돌이나 민족의 정체성 상실 등의 문제가 발생되기도 한다. // 그 나라 주민과 충돌하거나 민족의 정체성을 상실하는 등의 문제가 발생되기도 한다.

(마) 삼국은 안으로 서로 대립하거나 연맹 관계를 맺고, 밖으로는 중국 세력과 평화적 교섭이나 전쟁을 치르면서 통일의 길로 나아갔다.

> **분 석** 명사구인 '평화적 교섭'과 동사구인 '전쟁을 치르-'가 대등하게 연결되어 있다. '평화적 교섭'은 '치르다'의 목적어가 될 수 없다.
>
> **수 정** 삼국은 안으로 서로 대립하거나 연맹 관계를 맺고, 밖으로는 중국 세력과 평화적 교섭을 하거나 전쟁을 치르면서 통일의 길로 나아갔다.

그 밖의 사례

① 검찰이 성역없는 수사를 한다고 해서, 수사결과를 두고 볼 일이다
→ … 한다고 하므로 / 하니 …

② 그가 오거든 일이 잘 될 것이다 → … 오면

③ 그가 오므로서 문제는 쉽게 해결이 되었다 → … 옴으로써

④ 그것이 합리적이다라는 생각이 들더군요 → …이라는

5) 문장을 이루는 각 성분 간의 의미 관계가 잘 드러나도록 어미를 선택해야 한다.

(가) 이들은, 대한 민국 임시 정부가 국제 사회로부터 우리 민족의 독립 투쟁을 대표하는 망명 정부로 공인받기 위해 노력하는 동시에, 군사력에 의한 항일 무장 투쟁을 강화해 나갔다.

분 석 문맥상 '노력하다'의 주어는 '이들'이나 '-기 위해'라는 어미 때문에 '노력하다'의 주어가 '임시 정부'로 잘못 해석된다.

수 정 이들은 대한민국 임시 정부가 국제 사회로부터 우리 민족의 독립 투쟁을 대표하는 망명 정부로 공인받도록 노력하는 동시에 군사력에 의한 항일 무장 투쟁을 강화해 나갔다.

(나) 그러나 조력 발전소를 건설하기 위해서는 비용이 많이 들기 때문에

분 석 '-기 위해서는'은 '비용이 많이 들다'와 호응하지 않는다.

수 정 그러나 조력 발전소를 건설하는 데에는 비용이 많이 들기 때문에

6) 후행하는 서술어에 잘 어울리는 조사를 골라 쓰도록 하자.

(가) 사람은 누구나 죽는다는 사실은 누구나 알고 있다.

(나) 원시 시대부터 인간은 끊임없는 발전을 거듭해 온 것은 우리가 인정해야 하는 사실이다.

분 석 안긴 문장의 주어는 조사 '이/가'로 표현해야 바르다. 따라서 '잠자리는 곤충이다'라는 문장이 안긴 문장에 될 때에는 '잠자리가 곤충이라는 사실은 상식에 속한다'에서처럼 '잠자리는'이 '잠자리가'로 바뀌게 된다.

수 정 원시 시대부터 인간이 끊임없는 발전을 거듭해 온 것은 우리가 인정해야 하는 사실이다.

7) 글을 쓰기 전에 쓰고자 하는 내용을 분명히 정리해 보자.

(가) 인생을 후회 없이 살 수 있는 것은 관직이나 지위가 아니고 바로 도덕적인 자세라고 보았기 때문이란다.

분석 글쓴이의 생각이 정리되어 있지 않아 이 문장은 그 의미 파악이 쉽지 않다.

수정 후회 없는 인생이란 관직이나 지위가 아니라 바로 도덕적인 자세에서 얻을 수 있기 때문이란다. // 관직이나 지위가 높다고 인생을 후회 없이 사는 것이 아니다. 바로 도덕적인 자세를 갖추었을 때라야 후회 없이 인생을 살 수 있단다.

8) 외국어투를 쓰지 않도록 노력하자.

(가) 각종 교통로가 완공되면 황해안은 많은 변화를 가져오게 될 것이다.

분석 국어에서는 무생물이 어떤 행위를 하는 행동주가 되기 어렵다.

수정 각종 교통로가 완공되면 황해안에는 많은 변화가 생길 것이다.

기타 자주 실수하는 외국어 표현들

(ㄱ) …에 다름 아니다(に 他ならない = …に ほかならない)

→ …에 불과하다, …일 뿐이다.

(ㄴ) … 주목에 값하다(注目に 値する)[ちゅうもくに あたいする]

→ … 할 가치가 있다.

(ㄷ) 아무리 … 해도 지나치지 않다(It is not too much to …)

→ … 함이 당연하다.

(ㄹ) 이것을 고려에 넣는다면(take account of, take account into)

→ 이것을 고려한다면,

(ㅁ) … 할 필요가 있다(It is necessary to …), …을 필요로 하다(be in need of …)

→ …이 필요하다.

(ㅂ) … 할 예정으로 있다(be going to …)

→ … 할 예정이다. … 할 것이다. … 할 참이다.

(ㅅ) 회의를 가지다(have a meeting)

→ 회의하다.

아이 셋을 갖고 있다

→ 아이가 셋이다

(ㅇ) 그는 그의 친구를 소개했다(He …… his ……)

→ 그는 자기 친구를 …(재귀대명사의 오용)

(ㅈ) 한 잔의 커피(a cup of coffee)

→ 커피 한 잔

(ㅊ) 나의 살던 고향의 나의 친척 my

→ 내가 살던 … 우리 친척

(ㅋ) 사람들의 대부분은 most of the people

→ 대부분의 사람들은 / 사람들은 대부분 …

(ㅌ) 나는 너를 필요로 한다. I need you

→ 나는 네가 있어야 한다

(ㅍ) 학생들에 대하여 많은 관심을 기울이고 있다. about the student

→ … 학생들에게 …

9) 세살 버릇 여든까지 간다.

(가) 그 지역에 전기가 공급되지 않고 있습니다.

수 정 그 지역에 전기가 공급되지 않습니다.

(나) 저는 그렇게 알고 있습니다.

수 정 저는 그렇게 압니다.

분 석 "~고 있습니다"라는 표현 자체가 잘못 되었다는 것은 아니지만, 굳이 이렇게 말하지 않아도 될 자리인데도 꼭 이렇게만 말하는 것이 문제입니다.

(가), (나)는 각각 밑줄 친 부분을 그 아래와 같이 표현하는 것이 더 자연스럽습니다. 텔레비전 방송의 일기 예보 프로그램에서 "현재 기온은 18도를 보이고 있습니다."라고 말하는 것을 들을 수 있습니다. 이 또한 "현재 기온은 18도입니다."로 표현하는 것이 자연스럽습니다. 굳이 "보이고 있습니다."를 살리려면 "현재 온도계는 18도를 보이고 있습니다."와 같이 표현할 수는 있습니다. 그러나 이것도 "온도계"와 "보이고"가 함께 쓰인 점이 썩 자연스럽지 않습니다.

자주 틀리는 표현들

(1) 수식의 모호성 : 수식어는 피수식어와 인접시켜 의도하는 의미를 명확히 해야 한다.

예 용감한 철수의 아버지는 → 용감한 철수/철수의 용감한 아버지

(2) 비교 구문의 모호성

예 남편은 나보다 비디오를 더 좋아한다.(비교의 대상이 모호함)

(3) 공동격 구문의 모호성

예 나는 철수와 영희를 만났다.(대상의 모호성)

예 어머니께서 사과와 귤 두 개를 주셨다.(수량의 모호성)

(4) 의존명사 구문의 모호성

예 그가 걸음을 걷는 것이 이상하다 → 걷는 모습?/걷는다는 것?

(5) 부정문의 모호성

예 나는 택시를 안 탔다 → 남이 탔다/버스를 탔다/세우기만 했다.

(6) 호응 성분의 모호성

예 철수는 웃으면서 들어오는 아들에게 심부름을 시켰다.

→ '웃으면서'의 주체의 모호성

예 그 분의 아이들에 대한 사랑은 극진했다.

→ 주체와 객체의 모호성

예 박 선생은 누구나 다 좋아할 수 있는 분이다.

→ 주체와 객체의 모호성

예 학교에 원서를 접수하였다(접수시켰다).

→ …원서를 제출하였다.

예 공부를 배워주는 선생님께 여쭤라.

→ … 가르쳐 주시는 …

예 김○○ 교수님께 師事 받고 있습니다.

→ 김○○ 교수님을 師事하고 있습니다.

연습문제

1. 다음 문장에서 잘못된 것을 있는 대로 찾아 고치시오.

(1) 오랫만에 쉴려고 시골집에 들렸다가 들녁에 불려 나가 운동 부족의 댓가만 톡톡이 치뤄야 했읍니다.

(2) 세종대왕은 우수한 우리말과 글을 만들었는데 특히 한글은 언어 구조가 간단하고 단순하여 쉽게 배울 수 있다.

(3) 커피는 한 잔 이상이면 해롭습니다.

2. 다음 중 알맞은 말은 고르십시오.

(1) 미담의 (장본인, 주인공), 사기 사건의 (장본인, 주인공)

(2) 의견이 서로 (다르다, 틀리다), 계산이 (다르다, 틀리다)

(3) 자동커피판매기 / 커피자동판매기.
급차선변경 / 차선 급 변경

3. 다음 문장의 틀린 부분을 바로 고치십시오. 없다면 고치지 않아도 됩니다.

(1) 선생님께서는 지금 집에 있으십니다.

(2) 선생님께서는 돌 지난 손자가 있으십니다.

(3) 선생님께서는 아끼시는 고서가 많이 계십니다.

(4) 회장으로 계시는 ○○○ 회장님의 말씀이 계셨습니다.

(5) 어머니께서 아프시답니다.

3부 • 창조적 글쓰기

글쓰기란 자신의 생각을 글로 표현하는 것이다. 자신이 바라보는 세계 혹은 자신이 곧 글쓰기의 대상이다. 이 과정에서 자신만의 생각을 남다르게, 돋보이게 쓰는 것이 창조적 글쓰기이다. 창조란 완전한 무에서 이루어지는 것이 아니다. 결여된 상황에서 그것을 메우고 새로운 것은 채우는 것이야말로 창조이다. 창조적 글쓰기란 자신에게 주어진 상황과 자신의 생각을 남다르게 표현해 내는 것이다. 창의력이란 세상을 바라보는 시각, 형식, 의미를 새롭게 구성하여 보다 새로운 의미를 만들어 내는 힘이다. 재현 대상에 따라 문학과 칼럼, 카피 등으로 나누어 살펴볼 수 있을 것이다.

1강 나도 작가

– 문학적 글쓰기

문학의 종말에 대한 다양한 보고(報告)에도 문학에 대한 지속적 관심은 단순한 향수로서의 의미를 넘어선다. 질의 문제를 차제에 둔다면 문학생산량은 어느 시기와도 비교할 수 없을 정도로 늘어났다. 단순한 문학 생산 뿐 아니라 그것을 바라보는 시각 혹은 비평의 양은 생산 작품의 질적 하락이라는 공통적 지적에도 불구하고 넘쳐나고 있다.

이는 문학의 생명성, 즉 가치 유동적이라는 특징 때문만은 아니다. 보다 궁극적인 이유는 작품을 해석하고 수용하는 다양한 시각의 존재와 필요성 때문이라고 할 수 있다. 문학을 어떻게 보고 해석할 것인가 하는 문제는 다양한 사조적 이해와 감수성에만 기댈 수는 없다. 문학이 궁극적으로 소통을 목적으로 하고 있다는 점에서 수용과 해석은 작품의 외적 대응이라고 보기 어렵기 때문이다. 흔히 구조적, 신비평적 해석 방법이 갖는 문제는 그 자체로 객관적이라는 의미가 불가하다는 점에 있다. 누가 썼으며 언제 생산되고 또 누구와 소통되었는지도 알 수 없는 텍스트는 구체적 실체로서의 대상이 될 수 없다. 그야말로 관념적인 대상에 불과하다. 작품(텍스트)을 대한다는 것은 그것의 창작자와 작품의 생성시기 독해의 방법과 독자를 통해 구체화된다. 인쇄물 혹은 가시화된 정보는 그 자체로 객관적인 실체로 보기 어렵기 때문이다. 도리어 작가와 시대 독자를 배제하여 작품이 존재한다는 것이야말로 가장 관념적이기 때문이다.

문학 해석에 있어 문학 생산의 메커니즘을 이해하는 것은 대상 작품의 가치를 선정하는 방법이다. 이는 수용의 의미와는 구분된다. 수용은 이른바 감응이라는 점에서 대상과 지향성을 공유한다는 의미를 갖는다. 그것은 단순한 정보의 전달과 수용과는 구분된다. 왜냐하면 인간의 인식활동은 외부의 객체와는 무관하기 때문이다. 객관성이란 주체의 착각에 불과하다. 두뇌는 환경의 반사체계가 아니라 기능적으로 폐쇄된 체계로서 세계의 사태를 자신의 언어로 번역하여 인식하지만 그 원본은 소실된다. 이는 귀엣말 놀이를 통해서도 쉽게 드러난다. 우리가 인식하는 우리 주변의 세계 역시 사회 안의 인간들이 의사소통을 통해 다른 이들과 함께 내놓은 '어느 한 세계'에 불과한 것이다. 생물학적 조직과 구성이 다른 생명은 다른 세계, 자신에게 고유한 세계를 산다. 우리의 객관적 인식내용에는 우리의 주관적 인식구조가 새겨져 있다. 수용은 이처럼 작가의 주관적 인식체계가 구체화된 작품을 통해 독자의 인식체계와 상호 소통되는 과정에서 그 지향성을 공유하는 것을 의미한다. 그와 달리 해석은 수용의 전 단계 즉 수용 주체의 인식 체계에 대한 수용주체의 가치와 연결되어 존재한다. 즉 작품성과 그 작품에 대한 수용여부가 독립적으로 존재할 수 없다는 것이며, 만약 그것이 가능하다면 작품성을 평가하는 교조적 가치 기준이 존재한다는 것을 의미한다.

그러나 현대 사회에서의 수용자, 즉 독자의 위치는 단순한 문학 소비자로 제한될 수는 없다. 설령 그것이 가능하다 하더라도 소비는 궁극적으로 생산을 조율해내기 때문이다. 결국 앞서 말한 문학의 종말은 독자의 종말이지 작가의 종말을 의미하는 것이 아니다. 그러면 여기서 새로운 문제가 남는다. 여전히 지속되는 문학적 관심과 독자의 종말로부터 기인한 문학의 종말은 어떤 관계에 놓여 있는가 하는 것이다. 이는 해석의 교조성에 의해 독자와 전문독자 혹은 독자와 비평가가 분리되는 과정에서 비롯되었다고 할 수 있다.

전화가 발명되고 그 기능과 성능이 향상되는 과정에서 전화의 가치가 생성되는 것은 아니다. 전화라는 객관적이고도 구체적 실체는 설령 그것이 분명 존재한다고 해도 그 자체로는 아무런 의미 대상을 갖지 못하기 때문이다. 단 전화가 소통의 수단으로 소통의 의미가 분명히 정의되고 그 기준에 의해 다양한 전화가 평가받을 수는 있다. 그러나 전화가 단순히 통화품질의 우수성만으로 가치가 결정되지 않는 것은 구체적 실체로서의 전화기는 사용자, 사용자의 환경과 연결되어 구체적 시간과 공간을 부여받았을 때만이 가능하다. 따라서 오늘날 전화의 의미, 전화기의 탄생이 궁극적으로 지향하고자 하는 바는 수용자의 그것과 얼마나 어떻게 일치하는가에 따라 의미를 갖게되며 구체화되는 것이다. 다양한 부가기능의 필요성은 전화기가 단순한 소통의 도구로서 행해지는 지향성의 궤에 있지 아니하고 그 사용자의 지향성과의 동일한 궤를 맞추려는 노력에서 이뤄진 것이다. 문학도 이와 다르지 않다. 해석에 있어 가치의 기준으로서 사용되는 교조적 기능이 문학을 억압하는 한 문학은 못을 박을 수도 있었던 초기 전화기의 모습에서 스스로의 존재적 가치를 부여받고 스스로의 종말을 고할 수밖에는 없다.

(1) 문학 생산의 메커니즘

문학생산의 기제를 살피는 과정에서 필연적으로 요구되는 것은 장르의 이해이다. 장르란 관념적 개념으로서 구체적 실체는 아니다. 따라서 지향점일 뿐 그 자체로 의미를 갖지 않는다. 그러나 교조적 의미의 해석에 있어 장르에 대한 이해는 분명 절대적이다. 장르란 연역적 개념이 아닌 귀납적 개념으로서 획득된 것이기도 하기 때문이다. 즉 작가의 의식 속에서 창작의 기제로서 작용하는 것은 아니지만, 다양한 창작과정에서 드러나는 공통적 기반을 통해 유추할 수 있기 때문이다. 따라서 메를로 퐁티의 '개념 없는 보편성'과는 다르다.

<table>
<tr><td rowspan="2">서술의 억제</td><td colspan="2">서술의 확장</td><td rowspan="2">서술의 차단</td></tr>
<tr><td>평면적</td><td>입체적</td></tr>
<tr><td>서 정</td><td>교 술</td><td>서 사</td><td>극</td></tr>
</table>

(2) 문학 해석의 매커니즘

결론적으로 말하면 문학 해석은 생산기제에 의해 제한을 받는다. 즉 생산 방법에 얼마나 충실했으며 그것이 목표로 하는 바가 얼마나 구현되었는가를 보는 것이기 때문이다. 즉, 해석은 평가를 전제하지 않으면 안 되는 것이다. 해석의 여부 역시 마찬가지이다. 이른바 난해하다고 불리는 많은 작품들에 대해 찬사와 비난이 교차하는 것은 대상 작품의 가치에 따른 것이 아니라 해석 여부에 의한 것이기 때문이다. 해석하지 못하는 것에 대한 경외와 쉽게 해석될 수 있다는 경시의 경우를 제외한다면, 해석 여부는 곧 가치 판단을 전제로 한다.

이를 위해 소설의 몇 가지 특징을 살펴볼 필요가 있다.

(3) 이야기와 상상력 : 서사성과 허구성

나이가 지긋한 사람들이 아직도 소설책이라면 이야기책으로 치부할 만큼, 소설에서 이야기가 차지하는 비중은 매우 크다. 이야기 속에서는 현실 생활에서 부딪히는 여러 가지 한계들을 극복할 수도 있고, 또 머리 속에서 꿈틀대는 욕망을 마음껏 펼칠 수도 있다. 말하자면 인간은 이야기를 통하여 여러 가지 현실적 제약과 규율을 넘어서려고 함으로써 삶의 영역을 확장시키고 있는 것이다. 그러나 이러한 이야기를 내용으로 하고 있는 것이 어디 소설뿐인가? 일반적으로 신화, 전설, 민담, 서사시 등 넓은 의미의 서사 문학에 속하는 모든 장르뿐만 아니라 심지어 연극까지도 이야기를 담고 있다. 물론 연극은 서술하는 대신 행동을 통해 직접적으로 보여주고, 서사시는 운율을 가졌기 때문에 여타의 소설과 근본적으로 다르다. 또한 신화 등의 설화 문학도 이야기의 내용과 전달하는 형식에서 커다란 차이를 보인다.

서사(敍事)는 '사건을 서술한다'는 한자의 뜻풀이대로 줄거리를 지닌 사건과 그것을 전달하는 서술자(narrator)가 있어야만 성립하는 장르류(類) 개념이다. 소설은 서사 문학에 속하는 하위 장르종(種)의 하나인 만큼 당연히 이 두 가지 요소를 모두 갖추고 있다. 즉, 소설 속의 이야기는 대체로 자연적 순서에 따라 사건이 전개되는 스토리(story)를 서술자가 나름대로 변형시켜 전달하는 형식으로 되어 있는 것이다.

너무나 익숙하고 새로울 것이 전혀 없는 사건을 새롭게 전달하는 방식에 주목하여, 소설을 "서술자가 자신의 메시지를 독자에게 전달하기 위한 수사(修辭)"의 측면에서 보려는 이론이 널리 발전하였다. 이른바 '낯설게 하기'(defamiliarization)를 통하여 낯익은 사건을 처음 보는 듯한 사건으로 독자에게 제시할 것을 주장한 러시아 형식주의가 이 이론의 출발점에 자리잡고 있다. 그들은 소설의 스토리와 그것을 담은 논리적 형식인 플롯(plot)을 구분하고, 소설의 시간까지도 스토리 타임과 플롯 타임으로 구분하였다. 이후 슈탄젤, 토도로프 등이 계승한 이 계열은 최근의 포스트모더니즘 소설론에 이르기까지 소설 이론에서 하나의 커다란 줄기를 형성하고 있다.

한편 그 전달 방식이 어떠하든, 소설이 전달하는 이야기 자체는 현실에서 실제로 일어난 사건은 아니다. 소설이 사실을 기록한 역사책, 자서전, 기사문, 체험기, 보고서 등과 구별되는 것은 바로 이 지점에서이다. 많은 사람들이 소설의 내용을 두고 실제로 일어난 일에 바탕을 두고 있다고 말하고 있지만, 그런 경우에도 소설가는 실제의 사건을 있는 그대로 옮겨 놓지는 않는다. 어떤 경우에도 분명한 것은 소설가가 우리에게 전달하는 이야기가 '확인이 불가능한' 사건을 다루고 있다는 점이다. 소설가는 다만 독자가 작품을 읽음으로써 어떤 내면적인 작용을 일으키도록 스토리를 사실과 가장 비슷한 형태로 구성할 뿐이다. 물론 소설가들이 자기의 이야기를 전혀 꾸며 내지 않은 것처럼 능란하게 둘러대기 때문에 가끔씩 독자들이 속임수에 넘어가기도 한다. 몇 년 전에 소설가 이인화가 〈영원한 제국〉이라는 추리 소설적 성격의 작품을 발표하였는데, 그 서두를 다음과 같이 장식한 바 있다.

> 1992년 6월의 일이었다.
>
> 나는 동경의 동양문고에서 우연히 『취성록(聚星錄』이란 이상한 책을 발견했다. 『취성록』은 조선조 헌종 1년, 그러니까 1835년경에 씌어진 책으로, 정조 시대에 규장각 대교(정7품) 벼슬을 한 이인몽(李人夢)이란 사람이 쓴 한문 필사본이었다. 서가에 산더미처럼 쌓여 있는 고서적 중에 유

독 취성록이 눈에 띈 것은 일종의 경이감 때문이었다고 하겠다. "세상에, 이렇게 지저분한 책도 있나?" 하는 놀라움 말이다.

…중략…

취성(聚星)이란 건 또 뭐야? 별들이 만난다. 견우가 직녀가 1년에 한 번씩 만난다는 뜻이니 제목부터 좀 이상하군……그런저런 연민과 약간의 호기심으로 몇 장 넘겨보던 나는 깜짝 놀랐다. 그도 그럴 것이 그 몇 장 훑어보는 중에도 정약용, 이옥, 이학규, 이충익 등의 이름과 정조의 문체반정(文體反正)과 관련된 듯한 내용이 속속 눈에 들어왔는데, 그것은 바로 내 석사논문의 주제였던 것이다.

(4) 소설의 리얼리티 : 반영성과 개연성

소설은 '객관적 현실의 반영'이라고 한다. 이러한 규정의 기원을 찾아 역사를 거슬러 올라가다 보면 고대 그리스 시대에 이르게 된다. 당시의 사람들은 현실을 모방하는 행위를 미메시스(mimesis)라는 이름으로 불렀다. 그러나 이후 종교가 사회의 중심에 놓이게 되면서 중세 시대가 끝날 때까지 미메시스 이론은 논의 대상에서 거의 제외되어 왔다. 종교에서는 신과 관련된 초월적 세계관을 모든 논의의 중심에 놓았기 때문이다. 이 시대에는 실제 현실과는 다소 거리를 가진 신비적이고 추상적인 세계만이 모방의 대상이 될 수 있었을 따름이다. 신이나 영웅처럼 이상적이고 관념적인 인간을 다룬 로망스가 지배적인 장르로 군림했던 것도 같은 맥락에서 이해할 수 있다.

신성함이 사라지고 모든 것이 세속화되는 근대가 시작되면서 미메시스 이론은 리얼리즘 이론으로 발전하여 다시 활발하게 논의된다. 이 시기에 이르면 과학 혁명의 영향으로 종교는 더 이상 절대적인 권위를 누릴 수 없게 되고, 귀족 계급 대신 시민 계급이 역사의 주역으로 떠오르게 된다. 신을 믿지 않는 타락한 인간으로서의 시민 계급은 합리적 세계관을 지니고 있었기 때문에 현실과 동떨어진 문학예술을 선호하지 않게 되었는데, 이에 따라 문학예술도 객관적 현실을 충실하게 다루는 쪽으로 방향을 전환하지 않으면 안 되었다. 소설 장르 역시 여러 가지 측면에서 많은 변화를 겪게 된다. 우선 인물의 성격 면에서 커다란 전환이 있었는데, 전형적인 인물 대신 개성적인 인물이 주인공으로 등장하였다. 다음으로 시간적, 공간적 배경도 추상적이지 않고 실제로 인간들이 살아가고 있는, 구체적이고도 일상적인 나날과 생활공간으로 바뀌었다. 이 밖에 운문적인 요소가 쓰이지 않고 산문성이 강조되었으며, 우연적 요소보다 인과 관계가 중시되는 등의 변화가 있었다.

한편 소설가가 객관적 현실을 반영한다는 것은 현실을 있는 그대로 그린다는 의미는 결코 아니다. 설사 세밀화를 그리는 화가처럼 소설가가 아주 정밀한 묘사력을 지니고 있다 하더라도 현실을 그대로 복사할 수는 없는 노릇이다. 그런데도 19세기의 자연주의 소설가들은 한창 발전을 구가하던 과학의 힘을 과신한 나머지, 충실한 세부 묘사를 통하여 현실을 그대로 그려낼 수 있다고 믿었다. 그들은 외과 의사가 시체를 해부하듯 현실의 우울한 면을 그대로 그려내기 위해 노력하였지만, 결과는 참담한 것이었다. 현실의 본질적인 면은 그려내지 못한 채 겉모습만 비교적 사실적으로 재현하는 데 그치고 말았기 때문이다. 이러한 자연주의의 실패는 현실의 반영이 현상적인 면의 면밀한 묘사를 뜻하지 않는다는 것을 분명하게 보여주는 좋은 예라고 할 수 있다.

자연주의의 한계를 극복하기 위해 현실의 본질적인 면까지 반영하는 방법을 모색하는 과정에서 등장한 것이 소위 '전형 이론'이다. 소설이라는 장르를 포기하지 않는 한, 소설가는 현실을 반영할 때 인물(주인공)의 운명을 통해 그려낼 수밖에 없다. 그런데 관건은 어떻게 인물을 그려낼 것인가에 놓여 있다. 앞서 살펴보았듯이, 인물의 행동을 자세하게 그려내는 것만으로 현실이 제대로 반영되는 것은 아니다. 그래서 소설가는 부득이하게 나름의 관점에 따라 현실의 본질적인 측면을 담지할 수 있는 '살아있는 인물'을 그려내게 된다. 우리는 그 인물을 가리켜 전형적 인물이라고 부른다.

그렇다면 이와 같이 전형적 상황과 전형적 인물을 통해 현실을 반영하는 과정에서 소설가의 주관(主觀)은 어떤 역할을 하는가? 소설에서 표현되는 모든 것은 소설가의 인식을 통해 '가공'되는 과정을 거친다. 다시 말해 소설가는 객관적 현실이 자기와 어떤 관계를 맺고 있으며, 어떤 가치를 지니고 있는가를 평가한다. 소설을 두고, 인생에 대한 작가의 새로운 해석이나 새로운 의미 창조라고 부르는 것도 바로 이 때문이다. 이처럼 작가의 주관이 객관적 현실을 반영하는 데 방해가 되지 않고 오히려 능동적인 역할을 한다는 점에서, 주관을 배제한 채 객관적 진리만을 추구하는 학문 일반과 뚜렷이 구별되는 소설만의 특징을 찾아볼 수 있다.

더불어 생각해보아야 할 부분은 개연성이다. 개연성이란 '있을 법한' '실현 가능성이 있는' 의미만을 갖는 것은 아니다. 도리어 개연성이란 소설의 모든 요소들이 가지고 있는 유기적 관계이며 세계를 인식한 작가의 세계관에서 드러나는 일종의 원리라고 할 수 있다. 즉 개연성은 소설의 제 요소들이 얼마나 유기적인 요소를 가지고 있는가를 의미하는 동시에, 소설에 쓰인 모든 것들은 그 자체로 존재적 의미를 가져야 한다는 조건과도 같다.

(5) 소설의 실존성 : 공간과 시간, 크로노토프에 대한 이해

앞서 언급했듯 서사의 대상은 그 자체로는 아무런 의미를 갖지 못한다. 궁극적 의미를 확보하는 순간은 대상에 대한 구체적 공간, 즉 시간과 공간을 부여함으로써 구체적 실체를 획득하게 되는 것이다. 따라서 시간과 공간에 대한 이해는 그 자체로 소설의 담론적 특성 혹은 주제적 특성을 반영하며, 소설 대상의 성격을 규정하는 기능을 담당한다.

(6) 시의 경우

시의 경우 서술의 억제를 장르적 개념으로 규정한다. 서술을 억제한 다는 것은 문학적 실현 대상이 서술에 근거하는 것이 아니라는 것을 의미하며 이는 여타의 장르와 구분되는 점이다. 해석을 위해 전제해야 하는 점은 무엇보다도 대상을 구체화하는 작업이다. 앞서 언급한대로 모든 요소를 제외한 순수한 텍스트란 그 자체로 관념적일 수밖에 없기 때문이다. 텍스트의 구체적 시간을 부여하는 작업은 해석의 대상을 구체화함으로써 텍스트의 지향점을 파악하는 데 있다.

그 날은 -새-

이제 몇 년이었는가
아이론 밑 와이샤쓰같이
당한 그날은……

이제 몇 년이었는가
무서운 집 뒷창가에 여름 곤충 한 마리
땀흘리는 나에게 악수를 청한 그날은……

네 살과 뼈는 알고 있다.
진실과 고통
그 어느쪽이 강자인가를……

내 마음 하늘
한편 가에서
새는 소스라치게 날개 편다.

인용된 시를 살펴보자. '그날은'이란 제목을 통해 작가가 말하고자 하는 바가 드러난다. 작가는 '그날'을 작품을 통해 표상하고자 하는 것이다. 여기서 중요한 것이 장르 선택이다. 재현 대상에 따라 적절한 장르 선택은 표현에 있어 무엇보다도 중요하기 때문이다. 서술이 억제되는 서정 장르의 선택은 '그날'이 무슨 날인지, 그날에 어떤 일이 일어났는지 구체적으로 서술하는 것을 제약한다. 그러나 역으로 이런 제약을 통해 작가가 궁극적으로 재현하고자 했던 대상이 '그날'이 아니라 그날에 있었던 무엇임을 직감하게 되는 것이다. '그날'은 분명 과거의 순간이다. 1연에서 언급하였듯 '이제 몇년이었는가'하고 말하는 '나'를 통해 그날은 과거의 어느 때임을 짐작하게 한다. '아이론 밑 와이셔츠 같이 당한 날' '무서운 집에서 땀흘렸던' 그날은 나로 하여금 '진실과 고통' 중 어느 쪽이 강한가를 알게 한 날이다. 또한 그날은 지금 '나'에게 소스라치며 날개를 펴도록 하는 이유가 되기도 한 날이다. 문면에 드러나는 것은 이 정도이다.

우리가 얻을 수 있는 것은 소스라치게 날개를 펴고 날아오르는 새처럼 지금 나의 불안한 심경이 그날에서 비롯되었다는 것이다.

이렇게 볼 때 그날, 나, 현재, 진실, 고통 등의 시어가 표상하는 바에 대해 막연한 것밖에는 얻을 수 없다. 뿐만 아니라 2연~4연에서 언급하는 바들 역시 추상적으로만 보인다. 이는 주지하는바 텍스트 자체로는 구체성을 띨 수 없기 때문이다. 위의 시는 천상병의 시이다. 이 시가 쓰인 시기는 동백림 사건(1967년)이 있은 지 4년 후인 1971년에 출판된 시집 『새』에 수록된 작품이다. (물론 여기서 간과할 수 없는 것은 작가와 화자와의 관계이다. - 예시 「엄마야 누나야」) 이렇게 된다면 그날은 동백림 사건과 연루되어 고문을 받던 어느 날임을 알 수 있다. 뿐만 아니라 현재의 나가 소스라치게 놀라는 불안함이 무엇인지를 짐작하게 한다. '아이론 밑 와이셔츠 같이 당했다'라는 의미 역시 보다 분명해진다. 시적 상황을 볼 때 화자의 상태는 구겨진 와이셔츠에서 잘 다려진 와이셔츠로의 변화를 가져왔다. 다리미의 고통은 주름을 없애는 일이며, 그것은 자연 수반되는 고통이다. 엄밀한 의미에서 다림질을 그 자체로 부정적 행위로 인식되기는 어렵다. 이 시구의 해석은 이러한 점에서 어려운 부분이다. 그러나 구체화된 텍스트 상에서 시적 상황은 이러한 난해구의 해석을 가능하게 한다. 간첩으로 오인되었던 화자는 곧 주름진 와이셔츠라는 점이다. 진실과 고통 역시 마찬가지로 그 의미를 다가온다. 진실이 더 힘이 있다면 현재의 나가 보여주는 소스라침은 이해할 수 없다. 결국 진실은 구겨진 와이셔츠가 되어버리고 아이론은 진실을 새롭게 구현하는 그래서 주름 없이 팽팽한 와이셔츠인 현재의 내가 존재한다. 새롭게 정화된 나, 주름 없는 와이셔츠는 소스라치게 놀라 하늘을 오르는 새처럼 두렵고 무섭다. 진실과 고통 중에 무엇이 더 무서운 것을 알고 있기 때문이다. 물론 여기에서 나는 3연에서 '네몸'이라는 것으로 분리되어 처리된다. 이는 화자의 지향이 무엇임을 아는 중요한 단서가 된다. 화자의 지향은 지상이 아닌 하늘에 있으며, 그것은 '네몸'이 알고 있는 강자의 세계가 아닌 진실의 세계인 것이다.

이처럼 해석에 있어 중요한 것은 그것이 표상하고 있는 바에 대해 논리적 이성적 이해를 구하는 것이다. 경우에 논리적 이성적 분석이 불가능한 경우를 만나게 되지만 이는 궁극적으로 해석에 있어 중요한 부분이 아니다. 예를 들어 "코끼리는 전염성이 강하다."와 같은 문장의 경우도 그 자체로는 모순적이다. 하지만 그것을 이해하는 작업이 불가능한 것은 아니다.

결국 작가는 작품을 통해 자기 지향성을 드러낸다. 작가에 있어 화자 혹은 서술자의 선택은 바로 이러한 지향성의 구현과 관계된다. 작가란 그 자체로 구체적인 개인이기 때문이다. 작가는 현실 세계 속에서 스스로의 자기와 자아 혹은 페르소나로 구분되어 갈등하며 구체화된다. 작가에게 있어 이러한 갈등은 작품을 통해 자기 지향성을 드러내는 욕구로 드러난다. 하지만 단순히 욕구적 차원에서 머문다고 한다면 문학이란 배변의 기쁨과 다르지 않다. 단순한 표현 욕구 이상의 것, 즉 작가가 욕망하는 것은 타자로부터의 인정이며, 결국 문학은 인정투쟁의 궤 속에서 파악해야 할 것이다. 따라서 작가가 제시하는 자기*Selbst* 즉, 외적화자는 다음 장에서 논할 수용과 연결되는 부분이라고 할 수 있다. 다만 해석에 있어서는 이러한 모나드*Monard*적인 자기가 실제 표상과정에서 어떠한 내적 자아로 드러나는가가 문제가 된다.

(7) 문학 수용의 메커니즘

앞서 언급한 바 수용은 해석과는 그 층위를 달리한다. 왜냐하면 소통 즉, 지향성의 공감을 그 전제로 하기 때문이다. 여기에서 무엇보다 중요한 것은 구체적인 수용자의 태도이다. 왜냐하면 실제 소통 가능한 대상으로서 외적 화자는 작품의 생산과정에서부터 전제되어 있기 때문이다. 결국 구체적 실체로서의 독자의 경우 생산과정에서 제시된 외적청자와의 공감 문제와 외적 화자와의 공감이라는 두개의 서로 다른 층위로 나누어 살펴볼 수 있다.

외적 청자와의 일치란 작품의 궁극적 목적을 완성한다는 의미에서 독자에게 요구되는 교양적 수준의 문제이다. 문학이 의미를 갖는 것은 생산과 유통을 거쳐 궁극적으로 독자에게 읽혀짐으로써 가능하다. 여기서 가능하다는 것은 전제에 불과하며 그것을 가능하게 하는 부분이 독자의 자기와 외적 청자와의 일치를 꾀하는 것이다. 이는 독자가 작품을 수용하려는 적극적 의지와는 상관없이 독서 행위가 이미 담지하고 있는 적극성에 의해 작품의 궁극적 의미가 생산된다는 것을 말한다. 책을 선별하고 읽어 가는 과정에서 작가는 작가가 소통의 대상으로서 선정한 외적 청자와 자기의 지향점을 비교하게 된다. 그것이 일치되었을 때 독자는 작가가 의도 혹은 의미하는 바를 이해하게 되고 작품은 새로운 객관적 세계 형성의 가능성을 배태하게 된다. 이러한 다양한 소통의 축적은 작품의 의미를 실현하여 작품이 의미를 갖도록 하며, 그것은 다시 해석의 대상으로서의 가치라는 또 다른 영역으로 작품을 승격시키게 되는 것이다. 그러나 여기에서 말하고자 하는 바는 궁극적인 수용의 의미로서 작가와 독자 간의 소통을 통한 수용의 의미이다. 즉, 외적 화자와 독자의 자기와의 소통의 가능성을 말한다. 해석 과정을 통해 얻게 된 작가의 지향성과 자기의 지향성을 공유하는 것이다. 이는 독자의 행동 유발이라는 측면과는 구분된다. 인식과 행동이 궁극적으로 동일할 수는 없기 때문이다. 인식과 행동을 동일화하는 경향은 모든 행위를 윤리학적 측면으로 이해하려는 일정 경향에 근거한 때문이기 때문이다. 소위 문사철로 대변되는 문학의 위상을 요구한다면 모를까 문학이 궁극적 목적은 윤리적 측면과는 일정정도의 거리를 두는 것이 사실이다. 따라서 수용의 의미는 곧 행동으로의 전이를 의미하지 않는다. 그보다 수용은 작가가 재현하고자 했던 세계를 인식 범위 내에서 현상함으로써 공감, 즉 세계 구현의 보편성의 가능성을 높이는데 기여한다. 이미 언급한바, 구체적 세계 역시 인간의 인식 내에서 현상화 된 것이 공유됨으로써 존재 가능했기 때문이다. 따라서 궁극적으로 현 세계 혹은 앞으로의 세계에 대해 예견하고 자리 매김 하는 역할을 하는 것이다. 물론 이러한 전제에는 문학이 갖는 역할적 측면을 새롭게 전제해야 한다는 문제가 남는다. 하지만 실체로서 문학이 담당해온 역할은 너무도 자명하다. 현재 문학이란 개별적이고 독립적이며 자생적 존재라고 할 수 없다. 문학은 이종의 다양한 담론체계로서 세계를 구현해 가는 방법 중 일부에 지나지 않는다. 그러나 문학에서 행한 방법 역시 문학에만 국한되는 것은 아니다. 언어를 통해 구현되는 세계 속에 인간이 머무는 한 문학 해석과 수용의 방법은 늘 유효한 인간 행위이기 때문이다.

도움이 될 만한 참고문헌

한국 현대 문학사를 가로지른 시와 소설들

/60~70년대/

최인훈, 광장
김승옥, 1964년 겨울
김수영, 풀
신동엽, 금강
전혜린, 그리고 아무 말도 하지 않았다
이호철, 판문점
방영웅, 분례기
김지하, 오적
최인호, 술꾼
이청준, 당신들의 천국
황석영, 객지
신경림, 농무
황동규, 삼남에 내리는 눈
조선작, 영자의 전성시대
조해일, 아메리카
강은교, 풀잎
이문구, 관촌수필
윤흥길, 장마
서정주, 질마재 신화
김원일, 노을
한수산, 부초
홍성원, 즐거운 지옥
조세희, 난장이가 쏘아올린 작은 공
김명인, 동두천
김성동, 만다라
황석영, 장길산

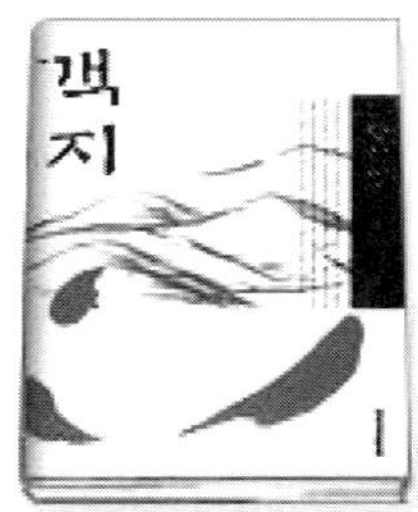

/80~90년대/

황지우, 새들도 세상을 뜨는구나
김주영, 객주
이성복, 뒹구는 돌은 언제 잠을 깨는가
박완서, 엄마의 말뚝
오정희, 바람의 넋
박노해, 노동의 새벽
이문열, 젊은 날의 초상
이동하, 장난감 도시
이제하, 나그네는 길에서도 쉬지 않는다
정호승, 서울의 예수
윤정모, 가자, 우리의 둥지로
임철우, 그리운 남쪽
양귀자, 원미동 사람들
박영한, 왕룽일가
이인성, 낯선 시간 속으로
김원우, 장애물 경주
김광규, 희미한 옛사랑의 그림자
곽재구, 사평역에서
김남주, 나의 칼 나의 피
기형도, 입 속의 검은 잎
최수철, 공중누각
이창동, 소지
김용택, 섬진강
조정래, 태백산맥
권정생, 몽실 언니
유 하, 바람부는 날이면 압구정동에 가야한다
김영현, 깊은 강은 멀리 흐른다
김소진, 열린 사회와 그 적들
신경숙, 풍금이 있던 자리
최 윤, 저기 소리 없이 한 점 꽃잎이 지고
윤대녕, 은어낚시통신
장정일, 너희가 재즈를 믿느냐
박경리, 토지

연습문제

1. 앞서 제기한 문학 작품 중 한 편을 읽고 그 작품이 의미하는 바에 대한 자신의 견해를 담을 글을 써 내보자.

2. 유행가 중 자신이 좋아하는 노래의 가사를 바꾸어 보자.

- 노래명 :
- 원래 가사 :
- 개작 가사 :

3. 자신이 알고 있는 재미있는 이야기 혹은 무서웠던 이야기를 소설의 형식을 빌려 써보도록 하자.

쉬어가기

– 거북이와 토끼

대단히 공격적이고 뻐기기 잘하는 성격을 가진 파격적인 거북이 한 마리가 토끼한테 달리기 경주를 하자고 도전장을 냈다. 토끼는 오로지 거북이의 자만심을 비웃어 주기만 할 따름이었다. 하지만 거북이가 "너, 경주에 질까 봐서 그러는 거지?"하고 토끼의 자존심까지 건드려 가면서 집요하게 붙들고 늘어지자 마침내 토끼도 달리기시합에 동의하고 말았다.

가장 공정하다고 소문이 자자한 올빼미가 심판으로 선정되고, 구체적인 코스도 결정되어 모든 준비가 완료되었다.

숲 속에 있는 작은 동물들이 모두 경기를 구경하기 위해 몰려나왔다. 출발을 알리는 신호가 울리자 토끼는 마치 화살처럼 튀어나갔지만, 거북이는 온 힘을 다해 한 뼘 정도 전진할 수 있었을 따름이었다.

까마득하게 한참 뒤처진 거북이를 보고 난 토끼는 자신의 승리를 확신하고 잠시 시원한 그늘 아래서 쉬었다 뛰기로 했다.

그리곤 곧장 깊은 잠에 빠져들었다. 한숨 잘 자고 나서 눈을 떠 보니 아직도 거북이는 시야에 들어오지 않았다. 그래서 토끼는 여유 있게 점심식사까지 마칠 수 있었다. 디저트로 맛난 딸기까지 한 움큼 따던 토끼는 아주 예쁜 암토끼를 만나서 한동안 즐거운 정담을 나누었다. 그러는 동안에도 거북이는 조금도 쉬지 않고, 어디 한 눈 팔지도 않고 계속해서 타박타박 걸었다. 그날 저녁 늦게, 토끼가 낮에 만난 연인에게 한참 열을 올리느라 정신이 없는 사이에 거북이는 결승선을 통과했다. 모든 관중 앞에서 올빼미는 거북이를 공식적인 승자로 인정했다.

한껏 승리감에 도취된 거북이는 모여 있는 동물들한테 토끼 대신 자기를 전령으로 뽑아 달라고 했다. 하지만 동물들의 대답은 한결같았다.

"너 혹시 어떻게 된 거 아니니? 마음만 먹으면 언제든 토끼가 너보다 훨씬 빨리 달릴 수 있다는 건 너만 빼놓고 다 아는 사실이야. 알겠니?"

할 수 있는 자는 할 필요가 없다.

강

2 나도 카피라이터

– 광고, 헤드라인, 닉네임쓰기

현대사회에서 광고는 대단히 큰 문화적 중요성을 지닌다. 광고를 통해 우리는 당대의 문화지평을 읽어낼 수 있기 때문이다. 롤랑 바르트를 비롯한 많은 학자들이 광고카피를 진지한 연구의 대상으로 여겼다. 사실 광고에 사용되는 카피의 문구들은 소비자들이 추구하고 있는 가치체계나 세대 흐름에 정통해야 성공할 수 있다. 왜냐하면 소비자들은 꾸준히 지칠 줄 모르고 유행을 짜고, 격리의 공포와 군중속의 고독에 빠지지 않기 위해 타인들이 추구하는 가치와 시대의 흐름에 민감하기 때문이다. 그래서 미니스커트가 유행하는가 하면 치렁치렁한 치마가 유행하기도 한다.

카피라이터는 이와 같이 동시대의 소비자 성향분석과 취향에 촉각을 세우고 있어야 하며 그들이 지향하고 있는 최고선을 찾고 또한 창조해야 한다. 광고란 설득커뮤니케이션이다. 카피라이터는 소비자의 심리상태나 본능을 모르고는 작업을 할 수 없다. 인간의 오묘하고 변화무쌍하며 갈대처럼 본능에 흔들리는 내면의 세계를 모르고서는 설득할 수 없다.

사실 카피라이터는 광고대행사에서 전문적으로 문구를 만드는 직업인을 뜻한다. 그렇다고 여기에서 전문적인 광고 카피라이터에 관한 교육을 하는 것은 아니다. 본 강에서 다루고하는 하는 것은 우리가 늘 마주하는 글쓰기 공간에서 카피라이터의 능력을 펼치는 것이다. 이는 인터넷과 방송의 발달로 인해 카피라이터의 능력을 요구받는 경우가 많아졌기 때문이다. 자신이 만든 홈피나 블로그를 홍보하기 위해 작성하는 글이나 커뮤니티를 꾸밀 때 만드는 닉네임 등도 일종의 광고카피라 할 수 있다. 최근 화제가 되고 있는 방송에서 댓글이나 닉네임의 폭발적 반응을 보라. 방송참여를 통해 수많은 사람들이 카피라이터 활동을 하고 있는 것이다.

본 강에서는 먼저 광고 카피의 이론을 살펴보고, 이를 토대로 카피라이터 능력이 필요한 실용적 글쓰기에 대해 알아보고자 한다.

(1) 카피, 카피라이터, 카피쓰기

1) 카피

광고물에 있어 아이디어나 창조성의 핵심이 되는 메시지를 문자나 멘트로 나타내는 것을 의미한다. 인쇄광고의 경우 보통 헤드라인과 바디카피로 구성되며, 전파광고의 경우 카피와 기타 부분으로 구성된다. 그러나 카피가 없는 광고도 있으며, 이런 광고의 경우에도 카피 그 자체는 존재한다. 전파광고(TV)에 있어 자막도 일종의 카피이다. 넓은 개념으로 보면, 광고의 표현요소들, 즉 비주얼, 레이아웃까지도 포함하는 창작과정 전체를 카피라고 말하기도 한다.

카피는 카피라이터 혼자만의 작품이 아니라 광고를 맡은 제작팀 전원의 아이디어를 창조적으로 조화시켜, 가장 적절하고 효과적인 방법으로 문자화시킨 것이다.

2) 카피라이터

카피를 쓰는 담당자이다. 그러나 카피를 카피라이터 혼자 쓴다고 생각하면 잘못이다. 아이디어를 구체화시키는 작업, 그 중에서도 문안부분을 맡고 있는 담당자이다. 카피는 누구나 쓸 수 있다. 디자이너, PD, 마케터, AE 그리고 소비자까지도 문제는 그들이 낸 카피 아이디어를 카피라이터가 얼마만큼 잘 소화시키느냐에 달려있다. 카피라이터가 될 수 있는 일정한 기준은 없다.

3) 카피쓰기

카피는 쓰는 작업을 말하지만, 아이디어를 메시지 화하는 작업이라는 표현이 더 어울린다. 카피쓰기는 카피라이터 혼자서 하는 작업이 아니다. 어떤 경우의 헤드라인은 디자이너한테서 나오는 경우도 있으며, TV광고의 경우 PD가 멘트를 발상하는 수도 있다. 그러나 카피라이터 자신이 발상해 낸 카피가 아니더라도 그 카피에 대한 책임은 전적으로 카피라이터에 있다.

카피쓰기의 기본은 제품에 대한 철저한 연구와 경쟁제품과의 표현 차별화에 있다. 카피에 있어 모방은 금물이다. 불특정 다수를 향해 커뮤니케이션하지만 마치 한 사람한테 이야기하듯 쓴다. 이런 의미에서 후에 자세히 설명될 '육성 카피'에 대한 연구가 절실하다.

(2) 카피의 본질

1) 카피라이터는 '광고작가(廣告作家)'이다.

비주얼, 레이아웃, 카피 등 광고작품들을 구성하는 요소들을 통합하여, 그 광고물을 구성하고 표현해내는 작가인 것이다. 그러나 예술작품들과 광고는 본질적인 차이가 있다. 예술작품이 개인의 체험과 사고에서 비롯되는 폐쇄적인 자기표현이라고 본다면, 광고는 대중적인 체험을 바탕으로 객관화된 설득의 수단이라는 것이다.

2) 무엇을 말해야 하는가?

여기 A라는 가전제품이 있다. 카피라이터는 이 상품이 가진 기능을 먼저 상세히 알아야 한다. 경쟁사의 제품과 어떤 점이 다르며 그 제품을 사용할 소비자나 고객의 편익이 무엇인지를 판단해야 한다. 기술혁신으로 개선된 제품인가, 혁신적인 신제품인가, 아니면 구색제품에 지나지 않는 제품인가를 올바르게 인식해야 한다. 그리고 이 제품이 앞으로 어떻게 개선될 가능성이 있는가, 다른 제품과 결합되어 새로운 종류의 제품으로 탄생될 여지는 없는가를 예측해야 한다.

카피라이터가 이 모든 의문과 판단, 예측을 가졌을 때 그 '제품'은 비로소 '상품'으로 자리 잡게 되는 것이다. 이 상품을 파는 메시지에 무슨 내용을 담아야 할 것인가를 생각해야 할 단계가 된 것이다. 헤드라인은 그 광고물의 이름이 되어야 한다. 우리가 어느 사람의 이름을 부르거나 떠올렸을 때 그 사람의 생김새나 성격, 환경, 관계 등이 한꺼번에 생각나는 것처럼, 하나의 헤드라인이 그 상품을 대표할 수 있어야 하며, 동시에 그 상품을 객관화시키고 구체화시킬 수 있어야 할 것인가가 대단히 중요하다.

광고 카피에서 범하기 쉬운 오류가 바로 이것이다. 무엇을 쓸 것인가 보다 어떻게 쓸 것인가를 먼저 생각하다 보면, 상품의 알맹이는 달아나 버리고 빈 포장지를 들고 떠들어대는 결과가 되어버리고 마는 것이다. 시장판의 약장수가 제 흥에 겨워 하루 종일 마술만 보여주고 정작 팔아야 할 약은 가방에서 꺼내보지도 못하고 마는 꼴이다. 카피의 본질은 상품의 포장을 파는 것이 아니고 알맹이를 팔아야 하는 점임을 잊지 말자.

3) 어떻게 말해야 하는가?

그러면 A라는 가전제품으로 다시 돌아가 보자. 예를 들어 이 제품이 당분간 더 기술개발의 여지가 없는 획기적인 제품이라고 가정한다면 당연히 헤드라인에서 그 기술적인 우위를 말해야 한다. 메이커의 일방적인 자화자찬이나 소비자나 고객의 상식에서 벗어난 뜬구름 잡는 식의 카피가 되어서는 안 된다. 무슨 말인가 하면, 현실에 뿌리를 내린 카피를 써야 한다는 것이다. 헤드라인에서 어떻게 말할 것인가 하는 문제는 그 제품에 대해 책임을 지겠다는 것을 의미한다. 한 점 부끄럼 없이 당당한 방법으로 말해야 한다. 누구의 입을 통해서 하지도 말고 메이커의 일방통행적인 잠꼬대가 아닌, 손에 잡히듯 분명하게 해야 한다. 카피는 소비자를 움직여야 한다. 카피를 읽은 독자나 소비자가 "야, 저 광고문안 참 멋있다"가 아닌 행동에 옮길 수 있는 카피가 되어야 한다.

"과연 그렇구나.", "백화점 오늘 쉬는 날 아닌가?", "월부로 산다면 한 달에 얼마씩이지?", "아빠가 허락하실까?", "우리 동네 대리점이 어디 있더라?" 이런 반응을 얻어내야 한다. 방부제를 넣지 않은 치즈라는 점을 콘셉트로 삼았던 어느 슬라이스 치즈의 신문광고 헤드라인은 좋은 예가 될 것이다. "지금 냉장고에서 치즈를 꺼내 방부제 유무를 확인해 보십시오."

4) 카피를 구성하는 10요소

① 헤드라인
② 서브 헤드라인-헤드라인을 보안한다.
③ 중간제목-긴 카피의 경우에 쓴다.
④ 바디카피
⑤ 상품명(Brand name) -어떤 존재로 표현한다.
⑥ 기업명
⑦ 가격표시
⑧ SPECK-사용기간, 사용법등 기타를 쓴다.
⑨ 슬로건(상품슬로건/기업슬로건/캠페인슬로건)
⑩ 기타 광고주 요구사항

(3) 헤드라인 수칙

광고를 하는 목적은 무엇인가? 그것은 두 말할 것도 없이 자기 회사의 상품을 많이 팔기 위해서이다. 너무나 당연한 말이지만 참 이상하게도 광고를 만드는 사람이나 광고주가 가끔 이 만고불변의 진실을 잘도 잊어버린다. 그 이유는 욕심이 앞섰기 때문이다. 자기가 가지고 있지도 않은 장점을 억지로 만들어서 자랑하거나 보잘 것 없는 장점을 크게 부풀려서 과장을 하거나 해서 일반 소비자들에게 그 속임수를 간파당해 역효과를 내기 일쑤인 것이다. 정말 상품이 뛰어난 특징을 가지고 있어도 이것저것 욕심을 내서 중언부언 하다가 정작 중요한 메시지는 놓치고 마는 경우도 자주 있다.

1) 팔리는 광고가 효과적인 광고

좋은 광고가 꼭 효과 있는 광고라고 할 수 없다. 광고상을 탄 광고치고 상품판매에도 대성공을 거둔 예는 그리 많지 않다.

좋은 광고는 반드시 작품성이 뛰어나고 테크닉이 좋아야 하는 것은 아니다. 무슨 말인가 하면 효과가 좋은 즉, 상품을 많이 파는 광고를 보고, "그 광고 참 근사한데. 아이디어가 좋아" 하고는 잊어버리는 그런 광고보다는 "이번 보너스 때 눈 딱 감고 저걸 들여놓을까" 하고 속으로 돈 계산을 해보게 하는 광고여야 한다. 그렇게 팔리게 하는 기술, 그것이야 말로 진정 창의적인 광고이다. 그러나 물론 광고의 효과가 창의성 한 가지 요소만으로 나타나는 것은 아니다. 아무리 팔리는 광고를 만들었다하더라도 소비자의 눈에 잘 띄지 않는다면 아무 소용이 없다. 다시 말해서 적정한 광고량이 확보되어야 한다는 것이다. 적정한 광고량이라는 것도 단순히 수치적인 의미가 아니다. 그 상품이 주 소비층으로 삼는 계층이 가장 접촉하기 쉬운 매체에, 그리고 지면이나 시간대 등 고려해야 할 사항이 한두 가지가 아니다. 이른바 매체전략에 있어서의 창의성도 매우 중요한 것이다.

또한 광고라는 것은 어떤 상품을 사고 싶어 하도록 좋은 이미지로 계속 쌓아가는 작업이기 때문에 한 두 개의 광고나 한 두 번의 광고로 목적을 달성할 수 없다. 지속적으로, 발전적으로 팔고자 하는 상품이나 용역의 이미지를 축적해 가야 한다. 그렇기 때문에 광고에 있어서는 전략이 매우 중요하며 단기, 중기, 장기적 전략의 수립이 절실하게 요구된다.

사람이 변하면 그것은 흉이 된다. 더구나 시대의 변화나 나이가 들어감에 따라 말이 달라진다면 상대로 하지 않으려 할 것이다. 그러나 상품에 있어서는 콘셉트 변화가 그리 부자연스러운 것은 아니다. 상품에는 일정한 주기가 있어서, 탄생에서부터 성장기, 성숙기, 쇠퇴기 등을 거치게 되는데, 이 과정에서 그 상품의 수명을 연장시키기 위하여 상품의 기능이나 효용을 새롭게 개발해 주어야 할 필요성이 생기는 것이다. 이를 깨끗이 닦아주는 치약이라고 해서 잘 팔다가 이를 유난히 희게 해준다고 하기도 하고, 나중에는 충치까지 예방해 준다고 한다. 이제는 잇몸을 치료해 준다고까지 하면서 치약을 팔고 있다. 이 경우에는 치약에 불소를 넣는다거나 프라그를 개선해 나가는 노력을 보이고 있어 콘셉트 메시지의 변화는 얼마든지 기할 수 있다. 최근 껌 광고들을 생각해 보면 그런 예를 발견할 수 있다.

2) 헤드라인의 기술

① 대중의 주목을 끈다.(Eye stop을 시킨다)
② 불특정 다중 mass audience 가운데서 목표고객을 골라낸다.
③ 대중을 main copy로 유인해 준다.
④ 헤드라인 자체만으로 광고의 목적을 수행하기도 한다.

(4) 전략적 카피쓰기

1) 논쟁의 장을 바꾼다.

① 다수의 경쟁상황에서의 효과적인 삼분법(三分法)

- 에이스침대 : 침대는 가구가 아닙니다.
- 경동보일러 : 보일러 속성의 차별화
- 파크랜드 : 거품을 뺐습니다.
- 쌍용아파트 : 아내 같은 아파트
- 체이스컬트 : 정직한 젊은이를 위한 옷

② 복수 경쟁상황에서의 효과적인 차별화

- 아시아나항공 : 분위기, 테마의 차별화
- 하이트맥주 : 원료, 물 등의 차별화
- 데이콤 002 : 경쟁자가 있어야 발전합니다.
- 후지칼라 : 자동카메라를 위해 태어났다.
- 유공 엔크린 : 새 차에는…

2) 문장 구조가 아니라 언어(말) 구조여야 한다.

① 아이디어의 그릇을 바꾼다.

- 됫박과 바가지의 차이
- 읽는 광고가 아니고 보는 광고로

② 육성카피의 효과

- 문장구조의 카피에 대한 부정적 반응
- 편지가 아니고 전화

③ 인용부호, 느낌표 등 사용

- 인용부호를 넣으면 평균 28% 기억력 향상(오길비)

④ 설득의 시대에서 납득의 시대로

- 소설가가 아니고 약장수
- 구경꾼이 아니고 주역으로

3) 시대정신의 반영

① 유행과는 다른 분명한 그 무엇이어야 한다. 시대의 변화나 흐름에 적극적으로 호응해야 한다. 그래서 당대의 기호(記號)적인 요소들의 채용해야 한다.

예 선거, 독도문제 등에 편승

② 타깃의 정서에 유의, 또는 정서를 창조해야 한다. 이는 소비자에게 구매동기를 부여한다.

예 화제가 되는 캠페인.

(5) 나도 카피라이터

"카피는 글이 아니라 말이다."라는 이야기가 있다. 상품을 사라고 권할 때 말로 하는 것이지 글로 써서 하는 사람이 어디 있겠는가? 타당한 지적이다. 이 원리는 카피를 쓸 때도 응용할 수 있다. 이는 문어체의 말보다는 구어체로 작성하라는 뜻이다.

사례

교통 캠페인 "Two things at once."

부에노스아이레스 동물원 광고

사례로 든 광고들은 유명한 광고페스티벌에서 상을 받은 작품들이다 이미지와 글로 표현된 인쇄광고지만, 일상생활의 말과 해학이 담겨 있다. 왼쪽 광고는 두 문장을 다른 색으로 겹쳐 놓고 휴대전화 사용에 대한 교통 캠페인을 진행하는 광고이다. 화려하지 않지만 소박한 구어체로 목적을 전달하는 좋은 카피문구다.

오른 쪽 동물원 광고는 곰의 표정과 가격표만 보아도 떠오르는 것이 있다. 가격을 묻는 질문에 답하는 우리의 감정이다. 세일기간 열심히 백화점을 가는 사람들의 이미지도 자연스레 생각날 것이다. 이 광고에 쓰인 가격표도 카피의 일종이라는 것을 기억해 두자.

우리 주변에 있는 일상적인 삶이 좋은 카피의 소재가 된다.

사례

기획의도

재치있는 리플러들은 다 모여라!
온라인 세계의 지혜인들을 대표한다! 상상플러스~
상상플러스는 인터넷을 통해 시청자와 호흡할 수 있는 중간 다리 역할을 하는 프로그램이다.
최근 몇 년 사이 대한민국에 빠르게 자리잡고 있는 리플 문화를 통해 각 세대별로 그들의 통통 튀고 신선한 지혜를 엿 볼 수 있도록 만들어진 프로그램이다.
덧붙여 시청자들에게 단순히 보는 재미가 아닌 참여하는 재미를 이끌어 내는 시도를 하는 신개념 참여 프로그램이라고 할 수 있다.

프로그램 내용

스타플러스

궁금한 건 뭐든지 다 물어본다!!
[넌뭐가궁금해], [질문달아줘] 무엇이든지 다섯 글자로 질문하는 시간!!
스타의 모든 것을 MC와 함께 알아가는 5자 질문 토크쇼.
모든 스타들이 공포의 5자 질문에 대비한다!!
톡톡 튀는 여러분의 질문을 기대합니다~~~

세대공감 OLD & NEW

21세기는 바야흐로 세대별 동상이몽의 시대이다.
동시대에 속해있지만 생각을 담는 그릇인 말이 달라
어른과 아이의 생각이 서로 통하지 못하고 있다.
50대들은 너무나 잘 알고 있는 단어!
과연 10대들은 그 단어를 알고 있을까?
10대들의 대화! 50대는 과연 무슨뜻인지 이해할까?
10대와 50대가 쓰는 단어를 이용한 MC들의 퀴즈 대결을 통해 세대간 격차를 줄여보고자 한다.

요즘 텔레비전에서 화제가 되고 있는 프로그램이다. 이 방송을 보면 방송과 인터넷에서 많은 카피라이터들이 활동하고 있음을 알 수 있다. 전문적으로 광고대행을 담당하는 직업적 카피라이터가 아니라, 자유롭고 개성적인 자신만의 카피를 쓰는 카피라이터들이다.

이 프로그램에서 진행하는 공감 댓글이라는 코너를 보면 재치가 넘치는 다양한 닉네임과 댓글이 등장한다. 패러디도 일종의 창조적 글쓰기이다. 특히 닉네임을 작성하는 작업은 일종의 카피쓰기이다.

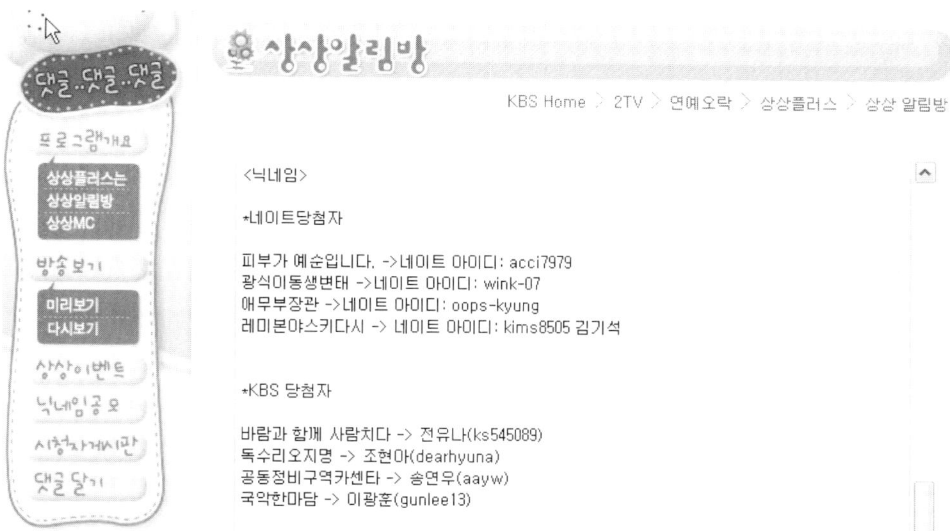

공지사항 게시판에 나오듯 상상력은 창조적 글쓰기의 원천이며, 사람에게 무한한 재미를 선사한다. 한 단어, 한 글자만 바꿔도 그 의미는 완전히 달라지는 것이 우리네 말이다.

이제는 누구나 카피라이터가 되어 '때와 장소를 가리지 않는' 카피가 생산되는 세상이 되었다.

연습문제

1. 다음은 필름 2.0 김세윤 기자의 글이다. 광고나 영화에서 중요시하는 개념으로 카피에 적용하는 유인문구 hook라는 개념이 있다. 영화의 제목을 번역하거나 홍보 문구를 만드는 것도 일종의 카피라고 볼 수 있다. 원제와 달리 제목을 바꿔 흥행에 성공하거나 실패한 작품을 가지고 카피의 역할과 중요성에 대하여 보고서를 작성하시오

맘대로 바꿔도 될 뿐더러 멋대로 바꿔도 그만이다. 간혹 법대로 바꿔야하는 줄로 잘못 알고 있는 분들이 계시다. 뭘 모르고 하는 소리다. 제목에 대한 심의는 영상물등급위원회(이하 '영등위')에서 하는데, 영화 심의 규정 어디를 뒤져 봐도 제목에 대한 조항은 없다. 비디오물 심의 규정 제12조에 달랑 한 줄, "비디오물의 제명 또는 대사는 지나치게 외설적이거나 저속하지 말아야 한다."고 쓰여 있다. 바꾸어 말해서 외설적이거나 저속하더라도 지나치게 외설적이거나 저속하지만 않으면 문제 삼지 않겠다는 뜻이며, 외설적이거나 저속해서 생긴 문제 말고 다른 문제가 있다면 설사 그 정도가 아무리 지나친다 해도 문제 삼을 수 없다는 뜻이다(뭔 소리야?). 쉽게 말해 야한 거 빼고 아예 신경도 안 쓴다는 뜻이다. 영등위가 애초에 '청소년 보호'를 목적으로 세운 조직이기 때문에 그렇다. '바람직한 작명문화 창달'에까지 신경 쓸 겨를이 없는 것이다.

직역하자니 뭔 소린 줄 모르겠고 영문 발음 그대로 음차하자니 뭔 영환 줄 모르겠다 싶을 때, 영화인들은 자주 '창씨개명'의 유혹에 빠진다. 존 쿠삭이 주연한 기념비적 영화 [High Fidelity]가 〈사랑도 리콜이 되나요?〉라는, 무슨 인터넷 쇼핑몰 '고객 게시판 문의 사항'정도의 제목으로 출시된 것도 다 그 때문일 것이다. [Blue Streak]이 〈경찰서를 털어라〉로, [Cruel Intentions]가 〈사랑보다 아름다운 유혹〉

으로, [shallow hal]이 〈내겐 너무 가벼운 그녀〉로 개봉한 건, 이 바닥에서는 차라리 창의적 작명의 본받을 만한 사례로 칭송받을 정도다.

사람들이 오해할까봐 지레 겁먹고 바꾸는 경우도 있다. 〈1850 길로틴 트래지디〉라는 영화가 그랬다. 프랑스어 원제를 직역하면 〈생 피에르의 미망인〉쯤 된다. 영화사는 고민에 빠진다. 한국에서 미망인하면 과부, 과부하면 팔도 과부촌, 과부촌하면 '미녀 과부 24시간 항시 대기' 따위가 연상될 터. 결국 좀 더 아트 영화다운 냄새 물씬 풍기려고 지은 게 '1850년 단두대의 비극'이라는 뜻을 가진 아까 그 제목이었다. 지난 해 개봉한 [Ghost World]는 납량특집 귀신 영화로 오해받는 게 두려워 〈판타스틱 소녀 백서〉라는 제목으로 간판을 바꿔 단 케이스다 (차라리 귀신 영화로 오해받게 나뒀더라면 흥행결과가 그렇게까지 참혹하진 않았을지도). 문장의 뼈대를 유지한 채 단어 한두 개만 바꿔치는 수법도 널리 쓰인다. 〈러브 인 맨하탄〉이 좋은 예다. 원제는 [Maid in Manhattan], 행여 〈맨하탄의 하녀〉로 직역했으면 어쩔 뻔했나. 거추장스러운 단어를 아예 빼버리는 경우도 많다. 〈007 어나더데이〉는 원래 〈007 다이 어나더 데이〉라지 않던가.

사실 외화 창씨개명의 역사는 유구하다. 〈내일을 향해 쏴라〉〈우리에게 내일은 없다〉 정도의 제목만 떠올려도 알 수 있다. 당시 '원제가 뭐라 하던 제 갈 길을 가는' 자주적 글짓기는 오히려 권장사항이었다. 많은 한국인들이 영어 알레르기를 앓던 시절, 〈부치 캐시디와 선댄스 키드〉 〈보니 앤 클라이드〉 따위로 개봉했다면 맑은 날 우산장수 꼴을 면키 어려웠을지 모른다. 이제는 사정이 다르다. 덮어놓고 바꾸다가는 거지꼴을 못 면한다. 앞서 언급한 몇몇 불우한 경우를 제외하고 가급적 원제 그대로 쓰는 게 대세이기 때문이다. 아닌 게 아니라 인터넷 덕분에 웬만한 영화는 국내 개봉 전부터 그 제목을 다들 알고 있다(그런 확신도 없이 〈캐치 미 이프 유 캔〉 따위를 제목으로 썼을까봐). 그러니 〈디 아더스〉를 굳이 〈타인들〉, 나아가 〈남들〉로 번역해 괜한 혼동을 초래할 필요는 없다.

제목이란 결국 관객을 유혹하는 '삐끼'일 뿐이라는 명제에 동의한다면 삐끼의 이름을 짓는 건 순전히 '업주' 마음일 것이다. 웨이터 이름을 '박세리'로 짓든 '돼지

> 엄마'로 짓든 '오십원'으로 짓든 손님이 뭘 어쩔 것이냐. 막말로 웨이터는 부킹만 보장하면 되는 거고 영화는 재미만 보장하면 되는 거 아니냐 말이다. 그러나 문제는 창의적 작명 수준을 넘어서 악의적 도용을 일삼는 무리가 이 땅에 서식한다는 데 있다. 속편도 아닌 것이 속편인 척, 관객을 현혹하는 게 대표적 수법이다. 이에 대해 영등위 영화부 민부장님은 "수입사에서 신청한 제목의 진위를 일일이 확인하는 건 현실적으로 불가능하다"고 말씀하신다. "현재로서는 영화사의 양심에 맡기는 수밖에 없다"는 멘트도 덧붙이신다. 즉, 내가 현정화라면 현정화이듯, 심의 신청서에 〈레옹2〉라고 쓰면 그냥 〈레옹2〉가 되어 버리는 불사파적 대한민국에, 지금 우리는 살고 있는 것이다. 이런 자들을 혼내줄 방법이 전혀 없는 건 아니다. 일전에 언급했던 '부정경쟁행위 방지 및 영업비밀 보호에 관한 법률'중 '상표권' 조항, 즉 "널리 알려진 타인의 상호, 상표를 사용해서 소비자가 오인할 수 있게 하는 경우"에 부합하는 사건임을 입증하면 될 터이다. 자고로 양심에 털 난 사람은 누가 깎아주기 전에는 그 털을 스스로 제거하지 않는 법. 이젠 누군가 정의의 면도기를 들 때도 되었건만.

2. 앞에서 사례로 들었던 프로그램에 참여하여 자신의 개성이 담긴 닉네임과 댓글을 써 보시오.

3. 카피쓰기에서 헤드라인의 중요성에 대해 언급한 바 있다. 자신이 관심 있게 보았던 광고의 카피를 예로 들어 다음 항목에 따라 분석하시오.

① 대중의 주목을 끈다.(Eye stop을 시킨다)
② 불특정 다중 mass audience가운데서 목표고객을 골라낸다.
③ 대중을 main copy로 유인해 준다.
④ 헤드라인 자체만으로 광고의 목적을 수행하기도 한다.

4. 3~5인으로 조를 편성하여 수질 보전에 대한 공익광고에 대한 카피쓰기를 진행하고 다음 표를 작성하시오.

주 제 :	
헤드라인	
서브 헤드라인	
중간 제목	
바디 카피	
상품명	
기업명	
가격표시	
SPECK	
슬로건	
기타 광고주 요구사항	
카피 구성 :	
평가	

쉬어가기

- 음치 카루소

이탈리아의 테너 가수로서 세계적으로 명성을 떨친 카루소는 소년 시절 음악 선생에게 놀림을 받을 만큼 노래를 못했다.

"제 목소리는 마치 문풍지 사이로 새는 바람 같구나."

그래서 자신은 음악에 소질이 없다고 믿었다. 다만 어머니만은 따뜻한 격려를 잊지 않았다.

"선생님이 뭐라고 하는 네게는 음악가가 될 소질이 충분하니까 열심히 공부해라."

어머니의 격려가 큰 힘이 되었고, 또 원래 그는 음악을 좋아했기 때문에 공장에서 일하면서도 열심히 노래를 연습했다. 마침내 스물한 살 때 단역으로 오페라에 출연하는 기회를 잡았지만 아무도 인정해 주지 않았다. 그런데 때마침 한 가수가 병에 걸려 출연하지 못하는 바람에 카루소는 그 대역을 맡게 되는 행운을 만났다. 카루소는 열심히 했다. 그러나 관객들의 호응을 얻지 못해 그만 해고당하고 말았다. 이에 몹시 비관한 카루소는 홧김에 술을 마시고 집으로 돌아왔다. 이제 아무런 희망이 없다며 자살을 하려고 결심했다. 그때 마침 극장에서 심부름꾼이 찾아왔다.

"카루소, 해고는 취소라네. 유력한 손님 하나가 찾아와서 아까 대역을 맡았던 신인을 내놓으라고 기다리고 있어. 빨리 가세."

자살을 하기는커녕 그때부터 카루소는 두드러지게 재능을 발휘하여 천재 가수의 지위를 쌓아올렸다. 장차 세기의 테너로 각광받을 수 있는 재능을 타고났으면서도 '문풍지 사이로 새는 바람 소리'라고 놀림을 당한다면 평생 동안 재능을 펴 보지도 못하고 그대로 묻어 버리는 경우도 상당히 많을 것이다. 카루소의 경우에는 다행히 그 재능을 인정해 주는 어머니가 계셨기 때문에, 놀림 당한 아픔을 잊고 재능을 연마하려는 노력을 계속할 수 있었다. 그러나 여기에서 주의해야 할 것은 아무리 우수한 선천적 재능이 있다고 해도 그것이 결코 그대로 불쑥 나타나지는 않는다는 점이다. 불굴의 수련과 부단한 노력이 뒤받침 되어야만 서서히 연마되어 나타난다. 카루소가 오페라의 단역을 맡았다가 인정받지 못했던 것이나 대역으로 나섰다가 관객의 호응을 얻지 못해 해고당한 것은 말할 것도 없이 아직 그가 가진 재능을 충분히 연마하지 못했기 때문일 것이다. 그런데 매우 다행스럽게도 유력한 손님이 나타나 아직 제대로 연마하지 못한 부분만 다듬으면 매우 훌륭한 재능이 반드시 나타날 것이라고 인정해 주었다. 그 덕택에 카루소는 자살까지 하려 했던 아슬아슬한 순간에서 벗어나서 천재 사가수의 지위를 확보할 수 있었던 것이다.

물론 때마침 유력한 손님이 나타나 하마터면 그대로 묻혀 버릴 뻔했던 재능을 살려 준 것은 틀림없이 '운'이었다. 그러나 운은 누구에게나 우연히 날아오는 것은 아니다. 각자 나름대로 타고난 재능을 끊임없는 수련과 불굴의 정신으로 연마하는 노력을 계속할 때에만 늦든 빠르든 그 우수한 재능을 인정해 주는 운이 찾아오는 것이다.

운은 우연히 아니라 필연이다.

3강

나도 칼럼니스트

– 다양한 감상문

칼럼은 일반적으로 미리 정해진 신문의 난(Columm)에 사내외의 필진이 정기적으로 쓰는 2000자 내외의 수필식 비평문을 지칭한다. 수필식이라는 것은 자유로운 형식이라는 정도로 이해하면 무리가 없을 것이다.

칼럼은 논설적 요소를 지니면서도 부드럽고 재치 있으며, 유머러스한 문장을 통해 독자들에게 손쉽게 읽히는 장점이 있다. 또한 단문이면서도 내용이 풍부하다는 점에서 필자의 개성을 돋보이게 하는 글로써 손색이 없다. 여기서는 단순히 신문 지면에 실리는 칼럼의 의미보다 칼럼 형태의 짧은 단문 형식의 다양한 비평문 쓰기에 대해 살펴보려 한다. 앞으로 통칭되는 칼럼이라는 것은 이 의미다.

(1) 칼럼의 목적과 성격

칼럼은 어떤 대상에 대해 비판적 안목을 가지고 접근해서 가치에 대한 예리한 통찰력과 새로운 시각을 제공한다는 점에서 논설적인 동시에 교육적인 글이라 할 수 있다. 그러나 동시에 칼럼은 일반적인 논설류의 글처럼 딱딱하지 않고 표현도 어렵지 않다는 점에서 차이가 있다. 비판과 동시에 대상에 대한 따뜻한 애정이 포함되어 있는 것이다. 위에서 언급했듯이 재치 있고 유머적인 표현을 통해 읽는 재미를 주는 것이다. 특히 신문에 실리는 칼럼의 경우 주로 시사적인 문제를 다루기 때문에 여론을 주도하는데 적지 않은 영향을 미친다.

여기서 우리는 칼럼 형태의 글이 비평적이면서 동시에 대상에 대한 애정을 동시에 표현한다는 점에 주목해야 한다. 아무리 좋은 비판이라 할지라도 표현에 따라 받아들이는 입장에서는 기분이 크게 상하기 쉽다. 따라서 촌철살인의 예리한 통찰력과 견해를 제공하되 그 속에는 항상 따뜻한 인간적 애정을 동시에 표현하고 있어야 좋은 비평문이 될 수 있는 것이다.

읽기 자료

똘레랑스

프랑스 사회는 똘레랑스가 있는 사회입니다. 흔히 말하듯 한국사회가 정이 흐르는 사회라면 프랑스 사회는 똘레랑스가 흐르는 사회라고 말할 수 있다는 뜻입니다.

똘레랑스란 첫째로, "다른 사람이 생각하고 행동하는 방식의 자유 및 다른 사람의 정치적, 종교적 의견의 자유에 대한 존중"을 뜻합니다. "당신의 정치적, 종교적 신념과 행동이 존중받기를 바란다면 우선 남의 정치적, 종교적 신념과 행동을 존중하라." 바로 이것이 똘레랑스의 출발점입니다. 따라서 똘레랑스는 당신의 생각과 행동만이 옳다는 독선의 논리로부터 스스로 벗어나길 요구하고, 당신의 정치적 이념이나 종교적 믿음을 남에게 강제하는 행위에 반대합니다.

원래 정치적 이념이나 종교적 신념은 설득에 의한 동의로 바뀔 수는 있어도 강제에 의해 달라질 수 있는 것이 아닙니다. 만약 강제의 의해 하루아침에 버릴 수 있는 이념이나 신념이었다면 그것은 이미 이념도 신념도 아니었고 다만 허위였을 뿐입니다. 그러므로 정치적 이념이나 종교적 신념이 나와 다르다고 강제하여 전향시킬 수 있다고 믿는다면 그것은 다만 인간성에 대한 몰이해이며 인간만이 가질 수 있는 이념이나 신념에 대한 모독이 될 뿐입니다. 당신의 이념과 신념이 당신에게 귀중한 것이라면 남의 그것들도 그에게는 똑같이 귀중한 것입니다. 당신의 그것들이 존중받기를 바란다면 남의 그것들도 존중하십시오. 이것이 바로 똘레랑스의 요구이며 인간 이성의 당연한 주장입니다.

프랑스처럼 그 정치적 스펙트럼이 다양한 나라를 찾기 어려운 것도 바로 똘레랑스 때문입니다. 좌익 공산당부터 극우인 국민전선에 이르기까지 그 사이에 사회당, 중도파, 중도우파, 우파, 그리고 녹색당이 있습니다. 이들 정당이 원내외를 비롯한 활동의 장에서 큰 충돌 없이 견제와 균형을 이루고 있는 것은 서로 똘레랑스의 원칙을 지키기 때문입니다.

공산당 당수 조르주 마르셰와 극우파 국민전선의 우두머리 장 마리 르뺑이 멱살을 잡고 싸우는 대신 입씨름만 열심히 하는 것도 똘레랑스 때문이며, 대통령 결선투표를 앞두고 텔레비젼 생중계 토론장에 마주 앉은 사회당의 미테랑과 우파인 공화국 연합의 자그 쉬락이 서로 비방하지 않고 정책 대결로 팽팽한 논쟁을 벌인 것도 똘레랑스의 영향 때문입니다. 만약 이들 중 누구라도 똘레랑스를 벗어나 상대를 비방, 중상하는 발언을 했다간 스스로 패배했다는 것을 자인하는 행위가 될 뿐입니다.

정당인들 뿐만 아니라 노동자, 농어민, 학생, 지식인, 문화인 등의 모든 사회계층이 자신의 정치적 성향을 떳떳이 밝히며 또 서로 인정하고 있습니다. 예를 들어, 한때 공산당에 동정적이었던 유명한 가수이며 배우인 이브 몽땅은 그의 정치적 성향 때문에 야유를 받거나 돌을 맞은 적이 없었으며-찰리 채플린이 그의 사회주의 경향 때문에 미국에서 추방되어야 했던 것과 비교가 됩니다 - 거꾸로 프랑스 공산당이 매년 인류애를 표방하고 주최하는 '인류축제'에 좌익과 인연이 없는 가수 조니 홀리데이가 초대되어 청중들의 환호 속에서 노래를 부릅니다.

프랑스 사회의 똘레랑스의 영향으로 어려움을 겪는 정치세력은 공산당보다 극우 국민전선입니다. 93년 3월의 하원 선거에서 일차 투표에선 12%에서 이르러 8%에 머문 공산당을 앞섰는데 2차 결선 투표 결과 공산당은 27명이나 당선되어 원내 교섭단체를 이룰 수 있었음에 반하여 국민전선은 단 한표도 당선되지 못했습니다. 이는 사회당을 지지한 유권자 중엔 결선 투표 시 공산당 후보를 찍어준 사람이 많았지만 우파를 지지한 유권자들은 국민전선을 차선으로 지지하지 않았기 때문에 나타난 결과였습니다. 극우 국민전선이 외국인의 추방, 사회 주변계급의 축출, 사형 제도의 부활 등의 정책을 주장하여 스스로 똘레랑스로부터 이탈했기 때문에 좌파는 물론 우파 성향의 유권자들도 등을 돌렸기 때문입니다.

당신이 독일의 어느 슈퍼마켓에서 살 물건을 다 고른 뒤 돈을 내기 위해 줄을 섰습니다. 사람이 많은 토요일 오후라고 합시다. 당신이 잠깐 한눈을 파는 사이에 당신이 외국인임을 본 어느 인종주의자 독일인이 당신의 짐수레를 밀치고 새치기를 합니다. 당신은 외국인이기에 참고 넘어가거나 아니면 항의를 합니다. 당신을 항의를 해보았자 그 내국인은 당신 말은 들은 척도 하지 않을 것입니다. 말이 통할 사람이면 그런 행동을 하지 않았겠지요. 오히려 "너희 나라로 돌아가라!"라는 소리를 안 들으면 다행이지요. 그때 당신은 주위 사람들을 둘러보게 됩니다. 대부분 스스로 인종주의자가 아니라고 하며 또 극우파에게 투표하지 않았던 당신 주위의 사람들이지만 못 본 척 무관심을 보일 뿐입니다. 그것이 중요한 차이입니다. 적어도 프랑스에선 그런 무모한 인종주의자는 보기 어려우며 설사 있다 해도 같은 프랑스인의 제지를 각오해야 합니다. 물론 독일인 중에도 당신 편을 들어주는 사람이 없지는 않을 것입니다. 그러나 사회 전체의 분위기가 다른 것은 분명합니다. 나찌 패망 이후 많은 독일인들이 극우 이데올로기에 대한 경계를 게을리 하지 않았고 특히 68세대들을 비롯한 지식인, 문화인들이 반인종주의 및 반네오나찌 운동을 벌이고 있으나 프랑스의 똘레랑스 전통에 이르기에는 아직 벅찬 것 같습니다.

앞으로 세계의 경제가 계속 침체하고, 인류애와 연대를 지향하는 이념이 더욱 수그러들어 모두 "자기 자신만을 위하여!"의 이기주의나 집단이기주의가 판을 칠 때 극우 파시즘은 더욱 극성을 부릴 위험이 있습니다. 이러한 상황에서 똘레랑스는 더욱 강조되어야 할 보편적 가치입니다.

외국인과 타민족에 대한 똘레랑스가 얼마나 중요한가는 독일에서 일어난 눈먼 테러행위뿐만 아니라 보스니아, 팔레스타인 및 르완단 등 세계 곳곳에서 일어나는 종족분쟁을 보아도 알 수 있습니다. 더 가까이에는 미국과 일본에 살고 있는 우리 동포들을 보아도 알 수 있습니다. 똘레랑스가 부족한 일본 사회에서 우리 동포들은 지금도 부당한 차별대우를 받고 있으며 또 미국에서는 지난 LA사태로 이민자의 꿈이 하루아침에 무너졌습니다. 한국에도 지금 10만 이상의 필리핀이나 파키스탄 등지에서 온 외국 노동자들이 있다고 들었습니다. 당신은 그들에게 똘레랑스를 보여주었는지 한번 돌이켜보시겠습니까?

내가 처음에 한국 사회를 정(情)의 사회라고들 한다고 했습니다. 당신도 그렇게 생각하십니까? 그런데 그 정이 지나쳐서일까요? 참견을 잘하고 강요하는 사회인 것 같습니다. 나와 다른 남을 그대로 받아들이지 않고 나와 똑같이 되기를 요구합니다. 나와 똑같은 이념을 갖기를 강요하며 나와 똑같은 신앙을 갖기를 강권합니다. 그리하여 그 요구에 순응하면 한편이 되고 또 이른바 '정'을 주기도 하지만 따라오지 않으면 바로 적대관계로 돌변합니다. 이와 같은 강요의 논리가 권력수단과 함께 펼쳐질 대, 어떤 결과를 낳는지 우리는 너무나 잘 읽고 있습니다. 한국 현대사의 비극은 모두 여기에서 비롯되었다고 해도 틀린 말이 아닐 것입니다.

한편 이것도 정이 지나쳐서일까요? 권력의 남용과 비리에 대하여는 오히려 잘 용납하고 또 잘 잊는 사회이기도 합니다. 이제 한반도의 통일을 바라볼1 수 있는 때가 왔다고 합니다. 최근에 나는 어느 글에서 통일을 바라보는 시기에 통일 비용을 미리 계산하고 준비해야 된다는 주장을 읽은 적이 있었지요. 독일 통일의 후과에 대한 평가에서 나온 말이었습니다.

그러나 나는 통일을 바라보는 시기에 가장 시급한 것은 바로 똘레랑스를 배우고 실천하는 일이라고 믿습니다. 똘레랑스를 배우고 실천할 때 통일을 더 빨리 이룰 수 있고 또 올바른 통일이 될 것입니다.

〈홍세화, 『나는 파리의 택시 운전사』 1995, p.p 288~309에서 인용, 재편집〉

(2) 칼럼 작성 시 유의해야 할 몇 가지

칼럼은 기본적으로 자유로운 형태의 글이기 때문에 일정한 준칙이 있을 수 없다. 다만 위에서 살핀 칼럼의 성격을 가장 잘 표현하는 데 있어 염두에 두면 유익한 몇 가지 것들에 대해 알아보자.

① 누구든지 생각할 수 있을법한 혹은 한쪽으로 치우친 생각은 칼럼으로서 곤란하다

이러한 글이 글로서 의미가 없다는 것이 아니라 칼럼이라는 형식과 어울리지 않는다는 말이다. 특히 대립의 각이 명확한 문제에 대해 한쪽의 생각을 대변하는 듯한 강한 주장의 글은 비판의 강도는 높을지 모르나 그것이 상대방의 의견에 대한 비방으로 흐를 염려가 있다. 이러한 글은 논설류와 같이 자신의 주장을 내세우는 글로서 적합하다. 아래 예시된 칼럼을 읽고 스스로 이 문제에 대해 깊이 생각해 보길 바란다.

예시1

북한은 몰려오고 미국은 비켜서고

노무현 정권의 후반에 접어든 2005년 후반. 대한민국은 건국 이래 중대한 변환(變換)의 시기를 맞고 있다. 변환의 한 줄기는 남・북한 관계이고 다른 한 줄기는 미국과의 관계이다. 노 정권이 북한 김정일 정권에 접근하는 속도는 대단히 빨라지고 있고, 북한은 이런 상황을 최대로 활용해 한국 내 좌파의 지상화(地上化)를 도모하고 있다. 그 다른 쪽에서는 지난 60년간 이 땅의 알파와 오메가로 여겨졌던 미국이 한국으로부터 발을 빼는 작업을 시작하고 있다.

김정일 세력은 지금이 한국 내에 팽창하고 있는 '감상적 민족주의'를 적극 이용하는 최적의 시기라고 보았음에 틀림없다. 김 정권은 근자에 남쪽 노 정권의 집요한 대북 접근 노력을 새삼 재평가해 노 정권과의 교섭을 활성화해주는 동시에 이를 통해 남한 내에서 친북(親北) 세력들이 공개적이고 공격적으로 활동하도록 주도하는 적극 공세로 돌아섰다. 북측은 남측이 제공할 수 있는 경제·관광·스포츠·영농 등 각종 지원을 최대한 얻어내는 한편 맥아더 동상 철거, '통일전쟁'의 공론화, 반미(反美)운동의 노골화 등을 밀고 나오고 있다.

심지어 노동신문 논설을 통해 '미국의 전쟁 머슴인 한나라당이 집권할 경우 북·남 대결의 역사가 되풀이될 것'이라며 핵전쟁 위협까지 거론했다. 차기 정권의 향배를 겨냥한 '북풍(北風)'이 노골적이고 공개적으로 불기 시작한 것이다. 이제 한국의 정치와 안보 등 주요 분야에 북한이 '이래라 저래라' 하는 상황에까지 이르고 있다. 노 정권은 국민에게 물어보지도 않고 10조원이 훨씬 넘는 돈을 김정일 정권에 쏟아 붓기로 작정했다.

남·북한 정권의 급속한 접근은 대미관계의 축소를 그 대가로 삼고 있다. 미국의 부시 정권은 이번 4차 6자회담을 전후해 한·미관계의 '그 이후'를 모색하기 시작했음을 보여주는 여러 징후가 있다. 미국은 이제 북핵문제에 지쳐 가고 있다. 6자회담 결과를 놓고 한국도 '외교적 승리', 중국도 '외교적 승리'를 자찬하고 러시아도 '잘된 회담'이라고 평가한다면 그것은 곧 미국의 '외교적 패배'가 된다. 이번 공동 합의문 수준이라면 미국이 지금까지 버텨 올 이유가 없다. 어느 전직 주미대사는 "북한이 끝내 핵 무장으로 가면 일본의 핵 무장을 막을 수 없고, 중국은 곤란한 처지가 되며, 한국은 미국의 핵우산 외에는 갈 곳이 없게 될 것"이라며 때문에 "미국으로서는 이럴 바에는 북핵이 제 갈 길을 가도록 손을 뗄 수도 있다"고 말했다.

미국은 근자에 '한·미동맹의 미래'에 관한 논의를 시작한 것으로 보인다. 우선 이달 말께 열리는 한·미 안보정책구상회의(SPI)와 10월 한·미 국방장관회담의 주의제가 '한·미동맹의 미래'로 잡혀 있다. 또 비슷한 시기에 열리는 뉴욕의 한·미·일 3개국 회의와 맨스웰드 콘퍼런스의 주제도 공교롭게도 한·미동맹의 변화 가능성을 모색하는 것으로 돼 있다. 주한미군의 재배치문제가 반미운동과 미군 철수 요구 등 장애에 부딪히고 있는 상황에서 미국은 미군 철수, 더 나아가 한·미 안보관계의 하향(下向) 설정 등을 서서히 모색하기 시작한 것이다.

이런 일련의 움직임은 미국이 한국과의 안보관계를 현 상태로 끌고 가는 것에 한계가 온 것으로 보고 한·미 안보관계를 재조정하는 첫 움직임으로 한반도의 휴전협정체제를 평화협정체제로 이행하는 순서를 밟고 있는 것과 무관하지 않다. 그리고 이것이 북한 당국뿐 아니라 한국의 노 정권과 친북 세력이 끈질기게 요구해온 것임을 미국 측은 굳이 숨기지 않고 있다.

다만 미국측은 이런 한·미관계의 전환, '북핵'의 방치, 북한의 대미 직거래 요구, 미군 재배치문제 등을 한국의 '국내 정치 변수'를 염두에 두고 시간을 가지고 검토할 것이다(외교안보연구원 김성한 교수). 이 관측은 미국이 그 모든 것의 최종적 결정은 한국의 다음 정권 때까지 기다릴 것으로 보면서 '냉소적 방관주의' 자세를 견지할 것이라는 견해와 상통한다(성균관대 김태효 교수). 한 소식통은 이번 6자회담에서 미국의 '양보'에는 "이번에 또 결렬되면 그 책임은 미국에 있다"는 한국과 중국 등의 은근한 압력도 작용했지만 이 결과가 '제2의 촛불'이 되어 한국의 다음 선거에 이용(?)되는 3년 전의 전철을 되풀이하지 않으려는 것도 미국이 '방관자'의 위치로 내려앉은 이유라고 설명했다.

- 김대중, 조선일보, 2005.09.25

② 예리하지만 부드럽게, 비판하지만 대상에 대한 따뜻한 애정만은 잊지 말자.

칼럼은 사설처럼 딱딱하거나 어렵지 않아야 한다. 그러나 독자는 칼럼에서 촌철살인의 예리한 통찰력을 기대한다. 비판이 대상에 대한 비난이나 증오로 여겨지지 않고 보다 높은 경지의 새로운 희망을 보여주는 것이 될 때 독자는 감동한다. 칼럼의 언어는 아픈 살을 도려내어 새살을 돋게하는 의사의 칼처럼 부드럽게 고통을 최소화하면서 날카로워야 하는 것이다. 아마도 이러한 마음을 똘레랑스의 정신이라 할 수 있을 것이다.

다음 글을 읽고 배려와 관용의 정신에 대해 고민해 보자.

예시2

왜 우리는 남을 규정하나?

"당신, 친북이지?"

귀에 익은 소리가 다시 들려왔습니다. 어느 한나라당 의원이 이종석 통일부총리 내정자에게 던진 질문은 "당신, 친북이지?"로 요약되었습니다. 그런 질문은 급변하는 동북아 정세 속에서 우리의 활로를 모색하려는 토론 자체를 불가능하게 합니다. 그런데 우리는 "당신, 친북이지?" 따위의 질문에 어떻게 대답해야 할까요? 과연 우리는 다음 질문들에 어떻게 대답해야 할까요?

"너, 빨갱이지?" "너, 동성애자지?" "너, 전라도 사람이지?"

사람은 자기와 아주 똑같은 사람의 존재를 상상하는 것만으로도 질색하지만 자기와 다른 인간 존재들에 대해서도 달가워하지 않습니다. 이 모순적 태도를 설명해주는 것은, 나와 다른 남이 나보다 열등하다, 즉 내가 우월하다는 점을 확인하려는 속성에 있습니다. 성찰적 이성에 눈뜨지 못한 사람이 '나와 다른 남'을 만났을 때 보이는 즉자적 반응은 다름을 확인하여 견주는 것입니다. 견주어서 나의 우월성을 확인하고 싶어 하는 것이지요.

'지배의 예술'이기도 한 정치는 인간의 이러한 속성을 십분 활용하여 억압과 배제를 관철시킵니다. 그래서 사회구성원들의 성찰적 이성이 성숙되지 못한 사회에선 차이를 차별, 억압, 배제의 근거로 삼고 그것을 정당화하기까지 합니다.

여성은 남성보다 '열등'하기 때문에 차별받아 마땅하며, 동성애자는 '비정상'이기 때문에 억압, 배제되어 마땅하며, 네 사상과 종교는 '악'이기 때문에 죽어 마땅하다고 주장합니다. 말하자면, "너, 빨갱이지?" "너, 동성애자지?" "너, 전라도사람이지?"라는 물음은 자신의 우월성을 확인하면서 남을 차별, 억압, 배제하는 자신을 합리화하고 정당화하려는 데서 나온 것입니다. 그리고 개인적으로 내세울 게 없는 사람일수록 자신의 우월성의 근거를 자기가 속하거나 속하지 않은 집단에서 찾습니다.

그런데 "너, 빨갱이지?"에는 기면 기고 아니면 아니라고 응수할 수 있지만, "너, 동성애자지?" "너 전라도사람이지?"에는 어떻게 응수해야 할까요? "너, 동성애자지?"에는 "너는 이성애를 스스로 선택하여 태어났냐?"로, "너 전라도 사람이지?"에는 "너는 네 출생지를 스스로 선택하여 태어났냐?"로 응수할 수 있겠지만 그 응수를 통하여 자신의 잘못을 받아들일 사람이라면 그런 말을 하지도 않았을 것입니다. 게다가 인간은 합리적 동물이 아니라 스스로 합리화하는 동물입니다. 어떤 이유를 끌어들여서든 자신을 합리화하려 들지요.

오늘날 유럽사회에서 "너 유태인이지?"라는 말은 범죄행위에 속합니다. 어느 유태인이 물었습니다. "당신들은 '나는 프랑스인이다.' '나는 게르만족이다'를 일상적으로 느끼며 사느냐"고.

당사자들이 실제로 그런 소리를 듣지 않는다 하더라도 "너 동성애자지?" "너 전라도 사람이지?"라는 사회의 시선을 느끼며 살게 한다는 것 자체가 동시대를 사는 같은 사회구성원으로서 윤리적 범죄행위를 저지르고 있다는 점을 깨달아야 하지 않을까요? 이성애자들은 자신의 성적 정체성을 느끼지 않은 채 살아갑니다. 경기도사람, 서울사람, 강원도사람, 경상도사람, 충청도사람은 자신의 출신지역에 대해 의식하지 않은 채 살아갑니다.

사람은 죽어서 누울 자리는 선택할 수 있어도 태어나는 자리를 선택하지 못합니다. 성과 성징을 선택할 수 없듯이. 이처럼 선택할 수 없는 성징과 출생지의 차이에 대해 시비를 거는 사회에서 선택 여지가 있는 사상과 신앙의 차이에 시비를 거는 일은 계속되겠지요. "당신, 친북이지?"처럼.

- 홍세화, http://wnetwork.hani.co.kr/hongsh/, 2006.02.08

③ 생략과 비약은 불가피하나 사실의 왜곡 없이 충실하게 쓰자.

2000자 내외 정도의 분량이므로 사설이나 논설과 같이 충분한 논증을 칼럼에서 기대하리는 어렵다. 그러나 가장 기본적인 사실에 대해서 왜곡하거나 자신의 주장을 관철하기 위해 교묘히 생략하는 일은 없어야 한다. 반증이 충분한 자료에 대해 어느 한 가지만 부각시키는 것도 왜곡의 대표적인 표본이다. 사회적 이슈나 뜨거운 쟁점에 대해서 어느 한가지의 사실만 부각시킬 경우 칼럼은 더 이상 생명을 불어 넣는 의사의 칼이 아니게 된다.

다음 글을 읽고 이 문제에 대해 생각 깊이 고민해보자.

예시3

강정구와 주사파(週四派)

- 불붙은 '수사지휘권' 논란 -

청계천이 열리고 박지성·최경주·한희원의 연이은 낭보를 접하는 기분 좋은 아침에, 어느 교수는 우리를 자꾸 과거로 끌고 간다. "대통령은 21세기, 국민은 독재시대에 있다"는 도발적 발언으로 논란을 빚은 청와대 홍보수석은 "일부러 얻어맞는 것을 감수하면서도 국민들이 잊고 있는 문제를 의제화하는 것이 전략이 돼 버렸다"고 해명했다. 마치 그 도발의 전략을 흉내라도 내듯 강정구 교수는 "6·25는 통일을 위한 내전(內戰)" "미군정 때 77%가 공산·사회주의를 지지"란 주장들을 쏟아냈다. 한마디로 친북(親北) 세력이 60년 전부터 하고 싶어하던 말들을 이 시점에 사법처리 위험을 감수(?)하면서까지 국민 의제로 만들려는 이유는 무엇일까.

권력 차원의 과거사 청산 분위기가 그에게 용기를 주었을지 모른다. 권력만이 아니다. 좌판을 벌여 놓고 그를 부르는 일단의 지식인, 매체들도 있다. 무엇보다 '강정구 버전'은 이미 일부 고교 역사 교과서에도 일정 부분 스며들었다. 그로선 이젠 팔을 걷어붙이고 나서도 될 만큼, 정세가 무르익었다는 판단을 할 만도 한 환경이다.

그러나 친북 세력들이 오늘을 살고 내일을 설계하기도 바쁜 국민의 시선을 자꾸 과거로 끌고가려는 보다 근본적인 원인은 다른 데 있다. 바로 지금 그들 손에 쥐어진 참담한 성적표다. '주사(主思)의 나라' 북한의 현재는 거덜났다. 백성을 먹이지 못해 식량을 구걸하고 아리랑 집단체조로 체제 단속과 외화벌이를 하며 연명하는 처지다. 이에 비해 세계 시장을 누비는 우리의 대기업들과 박지성·최경주, 그리고 아시아를 휩쓰는 한류(韓流)는 차서 흘러넘치는 대한민국의 에너지를 상징한다.

이런 성적표 앞에서 과거로 가야 그나마 할 말이 있고 유리한 전장(戰場)을 마련할 수 있다고 여길 수밖에 없는 게 친북 세력의 피할 수 없는 처지이자 한계이다. 미국 자본주의와 스탈린 독재가 무엇인지 모르고 겪어 보지 못했던 60년 전 한반도에서 좌우는 팽팽했다. 그러나 굳이 따지자면 어느 것이 좋고 나쁜지 구별하기 힘들던 그 시절의 여론조사 결과를 들여다보더라도 친북세력이 큰소리칠 상황은 아니다. 1946년 미군정이 실시한 두 차례의 정당 지지도 조사에서 우파 정당은 43%·40%였던 데 비해, 좌파 정당은 33%·31%에 그쳤다. 정치지도자 지지도를 묻는 조사에서는 이승만 32%, 김구 22%, 김규식 9% 등 우파 쪽이 72%인 반면, 여운형 13%, 박헌영 10%, 김일성 3% 등 좌파 쪽은 28%에 그쳤다. 같은 해 "미국인이 소련인보다 더 심한가"란 질문에는 '아니다'(68%)가 '그렇다'(16%)를 압도했다(전상인, '고개숙인 수정주의').

통계청 자료에 따르면 1944년 한반도 인구는 2591만7881명이다. 이 중 북쪽 인구는 1000만 명 정도였으나 그중 140만 명가량이 북한 공산화 과정에서 고향의 집과 땅을 모두 버리고 남으로 내려왔다. 친북 세력은 이들을 '보수 반동'이라고 학대했으나 살던 땅에서 살지도 못하도록 학대해야 할 보수 반동이 그렇게 많았단 말인가.

광복 후 북한에서 민족지도자 조만식이 창당한 조선민주당의 당원은 50만 명에 달했다. 그러나 소련 군정을 등에 업은 김일성이 "북한만이라도 사회주의 혁명기지를 만들어야 한다."고 선언한 이후 조만식을 연금하면서 민족진영 인사들이 대거 월남하기 시작했음은 숨길 수 없는 역사다. 그렇게 해서 빈손으로 고향을 떠난 이들의 피와 땀이 오늘의 대한민국을 일구는 데 보탬이 된 것은 또 다른 역사다.

요즘 주사파(主思派)가 휩쓸던 1980년대 대학가를 떠올리면 대학 관계자들은 웃는다. 한 대학 교수는 우스갯소리로 주사파 하면 주 4일 학교에 나오는 '주사파(週四派)'를 뜻한다고 했다. 잘나가는 대한민국에서 태어나 자기 연마에 매달리는 주사파(週四派) 신세대는 20년 전의 주사파(主思派)들을 빠른 속도로 밀어내고 있다는 것이다. 이런 판에 오히려 머리가 희끗희끗한 기성세대에서 더 요란한 친북 놀음으로 소동을 피우고 있으니 한숨지을 일이다.

- 홍준호, 조선일보, 2005. 10. 4

④ 숙고와 통찰, 전문적인 지식과 객관에 바탕한 독창적인 글이 되어야 한다.

전문적인 지식이라고해서 그 분야의 전문가만이 글을 쓸 수 있다는 말은 아니다. 다만 주제와 관련된 지식에 대해 충분한 숙지가 필요함을 말하는 것이다. 또한 그러한 지식은 충분한 사색과 통찰을 통해 독창적인 방식으로 전달되어야 한다. 그러나 생각은 진지하고 숙고를 통해 숙성하되 문장은 속도감과 박력있게 써야 주어진 분량 안에서 충분한 효과를 발휘할 수 있다.

다음의 글을 통해 주제에 대한 전문가적인 식견이 어떻게 표현되고 있는지 유심히 살펴보기 바란다.

예시4

다채로운 소설적 실험 불안 속에서 희망을 건지다
- 저물어가는 '문학의 시대' 붙잡을 작은 구원의 손길 -

일상인의 감각에 충격과 이에 따른 성찰의 계기를 제공하지 못한다는 점에서 오늘의 소설은 사소해졌다. 현란하게 마름질된 시어(詩語)가 대중과의 정서적 접촉면을 확보하지 않은 채로 널뛰기 하자, 독자들은 냉담해졌다. 그래서 문학은 불우한가. 그런 것 같지는 않다.

반대로 비장해 보이는 것은 비평가들이다. 절망이 극에 달하면 '체념'으로, 그것이 다시 '냉소'로, 그리고 곧잘 기묘한 '합리화'로 이어지는 것이다. 난데없이 한 비평가는 작품 밑으로 기어가라고 선언하고, 생뚱맞게 어떤 이는 비평가는 '판관'이 아니니 팔짱 낀 채로 작품만을 연모해야 한다는 '사이비 문학주의'를 유포한다.

작가들도 퇴행해가는 듯싶다. 사회와의 접촉면이 '문학'에 도대체 무슨 필요가 있나. 다만 언어 속에서 순사(殉死)할 것이다. 이런 사춘기에나 어울릴 법한 낭만화한 페티시즘에 가까운 문학관이 아무런 부끄러움 없이 발설된다. 그런 작가와 비평가들을 '독자'라고 명명된 일상인들이 '무심하게' 바라보고 있다.

문학은 무엇을 하고 있는 것일까. 소설은 누구를 향해 쓰여지고 있는 것일까. 혹 그것은 '대화'를 포기하고 스스로에게 던져진 '독백', 서툴게 쓰여진 일기장과 같은 것은 아닐까. 모든 진지함에 '똥침'을 날리는 일이 흔한 상투형이 되어버린 지금, 오히려 김연수의 소설적 실험은 불안하면서도, 희망을 포기하지 못하게 한다. 적어도 나에게는 그렇다.

김연수의 소설은 마디가 여러 개인 지네와 유사하다. 한 사람이 쓴 소설인데, 작품들이 보여주는 양상들이 다채롭다. 정통적인 문법으로 추억을 이야기하는가 하면, 과잉 서정적인 어조로 청춘을 노래하다가, 때 아니게 죽은 폐병쟁이 시인의 생애를 되밟아 가기도 한다. 지독하게 관념적인 듯한데, 그 안에 기묘한 서정이 있다.

올해 출간한 〈나는 유령작가입니다〉에서는 '타자의 목소리'를 불러오는 실험을 하고 있다. 서술자인 '나'의 말로 느껴지던 것이, 소설을 읽어가다 보면 '너'의 목소리다. '나'가 말하고 '너'가 듣는다는 구조가 아니라, '나'는 듣고 '너'는 말한다는 구조의 단편들이 이 작품집에는 가득하다. 그런데 '너'의 목소리를 듣는 '나'는 목격자가 아니다.

작가는 말하지 않고, 인물로 하여금 말하게 한다는 명제에 김연수는 충실한 것처럼 보인다. 그런데 그 말조차도 사실은 말할 수 없는 것을 간신히 말한다는 것, 그러면서도 말 자체에 대한 믿음은 사실상 부재한다는 것, 다시 그럼에도 불구하고 인간은 세상 안에서 죽어라고 떠들 수밖에 없는 존재라는 것을 김연수는 자주 환기시킨다.

언어는 헛것이고, 그것에 의해 서술되거나 표현되는 대상은 불확실하다. 기억은 착오이니, 그것을 중계하는 말이 논리적일 수 없다. 이 '헛것' '불확실' '착오'가 갈무리된 세계가 현실이라면, 그것은 혼돈으로 충만한 불확실성이라는 것이 김연수의 생각이다.

이런 생각들이 김연수의 소설에서 반복적으로 발성한다. 그 발성법은 하이 소프라노의 아슬아슬한 팔세토 창법을 닮은 것이어서, 그의 소설을 읽는 독자에게 기묘한 불안감과 아찔함을 동시에 선사한다. 그런 점에서 김연수 소설의 허무주의는 고압적이다.

허무의 밀도가 높아지는 만큼 환각에의 집착이 깊어지는 것은 불가피한 일이다. '사실'에 대한 불신이 깊어지는 바로 그만큼, 현실이 인과율과는 무관한 우연 덩어리로 보이는 것은 자연스럽다. 〈다시 한달을 가서 설산을 넘으면〉의 주인공이 히말라야의 고압을 견디지 못하고 환각 속에서 실종되는 장면을 나는 그렇게 이해했다.

'설산' 너머엔 무엇이 있을까. 샹그릴라. 인간 세상의 고통이 완전하게 휘발된 '낙원'이 있을 것이다. 그 낙원은 오로지 인간의 환각 속에서만 존재하는 것일 텐데, 환각을 현실보다도 생생하고 끈질긴 것으로 느낀다는 점에서, 김연수의 허무주의는 낭만주의와 깍지 끼고 있다.

그러나 나는 명민한 작가 김연수가 '환각'의 생생한 물질성에 대해 몰입하는 것은 그것대로 존중하지만, 동시에 사실로 가득찬 현실을 손쉽게 '혼돈'으로 응결시키는 과잉된 확신의 경우는 재고할 필요가 있다는 주문을 던지고 싶다. 지금 나는 김연수의 세계관이나 인식론 그 자체를 문제 삼고 있는 것이 아니다. 나는 김연수가 '확신'하고 있는 허무주의조차도 위기에 빠뜨리는 메타적 사유를 작가가 작동시키기를 원한다.

삼각형을 뒤집으면 역삼각형이 된다. 그런데 이조차도 삼각형이라는 운명으로부터 자유로울 수 없다. 나는 '현실'을 '환각'으로 뒤집어 세운 김연수의 소설이 그런 역삼각형과 비슷하게 느껴질 때가 자주 있다. 나는 김연수가 '삼각형'이 아닌 '각'이 여럿인 소설을 써내려갈 수 있으리라는 신뢰감을 갖고 있다. 그런 점에서 '유령작가' 김연수보다는, '나는 유령입니다' 이렇게 말하는 김연수를 보고 싶다.

- 이명원, 한겨레, 2005. 12. 16

⑤ 위트와 해학을 살려 읽기 쉽고 재미있되 여운의 예술성이 있는 글이 되면 좋다

재치 있고 세속적인 표현 등을 통해 친숙하면서 쉽게 독자에게 다가갈 필요가 있다. 그러나 너무 흥미에 영합하다보면 자극적이 표현이 남발될 수 있다. 과도한 표현은 독자에게 불쾌감과 아울러 거부감을 일으킬 수 있으므로 주의해야 한다.

문화 영역과 관련된 칼럼에 관심이 있다면 다음의 글을 읽으면서 좋은 본보기로 삼기 바란다.

예시5

불타는 거리에서 몸으로 익혔던 깨달음, 〈박치기!〉

1968년, 일본의 교토에서는 어떤 일들이 벌어졌을까? '박치기'란 한글을 그대로 제목으로 쓴 일본영화 〈박치기!〉는 재일조선인을 사랑하게 된 일본 고등학생의 에피소드를 중심으로, 당대의 파란만장한 풍경을 힘차게 그려낸다. 이즈쓰 가즈유키 감독은 '일본의 역사'를 그려보고 싶은 생각이 들어 〈박치기!〉를 만들었다고 한다. 그가 생각하는 일본의 역사는 전공투와 프리섹스, 미시마 유키오와 포크음악만이 아니라 재일조선인과 거리의 폭력배들까지 망라한다. 머리에서 만들어낸 역사가 아니고, 결코 자기중심적이지 않은, 불타는 거리에서 몸으로 경험하고 익혔던 깨달음을 〈박치기!〉는 유쾌하게 담아낸다. 모든 것을 포용하면서도, 결코 진실을 외면하지 않는 이즈쓰 가즈유키의 결연한 태도가 〈박치기!〉를 걸작으로 만들었다. 촌스러운 것 같으면서도 분방한 에너지가 넘치고, 쾌활한 것 같으면서도 슬픔을 질근질근 씹고 있다.

교토의 히가시 고등학교에 다니는 코우스케는 조선인학교에 다니는 경자를 보고 한눈에 사랑에 빠진다. 경자에게 다가갈 방법을 찾던 코우스케는 동네 술집 청년 사카자키에게 노래 〈임진강〉을 배우고, 한글을 공부한다. 〈박치기!〉에서 '임진강'은 중요한 상징이다. 박세영 작가, 고종한 작곡

의 〈임진강〉은 68년 인기밴드였던 더 포크 크루세이더가 번역하여 불렀지만, 북조선의 노래라는 이유로 금지곡이 되었다. 남과 북의 대립은, 일본 땅에서조차 화해불가능이었던 것이다. 하지만 〈임진강〉은 조선인만이 아니라 일본인의 마음까지 사로잡을 수 있었다. '강'은 단지 남과 북 사이만이 아니라 민족과 민족, 개인과 개인 사이에, 어디에나 존재하고 있었다. 그 강의 존재를 느끼는 사람이라면 누구나, 〈임진강〉의 한을 이해할 수 있었다. 〈임진강〉은 단지 남북의 화해를 그리는 마음만이 아니라, 68혁명이 원했던 모든 인간의 자유와 평등을 꿈꾸는 노래였던 것이다.

코우스케는 조선인들의 잔치에서 〈임진강〉을 부르며 경자와 가까워진다. 하지만 조선인부락과 일본인 거주지 사이에 강이 놓여 있듯이, 그들의 마음에도 쉽사리 건널 수 없는 거칠고 너른 강이 있다. 경자의 오빠인 안성은, 교토 최고의 싸움꾼이다. 안성과 친구들은 히가시 고등학교의 가라테 부원들과 날이면 날마다 싸움을 벌인다. 즐겁기 때문이 아니라, 살아남기 위해서다. 재덕은 친구가 된 코우스케에게 말한다. 날마다 쫓기는 꿈을 꾼다고. 거리를 갈 때마다 눈을 마주치고, 어깨가 부딪치는 사람마다 재덕이 시비를 거는 이유는, 두렵기 때문이다. 두려워서 먼저 시비를 걸고, 오기와 근성으로 자기의 생존을 증명한다. 영원히 그들은 타인의 나라에 살고 있는 이방인일 뿐이다. 안성은 귀국선을 타고 돌아가겠다고 하지만, 북한이 정말 조국이라고 생각해서가 아니다. 일본에서 태어나고 자란 그들에게, 북한 또한 타인의 나라일 뿐이다. 그들에게 현실의 조국은 허상일 뿐이고, 진짜 조국은 마음속에 있는 것이다. 서로를 돕고, 이해하고, 받아들이면, 그들의 조국은 하나가 되는 것이다. 경자에게 다가가려는 코우스케의 바람처럼.

〈박치기!〉는 요즘 우경화되고 있는 일본에서 가급적 피하거나 외면하는 소재를 정면으로 바라본다. 단지 제작자가 재일동포인 이봉우이기 때문은 아니다. 이즈쓰 가즈유키는 81년 데뷔작 〈아이들의 제국〉에서 67년의 오사카를 배경으로, 재일조선인을 비롯한 아이들의 싸움을 그려냈다. 〈박치기!〉는 이즈쓰 가즈유키에게 대단히 친숙하고, 데뷔작의 기운을 이어받은 이야기다. 이즈쓰 가즈유키는 사춘기 시절의 불안과 희열을 매혹적으로, 무엇보다 가열차게 그려내는 감독이다. 거칠고 투박하게도 보이지만, 그건 청춘의 들뜬 에너지 때문이다. 안성과 친구들은 끊임없이 싸우지만, 거기에는 별다른 이유가 없다. 가라테 부원 역시 딱히 조선인이기 때문에 죽일 듯 덤비는 것은 아니다. 정글에서처럼, 단지 승부를 가리기 위한 것이다. 그래서 마지막 대전을 벌이다가도, 안성의 아이가 태어나자 싸움은 스리슬쩍 끝나버린다. 싸움은, 그들의 넘치는 에너지를 소비하기 위한 수라장인 것이다. 전공투가 그랬듯이, 그건 통과의례이고 연극무대일 뿐이다.

〈소년 M의 임진강〉을 각색한 〈박치기!〉는 60년대의 풍경을 생생하게 재현하고 있다. 그 시절을 경험한 일본인이 보았다면, 과거의 풍경을 완벽하게 재현한 것에 놀랐을 것이다. 소년들은 당시 청년들의 필독서인 〈헤이본펀치〉란 잡지의 누드사진에 혹하고, 독일에서 들어온 〈여체의 신비〉란 영화를 통해 섹스를 배운다. 대학생들은 자신의 이념적 당파를 선전하는 '중핵'이란 글자가 새겨진 헬멧을 쓰고 쇠파이프를 휘두른다. 마오쩌둥을 존경하는 좌파 선생은 러시아 출신의 스트리퍼에게 푹 빠져 샌드위치맨으로 전락한다. 여자애들은 아이돌 밴드 옥스의 노래를 들으며 기절하고, 한신 파크의 레오폰(사자와 표범의 혼혈)을 보고 싶다고 조른다. 코우스케에게 〈임진강〉을 가르치는 히피족 청년 사카자키는 몸소 프리섹스의 고향인 스웨덴을 찾아간다. 조선학교의 교실에는 '하나는 전체를 위하여, 전체는 하나를 위하여'라는 주체사상의 구호가 걸려 있다. 한마디로 뒤죽박죽의 시대였다. 그러나 〈박치기!〉는 그 모든 것이 오로지 열정이었음을 말해준다. 코우스케가 한국어로 〈임진강〉을 부르며 끊임없이 경자에게 나아가듯, 안성의 아이를 가진 일본 여인이 결코 미래를 포기하지 않듯, 그들에게는 미래를 믿는 힘과 의지가 있었다. 그것이 60년대의 시대정신이었다.

〈박치기!〉는 정말 재미있는 영화다. 재덕의 장례식에 찾아간 코우스케를 내치는 조선인들의 한처럼, 분노와 슬픔이 고스란히 그려지면서도 엄숙주의에 빠지지 않는다. 오히려 그 분노를 웃음으로, 한바탕의 소동과 싸움으로 전이시킨다. 포크 경연대회에 참가한 코우스케에게 〈임진강〉을 부르지 못하게 하자, 담당 PD는 상사를 데리고 잠깐 나간다. 퍽퍽 소리가 난 뒤, 상처가 난 PD가 돌아와 〈임진강〉을 부르게 한다. 〈박치기!〉는 가장 단순한 방식으로, 지금의 일본이 어떤 길을 걸어왔는지를 말해준다. 지금 일본이 무엇을 잃어버렸고, 외면하려 하는지를 말해준다. 그것이 〈박치기!〉가 관객을 사로잡는 힘이다.

- 김봉석(한겨레, 2006 .2 .7)

다음 예시문은 2004년 12월 8일 미디어 다음 핫이슈토론 코너에서 223명이 참가하여 호주제 폐지에 대하여 토론한 내용인데 네티즌이 활발히 참여하여 자신의 생각을 직접 밝히고 있다. 대부분의 네티즌들은 자신의 견해를 나름대로 합리적인 방법에 의해 전개함으로써 건전한 토론 문화를 만들어 가고 있음을 알 수 있다. 그러나 일부 네티즌은 비속어나 무분별한 인신 공격성 어휘를 사용하며 올바른 토론을 흐리고 있는 것 또한 사실인데, 아래의 17,406번의 글에서 이러한 예를 볼 수 있다.

번호	글쓴이	분류	제목	찬성	조회	날짜
18062	♪pop이조아♪	호주제	자신의 정체성을 잃게 된다.	1	20	12/26
17540	ryujaehun	호주제	호주제폐지로 만대에 죄를 짓지말라^^	0	25	12/20
17406	ryujaehun	호주제	여성부나 열린당은 할일이없는단체인것은 당연한사실..	0	13	12/19
17405	ryujaehun	호주제	1인1적제의문제점...	0	25	12/19
17403	ryujaehun	호주제	가계계승을 남계로 하는데에는 과학적으로도 이유가있습니다^^	0	14	12/19
17014	조성우	호주제	좋은내용.^^	3	59	12/16
16953	돌쇠	호주제	좋은 방법많잖아요	2	68	12/15
17271	조성우	호주제	re 16953]좋은 방법많잖아요	0	28	12/17
16636	김	호주제	여성부를 없애자.	1	37	12/13
16633	김장수	호주제	아직도 내일이 아니라고 해서는	2	43	12/13
16690	박카스	호주제	re 16633]전과자가 왜 고통받는 다 생각하슈~	2	37	12/14
16575	한국인	호주제	호주제는 폐지는 시대적 당위성 이다!	2	104	12/13
16947	11logos	호주제	re 16575]시대의 당위성 좋아하시네.	2	47	12/15
16680	성심공자	호주제	re 16575]호주제는 폐지는 시대적 당위성 이다!	3	74	12/14
16613	송명헌	호주제	re 16575]호주제는 폐지는 시대적 당위성 이다!	4	72	12/13
16535	대경	호주제	여성부를 없애버리자.	7	80	12/13
16505	liberty	호주제	ryujaehun에게	1	61	12/13

16551	박카스	호주제	re 16505]한국을 '가족주의사회'라고 정의하는 것은	2	43	12/13
16550	박카스	호주제	re 16505]호폐는 고대사회로의 회귀	2	27	12/13
16449	ryujaehun	호주제	호주제가 우리나라에만 존재한다고 하시는분이 있는것같아요^^	6	85	12/13

〈17406의 본문〉

ryujaehun(ryujaehu***) : 여성부나 열린당은 할일이 없는 단체인 것은 당연한 사실..

번호:17406 찬성:0 / 반대:0 / 신고:0 조회:13 날짜:2004/12/19 16:04:23

얼마전에 군가산점폐지와 더불어서 남아선호사상을 부추기거나 남성우월주의 나타내는 것이라고해서 호주제를 폐지하자고 그러거나 여당놈들은 거의다 법률고치는 데에만 신경 쓰고 있으니 썩었구만~~^^ 부패지수가 가장 높은 데가 국회의원이라고 그러더라 옛속담이 이런말이 있다만 물고기 1마리가 온바닷물을 흐린다고

연습문제

1. 다음은 어느 신문에 실린 독자투고 글이다.

> 『예시스크린쿼터에서 '국익' 빼자』
>
> 지난 6일치에 영화배우 박중훈씨가 손팻말을 들고 스크린쿼터 사수를 위한 1인 시위를 하는 모습의 사진이 실린 것을 보았다. 개인적으로 스크린쿼터 현행 유지에 찬성하며, 그를 비롯한 수많은 영화인들에게 지지를 보낸다.
>
> 다만 그가 들고 있는 팻말에 적힌 글이 내 마음을 조금 불편하게 했다. '영화인도 나라를 사랑하는 국민입니다. 스크린쿼터는 국익을 위한 것입니다.' '전 세계에서 태극기를 휘날릴 수 있도록 스크린쿼터의 친구가 되어 달라'는 장동건씨의 1인 시위 팻말 글귀도 크게 다르지 않았다.
>
> '황우석 사태'에서 보듯이 우리나라 국민들이 국익에 민감한 것은 사실이고, 영화인들이 내세운 구호도 국민들에게 충분히 호소력 있게 다가갈 수 있을 것이다. 그러나 스크린쿼터 사수의 핵심은, 할리우드 영화로 대표되는 미국의 막강한 문화적 획일화에 대항해 '문화적 다양성'을 보호하기 위함임을 잊어서는 안 된다. 왜 전 세계의 수많은 양심적 문화인들이 한국의 스크린쿼터를 지지하고 힘을 실어주는지를 우리는 제대로 알아야 할 것이다.
>
> 우리나라에서는 큰 사회적 현안이 벌어질 때마다 그 어떤 것보다 '국익'이 중심에 놓이고, 선악을 판단하는 기준이 되기도 한다. '국익'을 빼고 '정의'를 기준으로 생각하면 문제의 본질을 훨씬 잘 바라볼 수 있다고 믿는다. 부디 이번 스크린쿼터 사수 투쟁에서만큼은 '국익'이 부차적인 것이 되기를 바란다.
>
> (이환희/경북 상주시 무양동, 한겨레, 2006. 2. 9)

(1) 문화주권에 대해 자신의 의견을 발표해보자.

(2) 문화 및 예술 영역에 대해 경제적 가치의 척도로만 접근하는 태도가 바람직한지 논의해보자.

(3) 스크린 커터 문제에 대한 바람직한 해결 방안에 대해 자신의 입장을 독자 투고로 신문에 보낸다고 가정하고 작성하여 보자.

2. 다음은 오늘날 보여 지고 있는 한국 대학 모습의 한 단면에 대한 칼럼이다.

『A+ 학점을 F로 정정한 사연』

대학교수 사이에 우스개가 있다. 성적만 내지 않으면 교수도 할 만하단다. 물론 웃자는 말이다. 하지만 그 우스개엔 오늘의 우울한 대학 현실이 묻어나온다. 학점 경쟁이 대학생들의 꼭뒤를 짓누르고 있다. 이른바 '성적 정정기간'이 단면도다. 그 때마다 대다수 교수들이 '문의' 또는 '항의'를 받는다. 더러는 장학금을 타야 할 '집안 사정'을 읍소 받는다.

무엇보다 난감할 때는 수강생 성적이 엇비슷할 때다. A학점(수)과 B학점(우) 비율이 제한되어 있어서다. 모든 수강생들이 강의를 성실하게 들었을 때, A+와 C(미) 사이는 미세한 차이일 수밖에 없다. 성적을 내는 데 며칠이 걸리는 까닭이다.

기실 대학 학점의 문제는 하나둘이 아니다. 왜 대학만 '수우미양가'가 아닌 ABCDF로 성적을 내는지 이해할 수 없다. 더 심각한 문제는 상대평가제가 젊은 지성인의 영혼을 학점으로 옭아맨다는 데 있다.

젊은 지성인 옭아매는 상대평가 학점제 더러는 사사로운 경험담으로 눈 흘길 지도 모르겠다. 하지만 단순히 사적인 문제가 아니기에 쓴다. 2005년 2학기, 네 군데 대학에서 강의를 했다. 그 가운데 한 대학에서 수강한 학생으로부터 편지를 받았다. 그 학생은 빼어났다. 수강 자세도 성실했다. 발표와 토론까지 뛰어났다. 보고서까지 으뜸이었다. 강단에 서는 보람을 준 젊은이 가운데 하나였다.

하지만 연말에 받은 젊은 벗의 편지는 큰 충격이었다.

"제게 과분한 A+를 주신 것은 마음 속 깊이 감사드리고 있습니다. A+가 이렇게 슬프기는 처음입니다(중략). 한편으로, 부끄럽지 않게 F를 부탁드리기 위해 A+를 받으려고 노력한 것도 사실입니다. 낮은 성적 받아놓고선 졸업 평점을 올리기 위해 학점포기를 하는 듯한 인상을 드려서는 안 된다고 생각했기 때문입니다.

교수님, A+를 F로 정정해주시면 안되겠습니까? 저는 원래 이번 학기가 졸업 학기입니다. 취업 걱정을 해야 하는 4학년 마지막 학기였습니다. 그렇지만 아무데나 취업원서를 넣고 밀려나듯 졸업하긴 싫었습니다(중략).

그래서 졸업을 일 년 늦추려고 합니다. 다음 한 학기는 휴학하고, 2학기에 9차 학기 학점등록으로 복학을 하려고 합니다.

그리고 2학기부터 다시 졸업예정자 신분으로 하반기 (취업) 시험에 도전하려고 합니다. 이런 악수를 두는 이유는, 현재 일반 기업체 채용의 대세가 졸업년도 취업자 절대우선이기 때문입니다. 일반 기업 공채에서 시간이 지난 졸업자는 졸업예정자보다 매우 불리한 것이 요즘입니다."

긴 편지는 이어졌다. "교수님 죄송합니다."는 마지막 말을 읽을 때 가슴이 미어졌다. 기실 대학에서 특히 2학기 강의를 마칠 때마다 콧잔등이 시큰한 경험은 7년 전 처음 강단에 섰을 때부터다. '취업'을 하지 못한 채 졸업하는 젊은이들의 먹먹한 눈길을 마주할 때마다 한없는 무력감에 젖어들었다.

하지만 A+학점을 F학점으로 정정해달라는 제자의 편지만큼 쓰라림을 주지는 않았다. 나무라야 옳은가. 고백하거니와 그럴 수 없었다. 결국 성적을 '정정'했다. 타협이라고 비판해도 좋다. 다만 A+를 F로 정정해 달라는 젊은 지성인의 편지에서 한국사회의 절망스런 현실에 대한 통렬한 비판을 우리 모두 읽어야 옳지 않을까.

절망스런 한국사회 현실에 대한 통렬한 비판

청년실업과 경쟁이데올로기는 한국 대학생들의 책읽기와 정신적 성숙을 가리틀고 있다. 문제의 편지를 보낸 제자의 다음 말이 없었다면, 성적을 정정하는 데 더 망설였을 터다.

"휴학생으로 지낼 다음 1학기 동안 제 모자란 부분을 채울 겁니다. 우선 책을 많이 읽을 생각입니다. 지난 한 해 동안 제 식견의 한계를 뼈저리게 느꼈기 때문입니다. 이미 하루, 혹은 이틀에 한 권씩 읽고 있는데도 지식의 목마름은 갈수록 더해가고 있습니다."

그렇다. 죽어가는 대학에 그래도 희망이 있다면, 책을 읽는 지성인들이, 시대의 모순을 인식하는 젊은이들이, 애면글면 이어지는 데 있다. '지식의 목마름'이 더해가는 제자에게, 아니 실업의 굴레에 몸부림치는 모든 '백수와 백조'에게, 새해 연대의 인사를 전하고 싶다. 그래도 당신들이 희망임을.

(손석춘, 오마이뉴스, 2006. 1.4)

(1) 대학인으로서 현재 자신이 겪고 있거나 고민하고 있는 문제에 대해 토론해 보자.
(2) 대학인으로서 사회에서 요구하는 것과 자신이 그리고 있는 이상 사이에서 괴리가 있다면 무엇인지 말해보시오.
(3) '학기말 도서관 풍경'이라는 주제 속에 위에서 논의된 내용이 들어가도록 해서 칼럼을 써보시오.

4부 • 대학 생활과 글쓰기

이 장에서 다룰 내용은 대학생활 뿐만 아니라 사회에서 요구하는 것으로, 자신을 평가하는 가장 일반적인 방법을 배우게 된다. 자신을 소개하고 자신이 준비한 사실을 보고하는 것은 그 자체로 평가의 대상이 된다. 즉, 대학생활과 글쓰기란 자신을 보다 높게 평가될 수 있는 방법인 것이다. 대학은 사회를 나아가기 위한 준비기간이다. 대학생활에서 사회 진출에까지 요구되는 것은 자신에 대해 올바르게 인식하는 것이며 또 그것을 다른 사람에게 제대로 보여주는 것이다. 표현하지 않는 것은 평가되지 않는다. 또한 표현되었다면 그것은 곧 평가의 대상이 된다. 무엇을 표현할 것인가? 이 장이 다루는 문제는 그것이다.

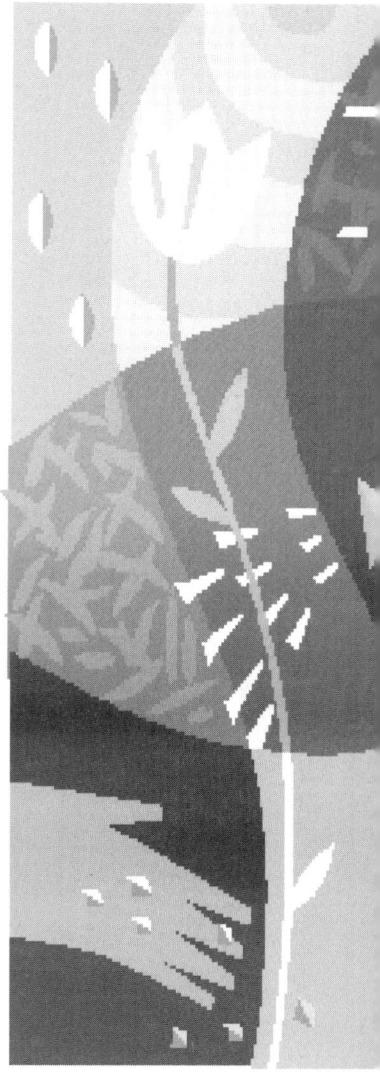

강

1 A+ 리포트 쓰는법

(1) 논문에 대한 일반적 이해

대학생들이 학교생활에서 주로 써야 하는 글은 논문과 리포트이다. 논문은 개인(연구자)의 생각이나 사상, 자신이 수행한 연구 결과를 정리해서 글로 표현한 것이고, 리포트는 조사·답사·관측·채집·실험 등으로 얻어진 사실이나 결과를 정리하여 보고하는 글이다. 따라서 이 둘에는 서술하고자 하는 주제에 대한 개인(연구자)의 견해나 비평, 평가가 들어간다. 하지만 논문이 보고서보다는 작성과정이 길고 전문적이며, 형식이 보다 까다롭고 제약이 많다는 등의 차이가 있다.

논문이란?

㈎ 어떤 연구 주제에 대하여
㈏ 연구 결과로 얻은 새로운 사실을
㈐ 일정한 체재와 격식에 맞추어
㈑ 학계에 발표할 목적으로 쓰는 글이다.

논문은 내용에 따라 ①연구 논문(research paper), ②리포트(report), ③평문(review) 등으로 나눌 수 있다. 먼저 ①연구 논문은 일반 학술 논문과 학사, 석사, 박사 등의 학위를 취득하기 위한 학위 논문이 여기에 해당한다. ②리포트는 답사 보고서, 관측 보고서, 실험 및 조사 결과 보고서, 채집 보고서 등이 포함된다. ③평문은 주제나 대상에 대한 필자의 식견이나 학문적 견해를 드러내기 위한 목적으로 쓰는 글이다.

제출하는 계기에 따라 논문을 분류할 경우 Ⓐ일반 학술 논문(treatise), Ⓑ학위 논문(a thesis for degree), Ⓒ학기말 논문(term paper), Ⓓ소논문(article) 등으로 나눌 수 있다. Ⓐ일반 학술 논문은 특정 분야의 전문 학술지에 실린 논문을 말하고, Ⓑ학위 논문은 학사, 석사, 박사 과정을 이수한 후 해당 학위의 취득을 위해 제출하는 논문이다. Ⓒ학기말 논문은 교과목을 이수한 후 학기말에 해당 과목의 학점을 취득하기 위한 목적으로 제출하는 논문을 말한다. Ⓓ소논문은 특정 주제에 대해 학기 중 그때그때 교수의 요구에 의해, 혹은 지면이 한정된 학보(學報)나 학술 잡지 등에 게재하거나, 학회나 강연 등에서 발표하기 위한 목적으로 쓰는 비교적 간단한 형태의 논문을 지칭한다.

내용에 따른 분류	제출 계기에 따른 분류
① 연구 논문(research paper) ② 리포트(report) ③ 평문(review)	Ⓐ 일반 학술 논문(treatise) Ⓑ 학위 논문(a thesis for degree) Ⓒ 학기말 논문(term paper) Ⓓ 소논문(article)

위에서 살펴 본 바와 같이 논문에는 몇 가지의 종류가 있다. 특히 대학 생활에서 가장 빈번하게 써야 하는 글이 학위논문과 리포트라 할 수 있다. 학위논문은 학위를 취득하기 위한 목적으로 쓰는 논문이기 때문에 내용상의 독창성과 많은 형식적 제약을 가진다. 리포트는 엄밀한 의미에서 논문이라 하기는 어렵지만 논문에서 요구하는 기본적인 요건을 갖추어야 하는 것이기 때문에 논문에 준하는 것이라 할 수 있다. 여기서는 대학생이 대학생활에서 주로 작성해야 하는 리포트와 학위논문에 대해서만 설명하기로 한다.

(2) 논문의 체재

리포트(report, paper)는 일반적으로 조사, 답사, 관측, 채집, 실험 등의 활동을 통해 얻어진 사실이나 결과를 정리하여 보고하는 글이다. 그런데 대학생들에게 요구하는 리포트는 이런 개념과 꼭 일치하는 것은 아니다. 쉽게는 교수가 학생에게 내는 숙제나 과제물까지 리포트라고 부르는 경향이 강하다. 한자(漢字)를 어디서부터 어디까지 반복해서 몇 번씩 쓰는 것이나, 외국어로 된 문장을 우리말로 옮기는 것, 작품의 줄거리만을 요약하는 것, 그리고 교재에 실려 있는 수학 문제나 물리 문제를 풀어서 내는 것도 리포트의 범주에 넣어 말하게 된다.

그렇지만 진정한 의미에서의 리포트는 조사 보고서나 연구, 실험, 관찰 보고서 그리고 이런 것과 조금이라도 비슷한 학기말 보고서 따위를 가리킨다. 리포트는 글자 그대로 보고에 해당하는 글이므로 작성자의 독특한 학설이나 주장이 반드시 들어가지 않아도 된다. 리포트는 조사하고 연구할 문제를 지시받은 사람이 작성하는 글이기 때문에 사실을 있는 그대로 기록하면 되는 것이지, 논증을 통하여 상대방이 자기의 견해를 수긍하고 동의하도록 하려는 의도는 상대적으로 약하다. 그렇지만 그 내용의 서술은 논리적일 필요가 있다.

대학생에게 부과되는 리포트의 궁극적인 목적은 작성자가 지적(知的)으로 성숙하고 학문적 성취를 이루도록 하는데 있다. 리포트의 주제와 내용이 독자적으로 선정되고 전개된 것이 아니라 하더라도, 자료의 수집에서 편성, 평가, 종합에 이르기까지 작성자가 스스로의 힘으로 처리하는 것이 중요하다. 이렇게 해서 도출한 결론이 비록 이미 알려진 사실일지라도 자기 스스로의 힘으로 성취했다는 데에 더 큰 의의가 있는 것이다.

이렇게 볼 때 리포트도 역시 다른 논문과 마찬가지로 일정한 틀을 유지하는 것이 내용의 서술과 논리성의 확보를 위해서 유리하다. 그래서 리포트도 나름의 틀을 가지게 되는데 (1)표지 (2)차례 (3)본문 (4)참고문헌의 순서로 작성하는 것이 일반적이다. 리포트의 규격은 대체로 가로 210cm×세로 297cm의 A4규격의 용지를 사용한다.

1) 표지

리포트의 표지에는 제목, 과목명, 담당 교수, 제출일, 소속, 학생 이름 등을 기입하여야 한다. 리포트는 내용을 구성하는 학생의 논리성, 치밀함이 성적의 향방을 좌우한다. 따라서 지나치게 표지를 화려하게 꾸민다거나 불필요한 그림 등으로 장식할 필요는 없다.

2) 차례

리포트의 경우 차례를 제시하는 것이 바람직하다. 즉 보는 사람에게 전체의 구성을 일목요연하게 보여줌으로써 리포트의 첫 인상을 제시할 수 있는 중요한 부분이 바로 차례이기 때문이다. 대체로 제목과 본문 사이에 적는 것이 리포트의 이해에 도움을 준다.

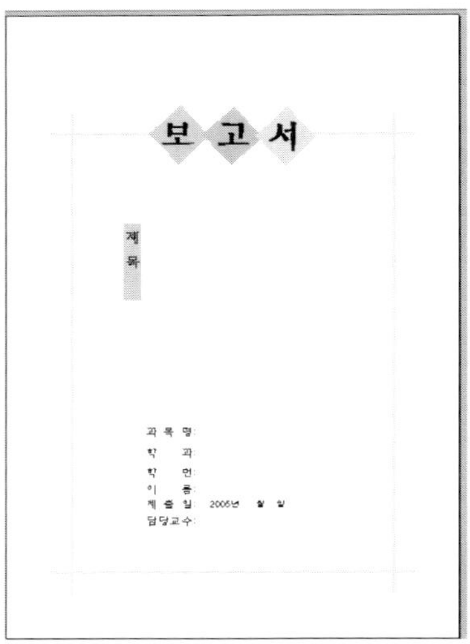

[그림1] 리포트 표제 예시 1

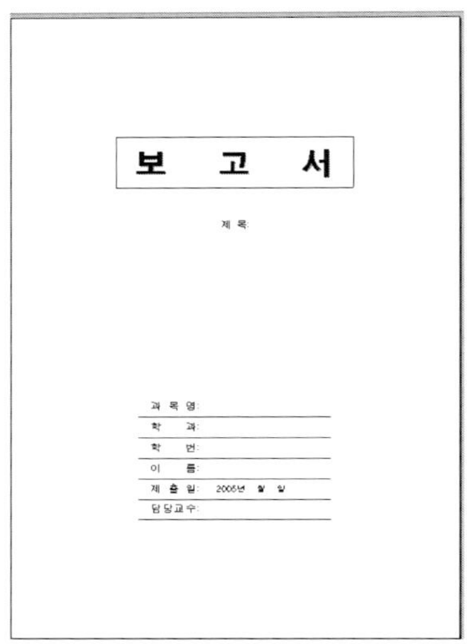

[그림2] 리포트 표제 예시 2

3) 본문

리포트의 본문 구성 방식에 있어서 어떤 특별한 규칙이 있는 것은 아니다. 다만 글의 서술상 서론, 본론, 결론의 3단 구성이 가장 단순하면서도 논리성을 가지기에 용이한 측면이 있어서 많이 사용되고 있을 뿐이다.

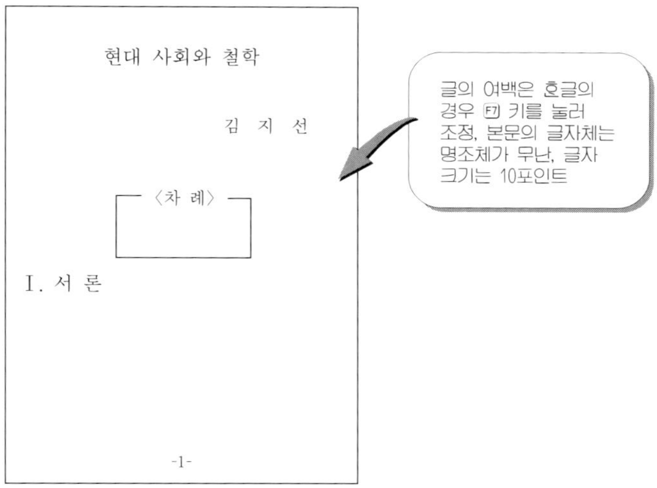

4) 참고문헌

리포트의 본문을 작성하고 난 뒤에는 글을 작성하면서 참고로 하였던, 또는 내용상의 도움을 받았던 자료들의 서지사항을 반드시 밝혀 주어야 한다.

(3) 리포트의 작성 과정

1) 주제의 선정과 파악

학기 도중에 과제로서 리포트를 제출할 때는 대부분 담당 교수가 주제를 제시해 주지만, 때로는 학생들의 의사에 맡겨지기도 한다. 이 경우에는 자신이 평소에 관심과 흥미를 가져왔던 문제를 선정하는데, 주제가 너무 좁은 범위를 나타내거나 자신의 사적 감정이나 편견이 개입된 것은 피해야 한다. 반대로 자신의 능력을 벗어난 방대한 것이나 모호한 것도 피하는 것이 좋다. 만약 무엇을 쓸 것인가가 막연한 경우는 강의에서 제시된 참고문헌이나 관련된 논문들을 읽어 보는 것도 도움이 될 것이다.

만일 주제가 주어졌다면 그 주제의 의미를 정확하게 판단해서 거기에 맞는 글을 써야 한다. 예를 들어 '매 맞는 남편의 실태 조사 연구'라는 제목으로 리포트를 쓸 때, 아직도 매 맞는 부인보다는 매 맞는 남편이 훨씬 적다거나, 가부장제의 장점을 나열하며 과거의 유교적 정신을 부활해야 한다거나, 매 맞는 남편을 위한 공간을 조성하는 데 예산이 얼마나 필요하다거나 하는 등의 주장은 리포트의 주제의식을 흐리게 할 수 있다.

그러므로 리포트에는 보고할 사실의 정확성을 바탕으로, 주제에 합당하고 신뢰할 수 있고 좀더 새로운 자료나 사실을 되도록 풍부하게 조사하여, 주제에 부합하는 핵심 내용만을 체계적으로 담아야 한다.

2) 필요한 자료 수집

주제가 선정되면 그와 관련한 자료를 수집해야 한다. 자료 수집 방법은 대체로 기존 문헌에 의한 자료수집과 직접 관찰, 측정, 실험 등을 통한 자료수집 등의 방법이 있다. 필요한 참고문헌을 구하는 방법은 인터넷의 검색엔진을 이용하거나, 교수나 선배의 자문, 도서관 등을 잘 이용하는 것이 효과적이다. 신뢰할 수 있는 자료를 확보하는 것이 리포트의 기본이다. 그러기 위해서는 사전에 그 문제와 관련 있는 서적들을 어느 정도 훑어보아 충분한 예비지식을 갖추어야 한다. 이 경우에도 역시 이미 나온 책이나 잡지가 얼마만큼이나 신빙성이 있는 지를 잘 살펴야 한다.

네이버	www.naver.com
엠파스	www.empas.com
야후코리아	kr.yahoo.com
구글	www.google.com
알타비스타	kr.altavista.com

〈검색포탈 사이트〉

주요 자료 검색 사이트

- 국가전자도서관 : www.dlibrary.go.kr (국립중앙도서관, 국회도서관, 법원도서관, 연구개발정보센터, KAIST과학도서관, 산업기술정보원, 한국교육학술정보원 등 7개 주요 국립도서관 자료 통합 검색서비스 사이트)
- 한국역사정보통합시스템 : www.koreanhistory.or.kr (국사편찬위원회, 민족문화추진회, 서울대 규장각, 한국정신문화연구원, 고려대 아세아문제연구소, 한국국학진흥원, 한국여성개발원 등의 한국사 연표, 한국사 기초사전 및 신문자료, 문헌자료 문집 등을 수록)
- 한국교육학술정보원 : www.riss4u.net (전국의 대학 도서관 목록을 통합하여 정보를 제공하며, 해외 학술 데이터베이스 및 학술논문 정보도 제공)

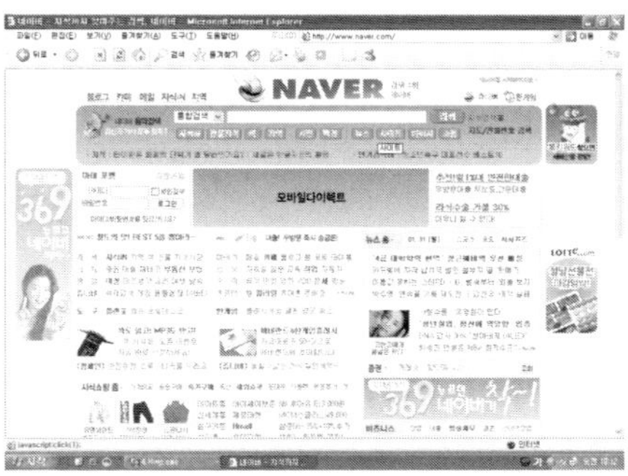

[그림6] 검색엔진 네이버의 시작 화면

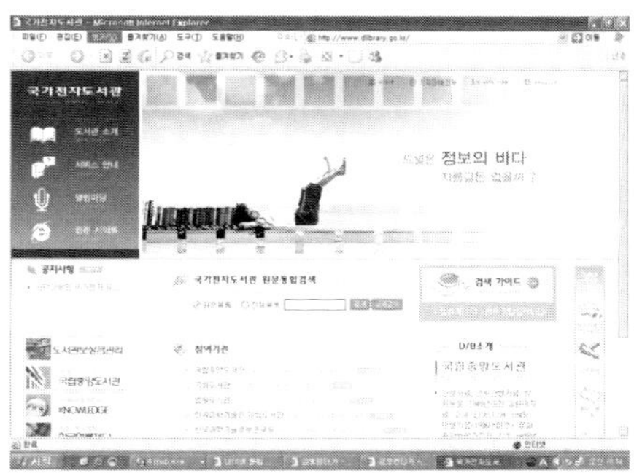

[그림7] 국가전자도서관의 시작 화면

3) 리포트 개요(outline) 구상

자료수집 후에는 어떤 체재로 어떤 내용을 쓸 것인가 하는 개요를 구상해야 한다. 글의 개요는 주제의 내용을 몇 가지 중요한 논점으로 나누어 보는 데서 출발한다. 이때 주제의 내용을 나누어 놓은 논점들이 대항목에 해당한다. 그리고 이 대항목을 다시 두 가지 이상의 하위 논점으로 나누어 중항목 또는 소항목을 정한다. 이렇게 해서 나누어진 대항목, 중항목, 소항목들을 상위 항목과 하위 항목 사이에 일관성을 유지할 수 있도록 배열하고 숫자나 부호로 표시하면서 그 부분에 써야 할 아이디어를 기록하는 것이 좋다. 개요의 구상은 리포트의 골격이 되므로 논리적이며 일관성 있게 과정이 전개해야 한다.

제 목 : 독서와 인생
주제문 : 사람은 누구나 사고력을 넓히고, 인격을 수양하기 위해 독서를 해야 한다.
개 요 :

- Ⅰ. 서 론 - 인간 생활과 독서
- Ⅱ. 독서의 방법
    1. 자신의 관심과 능력을 생각하여 책을 선택한다.
    2. 책을 처음부터 끝까지 차분하게 읽는 태도를 길러야 한다.
- Ⅲ. 독서의 의의
    1. 독서는 정신 생활을 신장시킨다.
    2. 독서는 인격 수양에 큰 도움이 된다.
- Ⅳ. 결 론 - 독서의 중요성

4) 자료의 재검토 및 정리

개요의 구상 후에는 앞서 모아 두었던 자료를 다시 검토하면서 취사・선택한다. 자료를 정리하는 방법으로 카드를 이용하는 것이 효과적이다. 카드에는 관련된 논문개요에서 정한 소제목, 정보의 출처, 내용 기록 등을 기록한다.

5) 초고 작성

리포트 쓸 준비를 완료하면 구상한 체계에 따라 쓰기 시작한다. 초고를 쓸 때에는 나중의 수정을 위해 여분의 공간을 남겨 두는 것이 좋다.

6) 초고의 재검토 및 완성

충분히 생각할 여유를 갖고 초고를 검토하는 것이 좋다. 이때는 내용이 선정된 주제를 적합하게 그리고 충분히 다루고 있는지, 통일성 있게 조직되어 있는지, 글의 구성이 논리적인지, 각 문장이 분명하고 읽는 사람에게 잘 이해될 수 있는지 등에 염두를 두면서 고칠 것은 고치고 모자라는 것은 보완하는 과정이 필요하다.

이 과정에서 중요한 것은 보고자의 주된 관심, 즉 문제의식이 리포트에 담겨야 한다는 점이다. 다시 말해서 보고자가 하나의 사실을 어떻게 보고 어떻게 느꼈는가 하는 것이 리포트에 수록되어 있어야 한다. 그러한 개인적 관심이 적절히 표명됨으로써, 리포트가 가지는 특성인 사실의 유용성이 좀더 잘 드러날 수 있게 되는 것이다.

7) 참고문헌 목록의 작성

리포트 작성 시 인용, 참고한 문헌들을 총괄적으로 정리하여 목록을 작성한다. 보고하는 사실이 신뢰성을 가지려면, 문헌에서 수집된 자료는 그 출전(出典)을 자세하게 밝혀야 한다. 마치 자기의 연구인 양 얼렁뚱땅 넘기려고 해서는 안 된다. 그리고 실험 보고일 경우에는 실험의 재료, 도구, 과정 등을 정확하게 기술해야 한다. 따라서 자료를 수집할 때에는 항상 카드에 정리하고 경우에 따라서 컴퓨터에 입력하고, 수시로 복사를 해 두는 습관을 길러야 한다.

저자, □□책 이름□□, 출판사, 출판년도.
저자, 「논문 이름」, □□수록 학술지 이름□□ ○호, 학회 이름, 출판년도.
홈페이지 명칭, 인터넷 주소.

8) 기 타

이밖에 리포트 작성 시 주의해야 할 문체상의 특성들로는 다음과 같은 것들이 있다. ⓐ어미에서 '-합니다', '-입니다'와 같은 존대법을 사용하지 않는 것이 원칙이다. 평어체인 '-하다', '-이다'와 같은 어미를 사용한다. ⓑ마찬가지로 특정인을 지칭할 경우에도 '-님', '-선생님', '-교수님'과 같은 표현을 쓰지 않는다. 이외에도 이름 뒤에 경칭에 해당되는 어떤 용어도 사용하지 않는다. ⓒ'나'와 같은 1인칭 대명사의 사용 역시 피하여야 한다. 굳이 자기 자신을 드러낼 경우는 '필자' 혹은 '연구자' 등의 표현을 쓰는 것이 일반적이다. ⓓ감상적인 표현들, 예컨대 '엄청난', '대단히', '유난히', '퍽', '슬프다', '안타깝다', '기쁘다', '통쾌하다', '아리송하다' 등과 같은 어휘들은 특별한 경우가 아니면 쓰지 않는다. 물론 이상에서 살펴본 문체상의 특성은 논문의 성격이나 시대의 추이에 따라 약간씩의 예외가 허용되기도 한다. 그러나 대부분의 경우 이런 원칙들은 잘 지켜져 왔으며, 또 잘 지키는 것이 리포트의 품격과 신뢰성을 유지하는 데 도움을 준다.

참고

논문 작성의 과정은 일반적인 리포트의 작성과정에서 크게 벗어나지는 않는다. 다만 학술적인 정확성과 치밀성이 요구되므로 몇몇 세부적인 양상들이 추가되고 절차상 약간의 변형이 가해지는 차이점이 있다. 대체로 그러나 이러한 순서가 반드시 절대적인 것은 아니며, 연구자의 편의나 연구 대상의 성격에 따라서는 바뀔 수도 있고, 혹은 동시적으로 몇몇 단계가 함께 진행될 수도 있다. 예를 들어서 가설의 수립과 연구 방법의 결정이 주제 선정과 더불어 이루어지는 경우를 생각할 수 있으며, 광범위한 자료를 조사하고 수집해나가는 과정에서 비로소 특정 주제에 대해 학문적인 관심이 돌출하는 경우도 생각해볼 수 있다. 그러므로 연구자는 이들 각 단계를 기계적으로 이해할 것이 아니라 단계 사이의 유기적인 조화와 연결이 어떤 방식으로 모색되어야 할지에 더욱 관심을 기울여야 할 것이다.

〈학술 논문의 작성 순서〉

①주제의 선정 → ②자료의 수집과 정리 → ③자료의 검토와 평가 → ④가설의 수립과 연구 방법의

결정 → ⑤자료의 분석, 해석, 논증과 논리화 → ⑥구상 및 개요 작성 → ⑦원고 집필(초고 작성) → ⑧정리 및 퇴고(推敲)

(4) 인용 및 주석, 참고 문헌 작성법

1) 인용

논문 작성에 있어 자신이 펼치는 견해의 정당성을 주장하기에 앞서, 남의 주장이나 견해의 일부를 인용하는 것은 꼭 필요한 부분이다. 인용한 내용은 남들이 보아서 인용된 것임을 분명하게 알 수 있게 해주는 것이 중요하다. 따라서 인용 규정을 정확하게 인지하고 격식과 체재에 맞추어 처리하는 자세가 요구된다. 자칫 이를 소홀히 하거나 누락시켰을 경우 표절 시비에 휘말릴 우려가 있으며, 저작권 보호와 관련하여 법률적인 분쟁에 휩쓸릴 가능성도 있기 때문이다. 단순히 원래의 필자에 대한 사의(謝意) 표시라는 측면에서 뿐만 아니라 연구자 자신을 위해서도 인용의 처리는 분명하게 하는 것이 옳다.

인용에는 직접 인용과 간접 인용의 두 가지 방식이 있다.

① 직접 인용

직접 인용은 인용 시 필자가 원문의 표현을 그대로 옮기는 것을 말한다. 흔히 원문의 표현이 아니고는 특별한 표현을 찾을 수 없는 경우거나, 필히 원문을 제시하여야만 독자들의 오해 소지를 막을 수 있다고 판단되는 경우, 직접 인용을 한다.

직접 인용에는 ⓐ인용 시 행을 바꾸지 않고 따옴표를 사용하여 인용하는 방식(예 1)과 ⓑ따옴표를 사용하지 않는 대신 행을 바꾸고 인용문 전체를 한 칸씩 뒤로 미루어 기재하는 방식(예 2)의 두 가지 방식이 있다. 양자를 명확하게 구분하는 기준은 없으나, 인쇄하였을 때 3행 이내인 경우는 따옴표를 사용하여 인용하며, 3행이 넘을 경우에는 행갈이를 하여 독립된 형태로 인용하는 것이 보통이다.

(1) 니체는 영원 회귀 사상을 자신의 가장 핵심적인 가르침이라 여기고 있었다. 그는 자신의 마지막 저서인 자서전『이 사람을 보라』에서 "나는 철학자 디오니소스의 제자이다"라고 말하고 있다.

(2) 일찍부터 이 문제에 대해 깊이 관심을 가져왔던 루마니아 태생의 문예학자 마테이 칼리니스쿠(M. Calinescu)는 최근 출판된 그의 저서에서 다음과 같이 언급한 바 있다.

> 가장 광범위한 의미의 모더니티, 즉 역사상 자신을 주장한 모더니티는 다음 두 가지의 시간관에 대응하는 가치 체계들 간의 화해할 수 없는 대립 속에서 나타난다. 즉 자본주의 문명의 객관화된, 사회적으로 측정 가능한 시간(시장에서 사고 파는 다소 귀중한 상품으로서의 시간)과 개인적, 주관적, 상상적 지속, 즉 "자아"의 전개에 의해 창조된 사적 시간이다. 후자의 시간과 자아의 동일성은 모더니즘 문화의 기초를 이룬다.

그에 따르면 앞서 분류된 모더니티의 두 시간성의 범주는 근원적으로 분리되어 있다. 양자간의 접근 가능성이란 애초부터 부정되며, 그리하여 문화 예술적인 관점에서의 모더니즘 논의는 반부르조아적인, 주관적인 시간성의 개념 위에서만 이루어질 수 있다.

직접 인용 시 특별히 유의하여야 할 사항으로는 ㉠맞춤법, 구두점, 문단 등을 원문대로 인용하여야 한다. 다만 명백하게 오기(誤記)나 오식일 경우, 혹은 현재의 문법과 일치하지 않을 경우에는 원문대로 인용하고 인용문 뒤에 [원문대로]라고 병기하여 줌으로써 독자로 하여금 인용된 원문이 오기나 오식임을 알 수 있도록 해야 한다. 이 경우 필요하다면 [ ] 속에 정확한 사항을 기입해도 무방하다(예 3). ㉡인용자의 필요에 의해 인용문 중 일부를 방점, 밑줄 또한 기타의 방법으로 강조하고자 할 경우에는 반드시 인용문 뒤에 (방점－인용자), (밑줄－필자) 등의 표시를 첨가하여 혼란의 여지를 없애야 한다. 원문에 이미 강조가 되어 있는 경우 역시 (방점－원문), (밑줄－원문) 등으로 밝혀주는 것이 필요하다(예 4). ㉢인용의 필요상 불가피하게 중간 부분을 생략해야 한다거나, 하단을 줄일 필요가 있는 경우도 인용문에 이 사항을 명시해주어야 한다(예 5).

> (3) 우리는寂寞한가운데서더욱사뭇처오는歡喜를경험한것이며, 孤獨의안에서더욱보드랍은同情을알수잇는것이며, 다시한번, 슬픔가운데서야보다더거륵한善行을늣길수도잇는것이며, 어둡음의거울에빗치어와서야비로소우리에게보이며, 살음을좀더멀니한, 죽음에갓갑은山마루에섯서야비로소사름의아름답은빨내한옷이生命의봄두던에나붓기는것을볼수도잇습니다. [원문대로]
>
> (4) 같은 서술적 이미지라 하더라도 사생적 소박성이 유지되고 있을 때는 대상과의 거리를 또한 유지하고 있는 것이 되지만, 그것을 잃었을 때는 이미지와 대상은 거리가 없어진다. 이미지가 곧 대상 그것이 된다. <u>현대의 무의미시는 시와 대상과의 거리가 없어진 데서 생긴 현상이다</u>. 현대의 무의미시는 대상을 놓친 대신에 언어와 이미지를 실체로서 인식하게 되었다고 할 수 있다. (밑줄 - 인용자)
>
> 반세기 남짓한 우리 근대시의 역사를 더듬어 볼 때, 〈과학 정신〉, 혹은 〈객관주의〉를 소리높이 부르짖으며 시의 근대성을 강조한 점에서 선구자의 구실을 한 사람으로 김기림을 들 수 있다. 그는 시인으로서 또한 비평가로서 눈부시게 활약하였다. 그보다 훌륭한 시인은 이 나라에서 쉽사리 찾아볼 수 있다. **그러나 그보다 더욱 뛰어난 시의 비평가를 이 나라의 신문학사에서 찾기는 어려운 일이다. 실상 그는 이 나라에서 자기 나름으로 근대적 시 이론을 소개한 거의 유일한 존재이기도 하다.** (강조 - 원문)
>
> (5) 몽고 사람들의 말에 대한 지식은 독특하다. 말들에게 따로 이름을 지어주는 것이 아니고 색깔에 따라 부르는데, 이러한 색깔 이름들이 거의 100가지가 된다. …… 중략 …… 말의 색깔과 형을 묘사하는 두 단어가 보통으로는 무리들 가운데 이 말인지 저 말인지 꼭 집어내기에 충분하다.

② 간접 인용

간접 인용이란 직접 인용과는 달리 인용 시 필자가 원문의 표현을 그대로 옮기는 것이 아니라 자기 나름대로의 표현으로 일부 수정하여 옮겨 적는 것을 말한다.

보통 요약이나 의역의 형태를 취하는 것이 일반적이며, 중심 개념이나 용어는 반드시 포함시켜야 한다. 따옴표를 사용하거나 인용문을 별도로 독립시키지는 않지만, 직접 인용의 경우와 마찬가지로 인용된 내용의 말미에 주석 번호를 달고 주석에서 그 출처를 명시해놓음으로써 인용임을 확인할 수 있게 해주어야 한다.

2) 주석

논문 작성 과정에서 필자는 자신의 논리를 풍부하게 하고, 보다 효율적으로 전개하기 위하여 다른 사람의 견해를 인용하게 되는데, 이 때 필수적으로 요구되는 것이 바로 주석의 처리 문제이다. 주석은 크게 주석 번호와 주석란의 두 부분으로 이루어져 있다. 주석 번호는 아라비아 숫자로 본문의 해당 용어나 문장의 오른쪽 위 부분에 작게 기입하여야 하며, 주석란은 각 페이지 하단 부분에 두거나[각주], 아니면 각 장이나 절의 말미, 글 전체의 끝 부분에 두는[후주] 것이 보편적이다. 이 때 주석란에서 인용된 문헌은 반드시 참고 문헌란에서 언급하여야 한다.

① 주석의 목적

흔히 논문에서 주석을 다는 목적으로는 ①자료의 타당성을 입증하기 위해서, ②원래의 필자에 대해 신세진 데 따른 감사의 표시로, ③본문 속에서 다룰 수 없는 논의의 보충을 위해서, ④논문 각 부분들 간의 연관성을 확인하기 위해서 등의 사항들이 지적되고 있다.

② 주석의 종류

주석은 다는 목적에 따라 크게 자신이 참조한 글의 서지 사항만을 정해진 양식에 입각하여 기록해 놓는 ①참조주와 본문 내용의 보충을 위해 관련 논의를 부연해 놓는 ②내용주로 나뉜다.

또한 다는 위치에 따라 ⓐ각 페이지의 본문 밑에 기재하는 '각주(footnote, 외각주)'와 ⓑ각 장이나 절의 말미, 혹은 글 전체의 끝 부분에 주석의 내용만을 따로 모아 기재하는 '후주(endnote)', ⓒ본문 안의 해당 부분 바로 뒤에 괄호한 후 참조한 글의 서지 사항을 간략히 기재하는 '할주(parenthetical reference, 내각주)'의 형태로 나뉜다.

현재 인문 사회과학 계통의 글에서 많이 사용되는 것은 각주(외각주)다. 시각적으로 주석의 위치를 확인하기가 편할 뿐만 아니라, 컴퓨터의 급속한 보급으로 인해 이전 조판 단계에서 겪었던 불편함이 사라졌기 때문이다. 반면 후주는 독자의 입장에서 일일이 본문과 주석의 내용을 대조해야 한다는 불편함이 있기 때문에 요즘은 거의 사용하지 않는다. 최근 들어 어학이나 심리학 등의 학문들을 중심으로 각주와 더불어 할주(내각주)의 쓰임이 널리 확산되어 있는데, 분야에 따라서는 할주의 형식을 취하면서 말미에 주석들을 순서대로 정리하여 참고 문헌란을 대신하는 경우도 있다.

형식에 따라 주석을 구분할 경우에는 ①완전 주석과 ②약식 주석으로의 구분이 가능하다. '완전 주석'은 어떤 글의 내용이 처음 인용되었을 때, 그 글의 관련 서지 사항 가운데 파악된 내용을 빠짐없이 양식에 맞추어 기재하는 방식이며, '약식 주석'이란 동일한 논문에서 완전 주석의 형태로 이미 한번 이상 인용된 글의 내용 중 일부를 다시 찾아 인용하고자 할 경우 일정 부분을 생략하고 이를 약호로 처리하는 방식이다.

③ 주석의 체재

가. 완전 주석의 체재

ㄱ. 단행본의 완전 주석

저자명, 서명, 편역자명, 총서명, 권호수, 판차(출판지 : 출판사, 출판년도), 인용 면.

(1) 李佑成, 『韓國의 歷史像』(서울 : 창작과 비평사, 1981), 237면.
(2) Henry David Thoreau, Walden and Civil Disobedience, 3rd ed. (New York : Penguin Books, 1986), p. 213.

{저자명}

- 통상적인 쓰임대로, 동양인의 경우는 성-명(姓名) 순, 서양인의 경우는 명-성(名姓) 순으로 적는다. 다만 특정 단체가 저술의 책임을 진 경우는 단체의 이름이 저자의 자리에 온다. 저자명 뒤에는 쉼표(,)를 찍는다.
- 서양인의 이름은 약식 두문자(initial letter)만으로 표시된 경우가 많은데, 간혹 혼동의 우려가 있으므로 가능한 한 완전한 이름(full name)을 찾아 적어주는 것이 좋다. 널리 알려진 저자의 경우는 물론 약식 표기가 가능하다.

{서명}

- 표제지에 적혀 있는 표제명을 말한다. 동양서의 경우는 겹낫표(『 』) 속에 기재하며, 서양서의 경우에는 이탤릭체로 처리하거나 밑줄을 그어 서명임을 알 수 있도록 한다. 서명 앞에 적힌 신고(新稿), 개정판(改訂版), 수정판(修訂版) 등은 판차에서 다룬다. 서명 다음에 바로 출판 사항(출판지, 출판사, 출판년도) 등이 오면 괄호를 사용하지만, 다른 것이 올 때는 쉼표를 찍는다.
- 책의 부제 subtitle은 본래의 서명 다음에 쌍점(:)을 찍고 적는다.

{편자 및 역자명}

- 원 저자 외에 편자나 역자가 별도로 있을 시, 동양서의 경우는 서명 뒤에 쉼표를 찍고 편자, 역자의 이름을 적은 뒤 '편(編)', '역(譯)', '옮김' 등의 사항을 병기한다. 서양서인 경우에는 편자나 역자의 이름 앞에 'ed.' 'trans.'라고 쓰면 된다. 이때 'ed.'나 'trans.'는 'edited by' 'translated by'의 뜻이므로 복수형은 없다.

{총서명 및 권호수}

- 인용한 자료가 총서(series) 가운데 한 권일 경우에는 서명 뒤에 쉼표를 찍고 총서명을 적는다. 총서명은 따로 겹낫표나 이탤릭체 표기, 밑줄 표시 등을 하지 않는다. 총서명 뒤에 해당 권, 호수를 밝히면 된다.

{판차}

- 초판이 아닌 경우에는 판차를 서명 다음에 적는다. 판차는 대개 표제지에 나

타나 있지만, 판권지에는 반드시 표시되어 있다. 판차를 표시하는 용어로는 동양서의 경우 '개정판', '개정증보판', '제3판'과 같은 것이 있으며, 서양서의 경우 'rev. ed.' 'rev. & enl. ed.' '2nd ed.' '3rd ed.' 등이 통용되고 있다.
- 판차와는 다소 성격이 다르지만 영인본이나 복각본의 경우는 출판 사항에 포함시켜 다룬다.

{출판 사항}
- 출판 사항은 출판지, 출판사, 출판년도를 차례로 적고 전체를 괄호로 묶는다. 이 때 출판지와 출판사 사이에는 반드시 쌍점(:)을, 출판사와 출판년도 사이에는 쉼표(,)를 찍어야 한다. 경우에 따라 출판지는 생략하기도 한다.
- 특정 연구소나 단체의 발행으로 발간된 책의 경우에는 출판사를 적는 자리에 연구소나 단체의 이름을 기입한다.

{인용 면수}
- 인용 면이 단수일 경우에는 소문자로 'p.'라고 적고 인용한 면을 아라비아 숫자로 적은 다음 마침표(.)를 찍는다. 만일 복수일 경우에는 먼저 'pp.'라고 적고 몇 면에서 몇 면까지 인용했음을 밝히면 된다. 요즘은 한글로 면수를 밝히기도 한다.

ㄴ. 논문이나 정기간행물의 완전 주석

집필자명, 논제, 간행물명, 권호수, 편역자명(발행지 : 발행처, 발행년도), 인용 페이지.

{집필자명}
- 단행본의 저자명과 동일한 방식으로 적는다.

{논제}
- 논문이나 기사의 제목을 적되 동양서의 경우는 홑낫표(「 」) 속에 기재하며,

서양서의 경우에는 큰따옴표(" ")로 처리하여 간행물의 제명과 구별할 수 있도록 한다. 이 때 유의하여야 할 점은 끝에 붙는 쉼표가 반드시 큰따옴표의 안쪽으로 들어와야 한다는 것이다.

- 만일 서양서 논문이나 기사의 제목에 물음표(?)나 느낌표(!)가 있는 경우에는 쉼표를 함께 적지 않는다.

{간행물명 및 권호수}

- 간행물 명은 논문이나 기사가 실려 있는 정기 간행물의 서명이나 표제명을 뜻한다. 단행본의 서명을 표기하는 방식과 같은 방식으로 처리하면 된다. 권수와 호수 처리 역시 단행본인 경우와 동일하다.

{편역자명 / 출판사항 / 인용 페이지}

- 단행본의 처리 방식과 동일하다.

나. 약식 주석의 체재

ㄱ. 바로 위의 책(혹은 논문이나 기사)에서 재인용한 경우의 약식 주석

Ibid., 인용 면수. [= 상게서(문), 같은 책(글), 위의 책(글)]

(1) 김윤환, 『한국 노동 운동사』(서울 : 일조각, 1970), 126면. Ibid., 137면.
(2) 김윤환, 『한국 노동 운동사』(서울 : 일조각, 1970), 126면. 상게서, 137면.
(3) 오세영, 「모더니스트 - 비극적 상황의 주인공들」, 『문학사상』(서울 : 문학사상사), 132면. Ibid., 141면.
(4) 오세영, 「모더니스트 - 비극적 상황의 주인공들」, 『문학사상』(서울 : 문학사상사), 132면. 위의 글, 141면.

- 'Ibid.'는 라틴어 'Ibidem'(=at the same place)을 줄인 용어로, 우리말로는 '상게서(문)', '같은 책(글)', '위의 책(글)'이라는 의미를 지닌다. 바로 앞의 주석에서 한 차례 이상 다루어진 문헌을 재차 인용했을 때 사용한다(예 1~4).

- 동일 저자의 동일 저작에서 잇따라 인용했을 때 사용하는 것으로, 만일 중간에 다른 저술이 끼어들 경우에는 사용할 수 없다.

ㄴ. 앞서 한 번 인용한 책에서 재인용한 경우의 약식 주석

저자명(혹은 집필자명), op. cit., 인용 면수. [= 전게서(문), 앞의 책(글)]

(1) T. S. Eliot, The Sacred Wood : Essays on Poetry and Criticism, 7th ed. (London : Methuen, 1950), p. 35. T. S. Eliot, op. cit., pp. 46~47.

(2) T. S. Eliot, The Sacred Wood : Essays on Poetry and Criticism, 7th ed. (London : Methuen, 1950), p. 35.
T. S. Eliot, 앞의 책, pp. 46~47.

(3) 이가원, 『연암 소설 연구』 (서울 : 을유문화사, 1965), 237면.
이가원, 『한국한문학사』 (서울 : 민중서관, 1961), 78~84면.
……………………
이가원, op. cit.(1961), 54면.

(4) 이가원, 『연암 소설 연구』 (서울 : 을유문화사, 1965), 237면.
이가원, 『한국한문학사』 (서울 : 민중서관, 1961), 78~84면.
……………………
이가원, 『한국한문학사』, 54면.

- 'op. cit.'는 라틴어 'opere citato'(=in the same work cited)를 줄인 용어인데, 우리말로는 '전게서(문)', '앞의 책(글)'이라는 의미를 지닌다. 이는 앞서 일차로 다룬 문헌을 재차 언급코자 할 때, 다른 주가 끼어 있어 Ibid.를 사용할 수 없게 된 경우 사용하는 약식 주석이다. 'op. cit.'나 '전게서(문)', '앞의 책(글)' 등은 'Ibid.'의 경우와는 달리 단독으로는 쓰이지 못하며, 반드시 앞에 저자명(혹은 집필자명)을 곁들여야 한다.
- 앞서 동일 저자가 쓴 책을 두 권 이상 인용한 경우에는 op. cit.와 더불어 출판년도를 밝혀 적거나(예 3), 서명만을 밝혀주어(예 4) 혼동을 피한다.

다. 할주(내각주)의 체재

(1) 그런데, 상향식과 하향식의 두 가지 접근법 중에서 학생들은 글에 기초한 전략을 더 많이 사용한다(Kletzien, 1988 : 45)고 한다.
(2) 언어 기호가 자의적이라 함은 이미 Saussure(1916 : 100~105)에 의해 지적된 바 있다.
(3) Meyer(1989)의 표지 기능에 대한 이러한 검증 결과는 표지의 기능을 구명하는 데 매우 의미 있는 자료가 된다.

완전 주석과 약식 주석의 방식들은 잘 정돈된 인상을 주는 반면에 참고 서지사항을 알기 위해 일일이 시선을 이동해야 한다든가, 동일한 저자나 필자의 여러 자료에서 반복적으로 인용할 경우에는 약식 주석의 처리가 거의 불가능해지는 등의 불편함이 따른다. 특히 저명한 연구자 한 사람이 같은 해에도 수십 편의 논문을 내는 일이 빈번히 있는 특정 분야에 있어서는 이런 고충이 심한데, 이 경우 유용하게 활용될 수 있는 주석 처리 방식이 바로 할주(내각주) 방식이다.

이 경우는 주로 간접 인용이나 요약된 문장을 제시하면서 인용된 글의 출전을 본문의 해당 부분에다 간략한 형태로 밝히는 방식이다. 주석란을 따로 두지 않아도 되기 때문에 시각적으로 덜 어지러우며 간편하게 처리할 수 있는 장점을 지닌다. 예를 들어 인용된 부분 뒤에 괄호를 친 후 필자와 출판년도, 인용 면수만을 간략하게 적는 형태(예 1)와, 간접 인용한 글의 저자만을 본문에 노출시킨 후 괄호 속에 글의 간행년도와 인용 페이지를 적는 경우(예 2), 역시 인용한 글의 저자만을 노출시킨 후 괄호 속에는 간행년도만을 따로 적어 서지 사항을 알려주는 경우(예 3)가 있다.

특히 할주(내각주)가 효과적으로 활용될 수 있는 예는 동일 저자의 글을 여러 번에 걸쳐 인용하는 경우이다. 이 때는 완전 주석이나 약식 주석과 같은 외각주의 형태로는 매우 어렵게 처리되지만, 이 방식을 따른다면 Meyer(1989), Meyer(1993) 등으로 표시할 수 있고, 동일 저자가 같은 해에 쓴 여러 글들을 한꺼번에 인용했다 치더라도 이기문(1972a), 이기문(1972b), 이기문(1972c) 등과 같은 형태로 구분해서 표기하기가 용이하기 때문이다.

3) 참고 문헌

연구를 진행하는 동안 참고한 자료들을 일정하게 규정된 순서와 양식에 입각하여 논문 본문의 결론 부분이 끝난 다음에 배열해 놓은 것을 말한다. 경우에 따라서는 주석 처리를 자세하게 하였을 경우 생략하는 경우도 있을 수 있지만, 학위논문의 경우에는 반드시 기재해야 하며, 외각주가 아닌 할주(내각주)의 방식으로 주석 처리를 대신한 경우에도 참고 문헌란을 생략해서는 안 된다.

① 주석란과 참고 문헌란의 대비

주석란

李家源,『燕岩小說研究』(서울 : 을유문화사, 1965), 237면.

Walt W. Rostow, The Process of Economic Growth, 2nd ed. (New York : Norton, 1962), p. 213.

참고 문헌란

李家源,『燕岩小說研究』, 서울 : 을유문화사, 1965.

Rostow, Walt W., The Process of Economic Growth, 2nd ed., New York : Norton, 1962.

참고 문헌란에 포함되는 자료들은 대부분 주석을 통해 이미 언급한 것들이지만, 드물게는 순수하게 참고로만 활용되었던 자료들도 포함될 수 있다. 주석과 참고 문헌은 그 기능이 차이가 나는 것이므로 양식이나 처리 방식도 다음과 같이 조금씩 다르다.

㉠ 주석에서는 반복해서 여러 번 인용되었던 자료라도 참고 문헌란에서는 한 번 제시하는 것으로 충분하다.

㉡ 주석에서는 반드시 인용 페이지가 나오나, 참고 문헌란의 경우에는 서지 사항만을 기록하기 때문에 인용 페이지를 적어서는 안 된다.

㉢ 주석에서는 출판 사항을 괄호 속에 묶어두지만, 참고 문헌란에서는 그럴 필요가 없다.

㉣ 서양인명의 경우 주석은 Ernest Hemingway와 같이 정상적인 명-성(名姓) 순으로 나오나, 참고 문헌란에서는 Hemingway, Ernest와 같이 성-명(姓名) 순으로 적는다.

㉤ 참고 문헌란은 인용 순서와는 관계없이 반드시 저자명(성-명 순으로 재배열) 가나다순(동양서)과 alphabet순(서양서)으로 재정리한다.

㉥ 동일한 저자가 쓴 논저가 여럿일 경우에는 간행년도가 빠른 것에서 나중의 것 순으로 배열한다.

㉦ 주석란에서는 둘째 행이 첫 행보다 앞서 왼쪽에서 시작하지만, 참고 문헌란에서는 둘째 행이 첫 행 뒤 쪽인 오른쪽에서 시작하게 된다.

② 주석란이 할주(내각주) 방식으로 처리되어 있을 경우의 참고 문헌란

▶ 주석란이 내각주 방식일 때의 참고 문헌란

이희승 (1955), 『국어학개설』, 서울 : 민중서관.

허웅 (1966), 「서기 15세기 국어를 대상으로 한 조어법의 서술 방법과 몇 가지 문제점」, 『동아문화』 제6집, 서울.

Chomsky, N. & Halle M. (1968), The Sound Pattern of English, New York : Haper & Row.

Ramstedt, G. J. (1952), Einführung in die altaische Sprachwissenschaft II, Formenlehre, Helsinki : Sumalais-Ugrilainen Seura.

본문에서의 주석 처리가 할주(내각주) 방식을 취하였을 경우에는 예외적으로 참고문헌란의 표기에 있어 간행년도를 저자명(혹은 집필자명) 다음에 괄호를 치고 표기해 넣는다.

③ 이공 계통 분야의 참고 문헌란 표기법

학문 분야에 따라서는 통상적인 참고 문헌 표기 양식과는 달리 독자적인 양식과 체재에 따르는 경우도 있다. 특히 이공 계통의 논문에서 이런 양상이 두드러지는데, 각각의 방식은 각 분야의 학문적 전통에 따른 것이므로 우선적으로 이를 지켜주어야 한다.

▶ 화학 논문의 참고 문헌란

1) 남호기 · 마삼선 · 정경택, "석탄회 : 이용 가치와 재활용 기술", 한국 전력 공사 (1994)
2) E. Freeman, Y. M. Gao, R. Hurt and E. Suuberg, Fuel 76(8), 761 (1997)
3) M. Shibaoka, Fuel 64, 263 (1985)
4) P. M. Walsh, J. Xie, R. E. Douglas, J. J. Battista and E. A. Zawadzki, Fuel 73(7), 1074 (1994)
5) R. H. Hurt and J. R. Gibbins, Fuel 74(4), 471 (1995)

화학 분야 논문의 경우를 예로 든다면, 참고 문헌란에서 1)주석에 표기된 논저들을 인용한 순서대로 일련번호를 붙여 배열하고, 2)저자명(서양인명)을 명-성(名姓) 순으로 재배열하지 않고 그대로 성-명(姓名) 순으로 표기하며, 3)논문명을 생략하는 한편 게재지(간행물)의 권수를 굵은 글씨로, 호수를 괄호 속에 적어 넣는 방식을 취하며, 4)참고 문헌란에도 인용 면수를 별도로 기재하며, 5)출판지명이 출판사명 뒤에 놓이고 6)괄호 속에 간행년도를 기입하는 등 기존의 인문 · 사회과학 분야의 일반적인 참고문헌 처리 방식과는 다른 방식을 사용하고 있다.

연습문제

1. 다음 조건에 맞추어 각주를 달아 보자.

> ㉮가 고가연구
> 1965년 3월 15일 增訂 초판 발행
> 1987년 9월 10일 增訂 중판 발행
>
> 저　자　　양 주 동
> 발행자　　한 만 년
> 인　쇄　　문정문화사
> 발행처　　일 조 각
> 　　　　　서울 종로구 분평동 9
>
> 나
> ㉯ 문화의 수수께끼
> 1982년 1월 20일 초판 발행
> 1987년 6월 10일 8판 발행
>
> 저　자　　마빈 해리스
> 역　자　　박 종 열
> 발행인　　김 언 호
> 발행처　　한 길 사
> 　　　　　서울 성북구 안암동 5가 101의 21

(1) 주1 ㉮가의 책 56쪽을 인용하였다.

(2) 주2 ㉮나의 책 45-47쪽을 인용하였다.

(3) 주3 ㉯의 책 53쪽을 인용하였다.

2. 담당 강사가 내어주는 과제물을 격식에 맞추어 제출하도록 한다. 특히 표지를 제작해서 제출하도록 하자.

쉬어가기

- 한다면 한다!

검은 셔츠로 통일한 대원 9만 명을 이끌고 로마로 무혈 입성하여 대권을 잡아 내각 조직을 마친 무솔리니는, 수도의 혼란을 가라앉히기 위해 검은 셔츠 대원들을 한시라도 빨리 고향으로 돌려보내야 했다. 그래서 재빨리 철도 장관을 불러서 분부했다.

"오늘 밤 여덟 시부터 스물네 시간 이내에 대원 사 만 명을 고향으로 송환하도록 준비하게."

"그건 도저히 불가능합니다. 최소한 사흘은 걸려야……."

"나는 가능한지 불가능한지를 묻고 있는 게 아니다. 스물네 시간이내에 하라고 명령하고 있는 거다. 자네는 단지 명령을 실행하면 돼."

"그러나 사실상 불가능한 것을……."

장관은 버티려다가 아차 하고 입을 다물었다. 무솔리니의 명령에는 아무도 반항할 수 없었기 때문이다. 장관은 곧 비상조치를 취했다. 모든 철도 시설을 집중시켜 로마 정거장에서 사방으로 대원들을 가득 실은 열차를 잇달아 출발시켰던 것이다. 이렇게 하여 명령을 내린 지 24시간도 되지 않아 로마 시는 조용해졌다. 무솔리니는 이튿날 장관을 불렀다.

"자네 잘해 줬네."

"네…….간신히……."

"수고했네. 그때 자네는 놀랐던 모양이지만, 우리는 언제나 할 수 있기 때문에 하는 것이 아니라 해야만 하기 때문에 하는 걸세. 그리고 하면 뭐든지 할 수 있는 법이라구."

기술을 요하는 일이라면 기술자의 과학적 계산에 기초하여 어떤 일이 가능한지를 판단해야 한다. 그런데 무솔리니는 그 판단을 무시하고 일방적으로 실행을 강요했다. 이른바 파시즘의 전형이다. 이러한 독선적인 행동에 강한 반발을 느끼기는 했지만 결과적으로 비상조치를 취하여 주어진 시간 내에 강요된 명령을 실행했으니, 이쯤에 이르면 오히려 장관이 판단을 잘못할 것이 되어, 강권에 대한 반발이 어느새 희미해진다. 그래서 독재자의 당당한 말이 의외의 호소력을 가지고 우리의 마음을 사로잡는다.

"우리는 언제나 할 수 있기 때문에 하는 것이 아니라 해야만 하기 때문에 하는 걸세."

파시즘이 옳으냐, 그르냐 하는 문제를 떠날 때, 번잡하기 이를 데 없는 현대 생활 속에서 신경을 곤두세우며 지내는 우리는, 항상 '할 수 있기 때문에 한다.'라는 지극히 안이한 행로를 택하고 어려움을 피한다. '해야만 하기 때문에 한다.'라는 적극적인 용맹성을 상실해 가고 있다. 적극적인 생활은 온갖 어려움을 수반하더라도 '해야만 하기 때문에 한다.'라는 강하고 굳센 의지를 토대로 성립된다. 이 일화에서 우리는 그것을 느낀다.

강

2 취업 100% 이력서/ 자기소개서 쓰기

정규교육과정을 마친 대부분의 사람들이 실생활에서 처음으로 경험하는 글쓰기가 바로 이력서(입사지원서) 및 자기소개서를 작성하는 일이다. 자신이 선택한 분야로 진출하기 위해 꼭 필요한 통과의례라는 점에서 모든 사람들이 이것만큼 절실한 마음을 가지고 쓰는 글 또한 없을 것이다. 그러나 절실한 마음만큼 자신의 의도에 맞게 모든 것을 표현한다는 것이 그렇게 쉽지만은 않다. 왜냐하면 이 두 가지 글 모두 일정한 격식과 양식 패턴이 미리 주어져 있어 그러한 공통된 형식 속에서 자신의 창의적이며 개성적인 면모를 보여주기란 여간 어렵지 않기 때문이다. 격식과 패턴에 맞추다보면 무색무취의 개성 없는 글이 되기 쉽고 그렇다고 함부로 주어진 형식을 바꿔 자유롭게 쓰는 것도 용이하지 않기 때문이다. 또한 개성적인 면을 강조하기 위해 자칫 지나친 과장이나 장식을 할 경우 사실관계를 왜곡하여 낭패를 볼 수도 있기 때문이다.

따라서 이 장에서는 입사지원서와 자기소개서의 공통적인 형식과 패턴을 숙지하면서 어떻게 하면 '나'를 간결하고도 명확하게, 그리고 그 속에서 나만의 개성을 표현하여 인사담당자의 시선을 끌 수 있는지에 대해 꼭 필요한 사항을 살펴보기로 하자.

(1) 한글 이력서(입사지원서) 작성 요령

일반적으로 거의 모든 기업에서 자사의 입사지원서 양식을 가지고 있다. 시중에서 파는 이력서나 컴퓨터에서 지원되는 이력서 양식과 큰 형식면에서 차이가 없지만 보다 자세하면서 세분되게 항목을 제시하고 있다는 점에서 오히려 쓰기에는 더욱 편리한 점이 있다. 따라서 특별하게 자사 양식을 지정하지 않는 기업에 응시할 시 일반적인 이력서 양식 보다는 이러한 양식을 구해서 이용하는 것이 좋을 것이다.

기본적으로 입사지원서는 작성 안내에 따라 지원서에 제시되어 있는 항목을 그대로 작성하면 된다. 간단명료하게 적되 출신 학교나 학과, 자격증뿐만 아니라 수상 경력, 대내외 활동 등 자신의 능력이나 장점, 개성을 돋보이게 할 수 있는 사항들을 구체적으로 정리하여 적어야 한다.

그렇다면 지금부터 대부분의 입사지원서에 있는 세부적인 항목을 구체적으로 살펴보자.

1) 인적 사항, 희망직종, 응시 계열

희망직종 및 응시계열은 대부분 2, 3지망까지 하도록 되어있고 코드번호가 주어져 있기도 하다. 코드 번호가 주어져 있다면 작성 후 반드시 확인하도록 하자.

가족 관계는 친족관계별로 집안 서열 순으로 적되 기혼자는 혼인 후의 구성가족을 적도록 한다. 기혼자의 경우라 하더라도 부모의 직장 및 직위까지 구체적으로 기입하는 것이 좋다.

출신 지역은 출생 후 고교 때까지의 주성장 지역을, 주소는 현거주지를 적으며, 연락처는 꼭 본인과 직접 연락 가능한 휴대 전화 번호와 이메일 주소를 적도록 한다. 최근 대부분의 기업들이 합격 여부와 연락 사항을 휴대 전화 문자 메시지나 이메일을 통해 통보하고 있기 때문이다.

〈이력서 견본1〉

이　　력　　서

사 진 (3cm x 4cm)					
성명	한 글		생년월일	20 . . . (남·여)
	한 자		주민등록번호	
주 소		(TEL.)		

학력	기 간	학 교 명	전 공 분 야
	~		
	~		
	~		
	~		
	~		

경력	기 간	근 무 처	직 위	업 무 내 용
	~			
	~			

자격 및 면허	취 득 년 월 일	자 격 · 면 허 명	시 행 처
	19 . . .		

병역	복 무 기 간	군 별	계 급	병 과	미필 또는 면제사유
	~				

신 장	cm	체중	kg	취 미		특 기		종 교	

가족사항	관 계	성 명	연 령	출 신 학 교	직 업	근 무 처	직 위

위에 기재한 사항은 사실과 틀림이 없습니다.

년 월 일

성 명 : ㊞

〈이력서 견본2〉

<table>
<tr><td rowspan="3">사 진</td><td colspan="4">이 력 서</td></tr>
<tr><td>성 명</td><td colspan="2">㊞</td><td>주민등록번호

</td></tr>
<tr><td>생년월일</td><td colspan="3">20 년 월 일생 (만 세)</td></tr>
<tr><td>주 소</td><td colspan="4"></td></tr>
<tr><td>호 적 관 계</td><td>호주와의 관계</td><td></td><td>호 주 성 명</td><td></td></tr>
</table>

년 월 일	학 력 및 경 력 사 항	발 령 청

2) 학력 및 성적 병역 관계

학력은 보통 고등학교부터 쓰며, 가능하면 졸업 연도만 적는다. 성적은 대학 전 학년 취득 학점을 등급별로 구분하여 등급별 학점 누계와 취득학점 총계를 기입하고, 필요에 따라 다시 해당 등급의 이수학점을 각각 합산하여 각 등급별 학적 누계란에 소수점 첫째자리까지 기입하기도 한다. 증빙서류로 제출되는 성적증명서와 틀리지 않게 작성하면 된다. 남자들의 경우 병역관계는 사유별, 군별, 계급별 등으로 기록하고 지원하는 해당 업무와 유사했던 부분이 있다면 군 생활에 대한 내용을 적는 것도 나쁘지 않다.

3) 경력 사항 및 자격, 수상, 특기 사항

되도록 자신이 가지고 있는 모든 사항에 대해 쓰는 것이 좋다. 하지만 쓸 수 있는 공간이 한정되어 있을 수 있으므로 각각의 사항에 직무 능력 및 업종 유사성을 기준으로 중요도를 판단하여 작성하는 것이 필요하다. 자격증의 경우 취득일과 발령 기관을 적는 것도 잊지 말아야 한다. 상벌 사항은 교내외 행사나 대회에서의 수상 경력이라도 지원하는 업종과 관련이 있는 경우라면 적어 두는 것이 좋다. 비공인이라 할지라도 말이다. 특히 동아리 활동 중 업종 유사성이 있다면 자세하게 기재하는 것도 나쁘지 않다. 봉사 활동을 한 경험이 있으면 그것도 일목요연하게 빠짐없이 기재하도록 하자.

4) 기타

회사에 따라 추천인을 적기도 하는데 학생은 최종학년 지도교수를, 경력자는 전 직장의 상사 등 본인에 대해 잘 아는 사람을 쓰도록 하고, 작성연월일과 서명을 쓴 후 본인의 도장을 찍는다.

참고

다음으로 입사 지원서 작성 시 꼭 주의해야 할 사항을 정리해보도록 하자.

㉮ 상세하면서도 간단명료하게

이력서를 읽는 사람이 짧은 시간 안에 작성자의 인적사항에 대하여 정확히 알 수 있도록 기재내용을 간추려 분명하게 써야 한다. 따라서 업종유사성과 업무능력 관련도를 우선순위로 하여 작성하도록 하자.

㉯ 글씨는 깨끗하고 단정하게 정자로

글씨를 휘갈겨 쓰거나 날려 쓰는 일이 없이 정자로 또박또박 써야 하며, 오자나 탈자가 없도록 주의한다. 한글이력서의 경우 대부분의 기업들이 국한문 혼용으로 작성할 것을 요구하고 있으므로 이에 맞추도록 한다.

㉰ 자신이 직접 쓴다.

이력서는 자기 자신을 스스로 소개하는 글이므로 다른 글과 달리 자필로 작성하는 것이 원칙이다. 그러므로 충분한 시간을 가지고 자기 자신이 미리 작성해 놓아야 한다. 글씨를 잘 쓰지 못한다고 해서 남에게 부탁하여 이력서를 작성해서는 안된다.

㉱ 검정 잉크 펜이나 만년필로 쓴다.

볼펜이나 연필로 쓰면 글씨가 바르지 못할 수가 있다. 이력서를 작성할 때 펜이나 만년필을 사용하면 글씨가 단정하고 선명하게 보인다.

㉲ 솔직하게.

내용상 거짓이 없어야 한다. 이력서에는 허위 또는 과장된 내용을 기록해서는 안 된다. 있는 사실 그대로를 진솔하게 기술하자.

㉳ 깔끔하게 작성한다.

이력서를 작성하다가 글자나 단어를 잘못 썼을 때는 지우거나 줄을 긋고 고쳐 쓰지 말고 새로운 이력서 용지에 처음부터 다시 바르게 써야 한다. 여기저기 정정한 이력서를 제출하게 되면 그것을 본 인사권자는 이력서 작성자를 성의 없고 신중함이 결여된 사람으로 판정할 것이다. 그러므로 이력서를 작성하다가 글자 한 자라도 잘못 썼을 경우에는 고쳐 쓰지 말고, 새 이력서 용지에 바르게 쓰도록 해야 한다. 따라서 특정 양식의 지원 양식 중 여분이 없을 경우를 대비하는 것도 좋다.

㈓ 시간적 여유를 가지고 쓴다.

마감 시간에 쫓겨 가며, 심지어는 접수창구 앞에서 급하게 입사지원서를 작성하기도 하는데, 준비성 없는 이러한 태도는 결코 바람직스럽지 못하다. 충분한 시간적 여유를 가지고 차분하게 작성해야만 내용도 충실해지고 글씨도 깨끗해 보일 수 있다.

〈이력서 작성 견본〉

구 분	
① 모집부문	
② 응시분야	
③ 경력코드	

입 사 지 원 서

④ 성명	(한글)홍길동	⑤ 주민번호	0 0 0 0 0 0 -
	(한자)		0 0 0 0 0 0 0
⑥ 연락처	011-0000-0000 e-mail)abcd82@yahoo.co.kr		

사 진 (4.5×5㎝)

⑦ 학력사항	출 신 학 교		전 공 학 과		학 과 성 적		주·야간 구 분	졸업 구분	입 학		졸업 (수료)	
	학 교 명	CODE	전 공 명	CODE	득점/만점	CODE			년	월	년	월
	한국고등학교		인문계열									
	경복대학		실용음악		3.77/4.5		주·야					
	대 학 교						주·야					
	대 학 원				/		주·야					
	대 학 원				/		주·야					

⑧ 자격면허	종 류	등급	취득일자
	인터넷정보검색사	3급	00/09/29
	한자검정능력시험	1급	03/10/9

⑨ 병역사항	병역구분	1.병역필 2. 병역면제 3. 병역미필		
	복무기간	XX년 X 월 ~ YY 년 Y 월 (26개월)		
	계 급	병장	면제 사유	

⑩ 외국어	구 분	TOEIC	TOEFL	
	취득점수	700점	점	
	취득일자	05/09/21		

⑪ 기타	보훈	1. 대상 2. 비대상		혼인	1.기혼 2.미혼	
	신장	175㎝	체중	75㎏	혈액형	O형
	취미	조소	특기	조각	종 교	無

⑫ 경력사항	근 무 처	근 무 기 간	주 요 담 당 업 무	최종직위
	예당미디어	. . . . (년 월)	음반프로듀서	인턴
		. . ~ . (년 월)		
		. . ~ . (년 월)		
		. . ~ . (년 월)		
		. . ~ . (년 월)		

위의 기재사항은 사실과 틀림이 없음을 확인합니다.

2006 년 10월 08일 지 원 자 : 홍길동 (인)

⑬ 수험번호					

⑭ 가족사항	관계	성 명	연령	학 력	현근무처/직위	관계	성 명	연령	학 력	현근무처/직위
	부	홍만득	55	대졸	한국건설 /소장					
	모	황진이	50	고졸	전업주부					
	형	홍길도	30	대졸	한국건설/부소장					

(2) 자기소개서

자기소개서는 글자 그대로 자신을 소개하는 글이다. 자신을 소개한다 함은 타인을 대상으로, 어떤 특별한 의도를 가지고 자신의 색깔과 개성이 묻어나는 글을 통해 스스로를 표현한다는 것이다.

자기소개서는 주로 취업과 관련하여, 이력서나 성적증명서와 더불어 서류 전형 시 구비해야 할 서류 중의 하나다. 이력서가 한 개인을 개괄적으로 이해할 수 있는 자료가 된다면 자기소개서는 출신대학이나 전공학과 등 이력서에 객관적으로 명시된 개인의 신상명세로는 파악 할 수 없는, 기업에서 실제로 궁금해 하는 대인관계, 조직에 대한 적응력, 일에 대한 정렬, 성격 등 개인에 대한 구체적인 정보와 성장과정이 드러나게 된다. 따라서 자기소개서는 면접과 더불어 입사의 당락에 큰 영향을 미치는 변수로 등장하고 있다. 그리고 이 자기소개서는 위에서도 언급했듯이 차후에 면접의 중요한 기초 자료로 쓰인다.

최근 급변하는 국내외 기업 환경으로 인해 기업의 인재관은 많은 변화를 보이고 있다. 그 중에서 가장 두드러진 변화는 입사지원자의 외적인 배경보다는 실질적인 능력과 조직구성원으로서의 자질을 중시한다는 점이다. 따라서 입사 지원자의 내실을 평가할 수 있는 구체적인 자료의 하나인 자기소개서의 중요도는 더욱 높아지고 있다.

1) 왜 기업에서 자기소개서를 요구하는가

자기소개서는 수험생 개인을 포괄적으로 이해하는 데 없어서는 안 될 가장 기초적인 자료로써, 특히 서류전형을 통해 채용을 실시하는 대부분의 기업에 있어 합격의 당락에 가장 큰 변수로 작용한다.

일차적으로 자기소개서는 개인의 가정환경 및 성장 과정을 살필 수 있고, 입사 지원 동기와 장래성을 살피기 위해, 또 기본적인 문장력과 필체를 알아보는 데 큰 의의가 있다.

그러므로 "자기소개서"는 엄밀한 뜻에서 보면 "입사 필기시험 제도"보다도 더욱 중요시되는 전형임을 명심하자. 따라서 "자기소개서"는 단순한 성격 해부 등에 그칠 일이 아니라 새로운 발상에 의한 신선함, 그리고 격의 없는 내용의 문장력을 발휘할 필요가 있다.

① 기업은 사람을 구하는 입장에서 지원자의 지원동기와 장래성을 본다.

아무리 그 사람의 성장과정이나 능력의 정도가 객관적으로 인정할만한 수준의 것이라 하더라도 그 회사나 업무에 대한 뚜렷한 동기나 목적의식을 가지지 않는다면 입사 후 자신의 일에서 성취감을 얻기 힘들 뿐 아니라 장래성까지도 보장할 수 없기 때문이다. 그러므로 지원 동기가 확실하고, 일을 하려는 마음의 자세가 되어 있는지를 먼저 확인하려는 것이다.

② 자기소개서를 통해 문서 작성과 자신의 논리를 전개시켜 나가는 능력을 본다.

조직사회에서 업무의 진행이나 의사전달이 주로 문서로 이루어지므로 글을 다루는 능력이 필수적으로 요구된다. 이에 실제 자기소개서에서 일정한 소재로 문장을 전개시켜 나가는 재량과, 더불어 문장들의 논리적 연관성 정도를 통해 문제를 분석하고 종합해 낼 수 있는 능력을 보는 것이다. 또 부차적인 문제이기는 하지만 자필인 경우, 필체를 통해 그 사람의 성격을 파악하기도 한다.

③ 그 사람의 성장 배경을 통해 대체적인 성격과 인생관 등을 파악한다.

대부분의 자기소개서가 어느 정도 정형화된 양식을 사용하지만 많은 자기소개서들에는 나름대로의 개성이 드러나기 마련이다. 같은 사건이라도 그것을 보는 시각이나 그것을 수용하는 입장 등이 다르게 나타나기 때문에 노련한 인사 담당자들은 행간에서 그 사람의 성격을 읽을 수 있다. 또한 자기소개서는 자기가 기술하는 개인사(life history)이므로 소재를 취사선택하는 과정에서 그 사람의 단면이 나타난다. 그 사람이 소 중하게 여기는 부분이라든가 자랑하고 싶은 것, 말하고 싶은 것 등이 이미 그 사람이 중요하게 여기는 부분이기 때문이다. 특히 가정생활이나 학교생활, 친구관계 등 일상과 관련된 일을 표현하는 시각에서 이 점이 중요하게 감지된다.

④ 자기소개서는 면접의 자료가 된다.

면접관은 이력서와 자기소개서, 성적증명서 등을 자료로 하여 그 사람의 자질과 능력을 평가할 수 있는 질문을 채택하게 되는데, 이때 자기소개서는 입사 지원자에 대한 구체적인 정보와, 또한 그것이 얼마나 적절하고 정확하게 표현되었는지 평가할 수 있는 근거를 면접관에게 제공한다.

이와 같이 자기소개서는 입사 지원자로서는 결코 소홀히 할 수 없는 중요한 입사서류이다. 단순히 입사 지원자의 글 솜씨나 원대한 포부 등을 들어 보기 위해 형식적으로 작성하는 서류가 아니라는 점을 명확히 인식할 필요가 있다. 더구나 기업의 인사담당자는 매년 수백에서 수천 통의 자기소개서를 읽는다. 따라서 그 글이 제대로 성실하게 작성되었는지의 여부는 생각보다 손쉽게 가려 낼 수 있다.

2) 자기소개서에 이 내용들은 꼭 들어간다.

내용 전개에 앞서 자기소개서 작성의 네 가지 핵심 사항을 강조하고 싶다.

성실성! 적극성! 구체성! 진솔성!

① 성장배경

유년시절부터 자신이 성장해온 과정을 연대기 순으로 기술하되 초-중-고교 등 학창시절을 통해 있었던 독특한 경험이나 이야기를 개성 있게 표현한다. 즉 자신의 뚜렷한 개성이나 강한 의지를 나타낼 수 있는 내용들을 중심으로 언급하는 것이 좋다. 예를 들어 남들이 관심을 기울이지 않던 새로운 분야에 대한 흥미나 관심, 그리고 그것을 선택한 결단이라든지 가정형편이 어려워 부모나 형제들을 돌보면서 공부했던 경험 등 남들과 비교해 특별한 경험 이 있다면 읽는 사람의 공감을 불러일으키기에 충분할 것이다. 그렇다고 소설을 쓰라는 말이 아님을 강조한다. 핵심 사항 네 번째를 상기하자. 성장과정에서 자신에게 영향을 많이 준 은사나 주변인물 등에 대한 언급을 하는 것도 좋다.

정리하자면 현재의 자신을 이루는 원형적인 부분에 대해, 가장 솔직하고 도식적이지 않은 표현으로 과하지 않게 그러나 개성 있게 표현하는 것이 중요하다.

많은 자기소개서가 "저는 ......", 혹은 "나는 ....."이라는 상투적인 문장으로 시작하여 처음부터 지리한 인상을 심어주는 경우가 많다. 인사 담당자가 따분하다고 느끼는 순간이 합격에서 멀어지는 순간임을 명심하자. 따라서 그러한 상투어보다는 자신을 핵심적이고 뚜렷하게 부각시킬 수 있는 구체적인 유년기의 에피소드나 가족관계에 얽힌 이야기, 혹은 자신의 고향만이 가진 독특한 이야기 등을 글 전개에 무리가 되지 않는 선에서 도입하여 서두를 시작하는 것이 좋다.

또한 좀 더 깊이 있게 자신을 내보이고 싶다면 유년기에 가졌던 호기심이나 문제의식 등이 어떻게 대학에서의 전공이나 현재의 관심분야에 연결되어 심화되었는지에 대해 언급하는 것도 읽는 사람에게 뚜렷한 인상을 남길 수 있다.

또한 많은 수의 자기소개서가 천편일률적으로 화목하고 단란한 가정을 운운하는데 위에서 지적한 상투적인 문장만큼 너무나 전형적이고 따분한 표현임을 상기하자. 성장과정이나 가족관계에서 어려움이 있었다면 솔직하게 밝히면서 그것이 본인에게 미친 긍정적인 영향이나 어려움 등의 극복과정 등을 정리해 준다면 신뢰를 얻을 수 있을 것이다. 즉 "우리 가정은 화목하고 단란했다"가 아니라 가정의 화목함과 단란함을 가로막았던 문제점이 구체적으로 무엇이었고 그것을 극복하기 위해 어떤 노력을 경주했는가를 적는 것이 훨씬 개성적으로 보일 것이다.

② 성격

많은 자기소개서가 자신의 성격은 '적극적이다', '긍정적이다', '명랑하다'는 등의 긍정적인 성격을 강조하는 직접적인 제시어로 끝나는 경우가 많다. 핵심사항 세 번째를 상기하자. "자기소개서는 구체적이어야 한다."

자기소개서를 읽은 인사담당자가 이러한 천편일률적인 말을 글자 그대로 받아들일 리 만무하다. 행여 열의 하나 수긍은 한다고 하더라도 주목 하지 않을 것이다. 왜냐하면 인사담당자가 정작 알고 싶은 것은 이 지원자가 '왜 적극적이며 긍정적이고 명랑하기까지 한가'라는 구체적인 이유일 것이기 때문이다.

따라서 본인의 성격에 대해 언급할 때 단정적이며 추상적인 표현보다는 교우관계나 가족관계, 또는 실제 생활에서 자신이 계획하고 수행했던 일 등에서 간접적이고 집약적으로 자신을 표현할 수 있는 가벼운 에피소드 등을 소개하여 그것을 읽는 인사 담당자 스스로가 파악할 수 있도록 유도하는 것이 상투성을 피하면서 개성적으로 자신의 성격을 나타내는 방법이 될 수 있을 것이다.

③ 학창생활

학창 생활에서 주요하게 다뤄야 할 부분은 이력서에 기재된 최종 학력이다. 우리에게는 대학재학시절이 될 것이다. 따라서 이전의 학교생활들은 특징적이고 것을 개괄적으로 간단히 소개하는 선에서 마무리하고 본격적인 얘기는 대학생활에 맞추어서 언급하도록 한다.

전공이나 활동했던 분야를 지원 업종과의 연관성에 초점을 맞춰 구체적으로 서술한다면 기업의 입장에서는 가장 빠르게 업무적합 여부를 판단할 수 있는 직접적인 자료가 될 수 있다. 수업 및 과외 활동에 대한 시간 관리 방식이나 관심 있었던 분야에 쏟았던 열정 등을 적극적이며 패기 있게 표현하는 것이 중요 하다. 관심 분야나 활동 분야는 졸업 후 직업과 직결 되는 경우가 많으므로 구체적이고 심도 있게 다뤄줄 필요가 있다.

또한 대학은 평생의 직업을 준비하는 곳이라는 의미 외에도 그 사람의 인생관이나 세계관을 확립하고 건강한 사회진출을 결정짓는 장으로도 의미가 있다. 따라서 대학생활까지의 학창시절 동안 형성된 인간상이나 학문에 대한 관심 등을 주제에서 벗어나지 않을 정도로 언급하는 것도 자신을 깊게 이해할 수 있는 기회를 제공할 수 있을 것이다.

④ 지원동기

자기소개서의 내용 중 기업의 입장에서 실제적인 관심사가 되는 부분이 이 대목이다. 아무리 전반부에서 기업에서 필요한 유능한 인재로 판단이 됐다 하더라도 이 부분에서 확고한 모습을 볼 수 없을 때 호감과 신뢰감을 주지 못하게 된다. 실제 기업 측에서는 능력을 인정받는 사원들이 자기가 맡은 분야에서 성취감이나 의욕을 느끼지 못해 퇴사하는 경우를 많이 경험하기 때문이다.

지원자의 입장에서도, 지원동기가 확실하지 않고 사명감이 없는 경우, 입사 후에도 업무의 진행에 괄목할 만한 성과와 보람이 없을 것이므로 지원 동기나 장래 포부는 자기소개서를 쓰기 이전에 선결된 마음 자세에 해당하는 부분이라 하겠다.

지원동기와 포부를 표현함에 있어서 거창하고 추상적인 구호 속에 지원자의 알찬 목소리가 가려지는 경우가 있다. 기본적으로 강한 의지를 담되, 지원하려는 기업의 구체적인 환경에 대한 사전지식 속에서 솔직하게 쓰는 것이 좋다. 이때 막연한 일반론을 펴기보다 해당기업과 직접 연관이 있는 내용, 즉 업종이나 특성 등과 자기의 전공 또는 희망 등을 연관시켜 지원 동기를 밝히는 것이 중요하다. 이를 위해 평소에 지원 회사에 대한 정보를 학교 취업 지원실이나, 신문, 또는 해당 기업의 사보 또는 기타 자료 등을 통해 대해 어느 정도 연구를 해두는 것이 좋다. 거듭 강조하지만 동기가 확실치 않으면 성취욕도 적어 결국 좋은 결과를 기대할 수 없다. 그러므로 뚜렷한 지원동기를 밝혀 입사 후에도 매사에 의욕적으로 일할 수 있으리라는 인상을 강하게 심어줄 필요가 있다.

자기소개서는 차후 면접의 기본 자료로 활용되기 때문이다.

⑤ 장-단점 및 특기

자신의 장점을 최대한 나타내도록 한다. 그리고 가능하면 자신의 단점까지도 이야기하고 그것의 개선을 위한 노력의 의지도 보여주는 것이 좋다. 자신의 장점을 떳떳하게 이야기하고, 더 나아가 단점까지도 밝힐 수 있는 솔직한 자세는 상대에게 큰 공감을 불러일으킬 수 있으며 단점에 대한 개선의 의지를 통해 뚜렷한 주관과 성실성을 내보임으로써 강렬한 인상을 심어줄 수 있기 때문이다. 특기 사항을 언급할 때는 구체적으로 밝히도록 한다. 특히 기능분야나 외국어 능력, 리더십 또는 업무 수행 상 도움이 될 수 있는 사항들을 자신의 체험과 함께 자세히 소개하는 것이 좋다.

⑥ 장래희망 및 포부

장래희망이나 포부를 통해 일에 대한 의욕과 인생관을 피력한다. 이때도 역시 '열심히', '꾸준히' 등과 같은 추상적이며 막연한 표현을 피하고 일단 그 회사에 입사했다는 가정 하에서 목표 성취와 자기계발을 위해 어떠한 계획이나 각오를 가지고 일에 임할 것인지를 구체적으로 표현하자. 그러나 너무 과장된 포부를 열거하지는 말자. 시쳇말로 오버하면 합격선을 오버할 수 있음을 명심해야 한다.

3) 작성 시 이것만은 주의하자

여기서 설명할 내용들은 이미 위의 구체적인 항목을 설명하면서 직간접적으로 언급한 것들이다. 내용 작성 시 반드시 주의해야 할 가장 기본적인 사항이므로 다시 한 번 정리하도록 하겠다.

① 문장은 간결하고 고결하게

해야 할 이야기는 다하되 너무 길게 늘어놓아서는 안되며 '그리고', '그리하여', '그러므로' '또한' 등의 접속사가 너무 많이 들어가지 않도록 유의하여 쓴다. 분량이 정해져 있는 경우라면 그것에 따르도록 하고, 그렇지 않으면 대개 2백자 원고지 7매정도의 분량이 가장 적합하다.

② 기본적인 내용을 필수적으로 포함시킬 것

회사가 제시한 양식으로 쓰는 경우에는 그 틀에 맞추어 쓰면 된다. 대부분의 기업체 양식은 위의 ② 내용을 벗어나지 않으므로 확실하게 숙지하도록 하자. 단 특정 양식이 정해져 있지 않을 경우, 개성 있고 독특한 방식의 글을 쓰려는 욕심이 자칫 자기소개서가 갖추어야 할 기본적인 사항을 소홀히 하거나 빠뜨리는 경우가 있을 수 있다. 자신이 드러내고 싶은 부분에 중점적인 투자를 하되, 사람을 이해하는 데 기본적인 요소가 되는 성장배경, 교육, 지원동기, 각오 등은 꼭 포함시키도록 해야 한다.

③ 과장을 피하고 솔직하게

남에게 보이기 위해서 거짓된 내용을 담아서는 안되며, 자신을 지나치게 미화시켜서도 안 된다. 자칫하면 면접과정에서 심도 있게 질문을 받아 자신의 거짓이 드러날 수 있기 때문이다. 자기소개서에서 자신을 솔직하게 것은 선택 사항이 아니라 의무 사항임을 명심해야 한다.

④ 표현에 일관성을 유지할 것

동일한 대상에 대한 반복 표현을 피하기 위해 다양한 표현을 쓰는 것을 제외하고 호칭이나 종결형 어미, 존칭어 등은 일관된 표현을 쓰는 것이 좋다.

⑤ 한자나 외래어 사용에 유의할 것

문장에서 불가피하게 한자나 외래어를 써야 하는 상황이 있을 때, 자신이 확신하는 선에서 주의를 기울여 사용하도록 한다. 한자나 외래어는 뜻이 빠르게 전달되고 문장이 고급스러워질 수 있는 반면, 잘못 사용됐을 경우 사용하지 않은 것만 못한 효과를 낼 수도 있기 때문이다.

⑥ 추상적인 문구는 지양할 것

성격이나 장래의 포부를 말할 때 특히 주의해야 할 사항이다.

막연하고 일반적인 문구는 다른 표현으로 구체화 시키는 것이 좋다. 상투적인 문구와 더불어 이런 식의 말들은 참신한 이미지를 주지 못하는 말일 뿐 아니라, 그 부분에 대한 지원자의 구체적인 관심이나 지식의 결여로 읽힐 수도 있다. 구체성의 원칙을 항상 상기하며 사실의 서술에 있어 정확하고 구체적인 표현으로 치밀하고 솔직한 인상을 심어 주도록 한다.

⑦ 시간적인 여유를 두고 쓴다.

간혹 입사지원 제출서류 마감시간에 임박해서야 허겁지겁 자기소개서를 작성하는 사람들이 있다. 심지어 접수창구에서 즉각적으로 쓰는 사람들도 있는데 단순히 경험삼아 지원하는 것이 아니라면 결코 바람직한 현상이 못되므로 시간적인 여유를 충분히 가지고 침착하게 작성해야 문장력이나 서체 면에서도 좋은 인상을 줄 수 있다. 때문에 시간이 나는 대로 필요한 만큼의 충분한 양을 여유 있게 작성해 두었다가 필요할 때마다 즉각적으로 사용할 수 있는 준비태세를 갖춰두는 것이 바람직하다. 자기소개서는 입사 희망 기업에 자신을 처음으로 알리는 곧 자신의 첫 인상이다. 자신을 최대한으로 내 보일 수 있는 그러한 자기소개서라야 어디서든 신뢰를 줄 수 있을 것이다.

⑧ 객관적인 서술을 할 것

자기소개서는 자기의 이야기를 하는 글이지만 자신만이 보는 일기가 아니다. 즉

이 글은 남에게 자신을 알리려 쓰는 글이다. 따라서, 자신만이 이해할 수 있는 소재나 단어 혹은 표현은 없는지 주의하며 타인과의 의사소통이 가능한 어휘나 소재를 선택해야 한다. 또한 부분부분 자신의 주장을 피력함에 있어서 주관적이고 배타적인 시각이나 표현은 삼가고 상식적인 선에서 거부감 없는 내용이 되어야 한다. 따라서 정치적이거나 사회 이슈와 관련한 소재는 가급적 피하는 것이 좋다. 자신에 대한 지나친 확신은 독단적이며 독선적인 인상을 심어줄 수 있기 때문이다.

연습문제

1. 유년시절(초등학교까지)과 청소년기(현재까지) 자신이 경험했던 일 중 다음의 요구 조건에 맞춰 각각 A4 1장 분량으로 기술하시오.(각각 가장 적절한 제목을 달 것)

① 가장 웃겼던 경험
② 가장 슬펐던 경험
③ 가장 무서웠던 경험
④ 가장 많이 칭찬받았던 경험
⑤ 가장 자존심이 상했던 경험
⑥ 가장 분노했던 경험
⑦ 가장 즐거웠던 경험
⑧ 가장 부끄러웠던 경험
⑨ 가장 자랑스러웠던 경험
⑩ 가장 힘들었던 경험(육체적이면서 심리적인 모든 면에서)

2. 자신이 생각하고 있는 진로를 밝히고 그것을 위해 현재 자신이 노력하고 있는(계획하고 있는) 내용을 구체적으로 기술해보시오.

3. 다음 요구 조건에 맞춰 각각 A4 1장 분량으로 기술하여 보시오.

① 최근 일 주일 간 자신의 생활
② 최근 한 달 간 자신의 생활
③ 최근 일 년 간 자신의 생활

4. 자신이 인사담당자가 되어 아래 자기소개서 견본을 읽고 부족한 부분을 지적하시오.

성격	장점	대학전공상의 특성으로 남자친구들이 많은 탓에서인지 소탈한 성격으로 교우관계는 매우 원만한 편입니다. 모든 일에 적극적이고 밝고 명랑한 성격이며 하고자 하는 일은 대개 끝까지 추진해서 이루어내는 편입니다. 힘든 일이 생길 때는 항상 자기 암시를 통해서 밝은 면을 보려고 노력하며 살고 있습니다. 어려서부터 교우관계에 특별한 어려움이 없었으며 대학에 와서는 같은 과 학생 외에 폭넓은 인간관계를 가졌습니다.
	단점	좋고 싫음이 분명하여 다소 직선적인 면이 있습니다. 그렇지만 그것이 사회 생활이나 교우관계에 방해가 될 정도는 아니라고 생각하며 때로는 그런 저의 성격이 플러스 요인으로 작용할 때도 있다고 생각합니다.

5. 다음 형식에 맞게 장래 자신의 이력서를 작성해 보시오.

※ 공란을 두지 말 것. ([ ] 2번 문항을 토대로 상상하여 작성)

구분	○ 신입 ○ 경력

입 사 지 원 서

	성명	(한글)	지원 부문	
		(한자)		
	주민 번호		희망 직무	
	연령		근무가능시기	

연락처	주민등록지			
	현재주소			
	긴급연락처	핸드폰	E-Mail	

학력사항				
		( )과 졸업	소재지	서울
		대학 입학		
	년 월	① 대학교 대학 학과 (편입·복수전공)		
	년 월	대학교 대학 학과 졸업		
	년 월	대학교 대학원 학과 입학		
	년 월	석사 ( )학기 (재학·중퇴·수료·취득)		
	세부 전공	전공		
	년 월	대학교 대학원 과 입학		
	년 월	박사 ( )학기 (재학·중퇴·수료·취득)		
	세부 전공			
	재학중 공백기간 사유			

특기사항		
	자 격 및 면 허	
	외국어	
	컴퓨터	
	종 교	
	취미/특기	
	특별 활동	
	상벌 사항	

신체	신 장		체 중	73 Kg	시 력	좌( ), 우( )
	혈액형		신체·건강상 특기사항			

경력및수상	근무처	근 무 기 간	직위	담당업무(부서명)	월평균급여
		년 월 ~ 년 월			만원
		년 월 ~ 년 월			만원
		년 월 ~ 년 월			만원

희망직위				

가족사항	관 계	성 명	연 령	출신학교	근 무 처	직 위	동거여부

기타	부모 생존여부	부( ) 모( )	가족관계	( )남 ( )녀 중 ( )째
	보훈대상 여부	대상( ) 비대상(O)	지 인	

5부 • 일상생활과 글쓰기

일상이란 삶이다. 사람들을 만나고 또 그들과 사귀는 일, 자신이 할 일을 계획하고 또 그것을 평가하는 일. 일상이란 가장 하찮은 부분이면서 전부이다. 회사는 물론 일상생활에서 요구되는 다양한 글들을 이 장에서는 배우게 된다. 기획안을 쓰는 일에서부터 사소한 초대장에 이르기까지 글이란 다른 사람의 배려이며 자기 스스로에 대한 평가이기 때문이다. 몇 자 안 되는 글로 누군가를 감동시킬 수도 있으며, 자신에 대한 생각을 바꾸게 할 수도 있다. 말로하기 어려운 상황에서도 글은 힘을 갖는다. 위로를 줄 수도 있으며, 감동을 줄 수도 있다. 이처럼 이장에서는 일상 생활에서 흔히 대하는 글들에 대해 알아볼 것이다.

1강 상사를 사로잡는 기획안 작성법

우리는 사업을 위해, 이직을 위해, 마케팅을 위해, 수주 제안을 위해 다양한 형식으로 '기획서'를 만들어야 한다. 제안서, 마케팅 보고서, 사업 기획서, 이력서가 바로 기획서의 다른 이름이다. 그러나 좋은 기획서를 작성하는 것은 생각보다 쉬운 일은 아니다. 아무리 좋은 아이디어를 가지고 있어도 제대로 풀어내지 못한다면 중요한 일을 성사시킬 수 없다. 게다가 기획은 이제 누구의 전유물이 아니다. 누군가에게 기획을 맡기고 오늘 주어진 과제만 해결하면 되는 그런 세상은 지났다.

본 강에서 다룰 내용은 현대사회에서 인재가 필수적으로 갖고 있어야 할 기획서 작성능력을 향상하는데 밑거름이 될 수 있는 내용을 다루고자 한다. 모두가 기획자가 되어야 한다는 전제 아래, 기획자를 위한 기획서 작성법이 아니라 우리 모두를 위한 기획서 작성법을 살펴보고자 한다. 이제 기획 지식의 일반화라고 불러도 좋은 시대가 되었다.

기획자가 갖춰야할 기획력과 좋은 기획서의 요건을 살펴보며 경쟁자에게 뒤지지 않는, 아니 뛰어난 기획 마인드를 배양해보자. 조금만 노력하면 좋은 기획서를 작성할 수 있다.

(1) 기획자가 갖춰야 할 기획 마인드

1) 질문을 두려워하지 않는다.

기획은 대상이 내부고객과 외부고객으로 먼저 구별된다. 고객을 만족시키는 일이 제안이나 기획의 성공이라면 결국 고객만족의 기초는 고객 이해에서 시작된다. 그럴듯한 제안서라도 고객이 원하는 내용이 없으면 헛일이다.

① 내부고객

답을 미리 확인하고 과정을 풀어가는 것이 명중확률이 높다. 모르는 것을 묻는 것은 업무 능력 부족이 아니다. 상사가 업무능력을 판단하는 것은 최종 기획서를 본 다음의 일이지 결코 과정 단계에서가 아니다.

② 외부고객

유인문구*hook*을 적절히 활용하는 것이 좋다. 갈고리를 뜻하는 말로써 고객에게 매력을 보여주지 않으면 일이 성사되기 어렵다. 그래서 기획자는 고객이 요구하는 바를 적절한 유인문구로 풀어내야 한다. 매력적인 제안, 고객이 여러분의 기획서를 끝까지 읽어보게 하는 힘이다.

2) 보고할 때는 결론부터 이야기하라

보고를 받는 사람은 몇 분 안에 이야기하라고 미리 언질을 주지 않는다. 그러나 보고는 결론부터 이야기하는 편이 좋다. 결론을 이야기해야 고객이 보고에 대해 의구심이 들 경우 배경과 현황에 대한 설명을 더 듣고, 반대로 결론이 중요하지 않을 때는 다른 부분에 몰두할 수 있기 때문이다. 특히나 짧은 기획서의 경우 언제나 결론이 먼저 도출되고 이후 배경과 현황, 진행 과정 등이 설명된다. 결론을 먼저 이야기하는 것은 무엇을 해야 하는지, 어떤 결정이 필요한지 등 구체적인 요구사항을 먼저 확실하게 짚고 넘어가자는 의도이다.

결론은 '실행'을 요구하는 구체적인 기획자의 의도이다. 기획서에 기획자의 의도가 명확하게 언급되지 않는다면 그 기획서는 아무런 의미가 없다.

기획서는 무엇인가를 제시하고 '실행'을 요구하는 문서이지 현황을 설명하는 보고서와는 목적이 다르다.

가장 잘못된 기획서는 수십 장 분량에 온갖 배경과 현황과 분석 자료가 나열되어 있지만 "그래서 어찌해야 하는가?"라는 질문에 답하지 않는 기획서다. 기획서에서 다른 모든 것은 무시되어도 좋다. 다만 결론만큼은 명확하게 도출하고 제시하라.

3) 기획의 목적을 분명히 하라

기획안을 작성할 경우 먼저 기획을 왜 하는지 목적을 생각해야 한다. 예를 들어 수주를 위한 제안서 형식으로 제출하는 기획인지, 마케팅 에이전시가 프로모션을 위해 작성한 기획인지 또는 내부 승인을 위해 작성하는 기획인지 결정해야 한다.

> 예제 : 이동통신 회사에서 '신규 솔루션 사업 기획'에 대해 기획 지시가 내려왔다. 어떤 기획마인드로 접근할 것인가?

사내 기획이라면 기획서의 목적이 보고와 승인에 있다. 우선 신규 솔루션을 도입하자는 것인지 도입된 솔루션을 어떻게 영입할지를 묻는 것인지를 확인하는 것이 우선이다.

① '그래서 무엇을*so what?*'의 중요성

→ 기획서에는 그래서 어떻게 하라는 것인지 담겨 있어야 한다.

② '왜 그렇게*why so?*'의 중요성

→ 왜 그렇게 생각하는가를 말하는 것도 기획을 이끌어가는 방향이다.

4) 성공적인 기획서의 첫걸음은 패턴이다.

이는 기획의 목적과도 통한다. 기획서의 구성 패턴은 시장분석, 전략, 전술 그리고 실행계획 순이다. 그러나 불변의 법칙은 아니다. 기획서의 성격을 먼저 살피는 것이 중요하다. 예를 든다면 '신규 솔루션 사업기획'은 실행계획을 수립하는 것이 중요하다. 비즈니스를 '어느 기간, 어떻게 진행할 것인가?' 하는 구체적이고 정확한 대안이 담겨 있으면 된다. 전술과 실행계획을 담아 책상 위에 붙여놓고 올해 사업을 구상하고 실현하는 데 지침으로 삼을 몇 장의 기획서면 충분하다. 다른 예로 '내부 역량 강화 방안'이라는 기획 지시를 받았다면 먼저 외부 환경변화와 내부 역량을 진솔하게 분석하는 것이 필요하다. 다들 인정하지 않거나 외면할 수 있는 배경을 조목조목 설명하여 내부 역량의 현재를 진단하고 개선 과제를 도출하고 역량 강화 방안을 전략과 전술로 나누어서 기획하는 것이 좋다.

5) 해석을 필요로 하는 기획서는 실패이다

전달하고자 하는 주장이 정확한 문구로 설명되어야 한다. 만약 파워포인트로 만드는 기획서라면 각 장에서 무엇을 말하고자 하는지를 보여주는 거버닝 메시지governing massage*를 반드시 작성해야 한다. 각자의 편의대로 이해하고 결론을 내릴 위험을 방지하기 위해서다. 이때 거버닝 메시지는 단순한 요약이 아니라 분명한 메시지를 전달해야 한다.

예를 들어 '신제품은 최첨단의 기술을 제공하며 있으며 시장은 약화된 상태임.'이라는 거버닝 메시지는 잘못 서술된 사례다. 전달하는 메시지가 분명치 않아 상사는 자기 마음대로 해석할 위험이 있다. 이를 수정하면 '제품은 최첨단의 기술을 제공하고 있으나 해당 시장은 약세를 면치 못함-시장진출을 하지 않는 것이 바람직함.'이다.

* 거버닝 메시지는 핵심 내용을 조직하는 것이다.

(2) 좋은 기획서를 작성하는 방법

좋은 기획서를 만드는 왕도가 있는 것은 아니다. 그러나 현장에서 실전으로 기획서를 많이 작성한 사람들의 의견을 참고해 본다면 많은 도움이 될 것이다.

다음은 다양한 분양에서 종사하는 기획자들의 경험을 토대로 작성된 좋은 기획서를 만드는 방법이다.

우선 기획서가 갖추어야 할 가장 기본적인 1+3을 갖춘다.

차별성	접근용이성(이해하기, 보기 쉬워야 한다.)
	집중성(기획서의 모든 메시지 는 핵심을 향해 집중되어야 한다.)
	일관성

1) 정보

① 가치 있는 정보를 탐욕스럽게 모아라.
② 수많은 회의를 무시하지 마라.
③ 고객의 말을 귀담아 들어라.

● 정보 활용

- 지속적으로 내용을 업데이트한다. 시시콜콜한 것까지 회의록을 만들어 기록하고 업데이트 한다. 그 안에 보석 같은 키워드가 숨어있다.
- 기획서 작성에 앞서 구서안을 바탕으로 초고를 작성한다. 기승전력을 염두에 두면서 구성해 본다. 그걸로 기획서는 90% 완성된다.

2) 첫인상

① 도입부는 기획의도를 분명히 담고 있어야 한다.

② 최대한 매력적이고 차별화되어야 한다. 면접의 당락은 첫 10분의 1에서 결정난다.

> ● 첫인상 강화
> - 고객의 고민사항이나 요구에 주목하고 단도직입적이며 강렬한 도입부 전개.
> - 기획의도와 관련 있는 다양한 형태의 글을 수집하라.
>   (시, 경구, 소설, 역사서 등)

3) 대화

① 의사소통을 위한 노력을 해야 한다.

② 간결하게, 쉽게, 일관성 있게 접근한다.

> ● 대화효율
> - 각 장의 제목을 헤드라인으로 생각해라.(눈을 뗄 수 없는 호기심을 만들어라)
> - 고객의 용어로 친근감을 유지한다.

4) 해결사

① 고객이 기다리는 것은 이 부분이다.

② 서론보다 결론이 두꺼워야 한다.

> ● 강한 결론
> - 결론을 향해 점점 좁혀가는 점층적 화법.

5) 새로운 시선

① 결론이 시시하면 실패한 기획서이다.
② 새로운 시각을 느낄 수 있는지 거듭 점검해야 한다.

- 참신함
  - 경쟁 프레젠테이션일 경우 상대방이 예상치 못한 것을 잡아라.
  - 사고의 영역이 달라져야 참신하다.
  - 고정관념을 뒤엎는 통쾌함을 고민하라.

6) 확신

① 고객의 기억력은 그리 좋지 않다.
② 대부분의 고객들은 확신이 부족하다.

- 강한 확신
  - 주기적이고 반복적으로 핵심 테마를 상기.
  - 다각적으로 가능성을 제시.

7) 복기

① 거듭 읽어 고객의 질문이나 반대 의견에 대비한다.
② 반복해서 읽어 불필요한 췌사를 제거하고 간결하게 정리한다.

- 효율적 복기
  - 남(동료, 후배 등)에게 보여주는 것을 두려워하지 않는다.

(3) 한 장의 기획서

좋은 기획서 작성방법의 기본을 알았다면, 이제 기획서 작성을 실제로 해 보는 경험을 가져야 한다. 글 쓰는 능력은 많이 써보는 것이 무엇보다 중요하다. 여러분이 쓴 글을 다른 사람에게 공개하고 고치는 과정을 가져야 한다. 이 과정에서 많은 깨달음을 얻게 될 것이다. 기획서도 글쓰기의 한 갈래이므로 이런 기회를 갖는 것은 꼭 필요하다.

앞에서 언급했던 기획자가 갖추어야 할 마인드를 생각해보자. 그것을 기억하고 있다면, 여러분은 좋은 기획자가 될 수 있는 기초가 준비된 것이다. 그러면 좋은 기획서 작성하는 방법을 이용해 기획서를 작성한다.

기획서는 고객을 만족시켜야 한다는 목적이 뚜렷한 글이라는 것을 명심해야 한다. 고객들이 바라는 것을 제대로 펼쳐내지 못한다면 좋은 기획서가 아니다. 고객들이 무엇을 바라고 있는지 명확하게 파악하고 반영하도록 한다.

다음은 〈THE ONE PAGE PROPOSAL: 강력하고 간결한 한 장의 기획서〉의 저자 패트릭 G 라일리가 제안한 한 장 기획서 작성 모델이다. 기획서를 처음 쓰는 사람에게 아주 유용한 틀이므로 기획서를 쓰는데 참고하길 바란다.

〈기획서 작성 과정〉

강력하고 간결한 한 장의 기획서 The one page proposal				
① 준비과정	②로드맵	③변환	④쓰기	⑤로드맵

〈준비과정과 로드맵〉

준비과정

자료수집(Research)

침착하게 자료를 수집하여 충분한 지식의 확립.

■ 충분한 정보 및 지식의 확보

① 제안서 관련 Raw-Data 확보 후 목록으로 작성.(추측이나 가설 배제)

② 알지 못하는 사항(Not-Knowing)에 관한 목록 작성.

③ 예상 질문에 대한 목록 작성.

■ 제안서 목표 및 주제의 완전한 이해

① 제안서 제출 대상의 확립 후 상대에 따른 목표 수립.

② 반대 세력(경쟁자, 이해관계 상충자, 상반된 계획 등)에 대한 대처방안.

로드맵

전체적인 윤곽의 설정(Frame Work)

각 항목에 대하여 전체적으로 파악하여 '로드맵&항목'에 대비하여 설정.

로드맵&항목		작성방법	작성목적
전체 규명 한계 설정	제목	대문자, 한 줄 집약	기획서의 내용 반영
	부제	작은 글씨, 세부적인 간결문	흥미의 유발, 제목 보강
궁극적 목적 설정	목표	하나의 문장, 명백한 언어 사용	기획서 주요목표 진술
	2차 목표	상세한 목표 나열, 장점 부각	목표, 보강, 동의 유도
이유 제시	논리적 근거	2~3개의 짧은 문단, 논리적 이유 제시	설득, 목표 지원.
금전적 명시	재정	예상비용 및 수익에 대한 명시	양/질적인 금전적 설명
현상 파악	현재 상태	현상 파악 후 답변, 업데이트 중요	현재 상황의 설명
요구사항	실행	세부 실행사항의 제시	제안자의 행동 제시
마무리	날짜와 서명	예) 2006.1.19. 권재석	공식 문서화

〈변환하기와 쓰기〉

<table>
<tr><td>변환과정</td><td>변환하기
수집한 정보를 바탕으로 로드맵에 적요하여 제안서로 변환.

■ 수집한 정보와 생각을 정리하여 분류(수작업 및 전산작업 공통)
① '로드맵&항목'에 의거하여 항목별 분류.
② 각 부분의 정의와 목표에 대한 새로운 지식은 항상 의식하여야 함.

■ 축소
- 한 번에 한 항목에 집중하고 목표에 대한 새로운 지식은 항상 의식하여야 함.

■ 우선순위 정하기
- '중요도' 및 '논리적 근거'에 따라 파일 분류.

■ 종이에 쓰기의 시작(변환의 시점)
- '제목'및 '부제'는 특별한 경우이므로 생략.
- '목표' 파일
가) 중요 정보를 종이에 한 문장씩 목록으로 정리.
나) 목록의 검토: 중요정보 내포, 논리적 사고과정, 결론과 이해의 정확한 반영.
다) 문장을 연결하여 명확한 문단으로 정리.</td></tr>
<tr><td>쓰기</td><td>변환한 정보를 바탕으로 쓰기
■ 제목: 한 줄 작성 및 구별되는 글자 사용.
■ 부제: 단어의 선택과 표현력이 중요.
■ 목표: "~하기 위한 것"으로 끝맺음.
■ 재정: 사실에 입각하여 정확히 작성.
■ 현재 상태: 사업의 전반적 그림 및 열정을 내포한 현상 명시.
■ 실행: 실행 가능한 요구사항의 정확한 표현.
■ 날짜와 서명: 공식문서일 경우, 반드시 날짜와 서명을 포함.</td></tr>
</table>

〈마무리〉

마무리

초고의 교정, 축소 및 압축

작성된 초고를 깔끔하게 다듬어 마무리 하는 과정.

■ 길이

① 흥미롭지만 불필요한 사실들은 삭제.

② 과다한 정보의 삭제.

③ 일상적인 사항은 삭제하고 독특하고 특별한 사항들을 포함.

■ 문체

① 동일한 단어 및 동의어의 반복을 회피.

② 형용사, 부사 및 수식어의 삭제.

③ 지나치게 세부적인 사항들은 회피.

■ 단어의 선택

① 3인칭의 사용.

② 긍정적인 단어로 긍정적인 자세 표출.

③ 과대광고의 배제.

④ 맞춤법과 철자법에 유의.

⑤ 구두점, 약자, 축약 등의 정확한 표현.

⑥ 문장력의 극대화.

■ 보편적인 내용

① 평균수준 이상의 인용문 및 이미지 배제.

② 유행에 집착하지 말 것.

(4) 실전 프레젠테이션

기획서를 작성하고 또 하나 준비해야 하는 것이 프레젠테이션이다. 사실 프레젠테이션은 직접 해보지 않으면, 아무리 이론을 습득하고 강의를 많이 들어도 소용이 없다. 왜냐하면 프레젠테이션이란 실전이기 때문이다.

프레젠테이션은 크게 정보 전달 형태와 설득 형태로 나뉜다. 우리가 지금껏 발표라고 여겨온 것이 정보전달을 위한 프레젠테이션이며, 수주를 위해 상대방을 설득할 목적으로 발표하는 것이 설득 형태의 프레젠테이션이다. 설득을 위한 프레젠테이션은 기업이 망하느냐 성공하느냐의 기로에서 상대방을 설득하는 전쟁과 다름없는 일이다. 발표자는 전쟁터에서 승부를 겨루고 있다는 생각으로 프레젠테이션에 임해야 한다.

다음은 발표할 때 잊지 말아야 할 마음가짐이다.

① 자신감으로 무장하라.

② 스크린은 커닝페이퍼다.

③ 설득해야 할 것은 하나의 메시지다.

④ 열정으로 임하라.

⑤ 자기 자신의 언어로 치환하라.

연습문제

1. 다음은 기업에서 주최했던 대학생 기획서 공모전에 입상한 학생들의 기획서를 발췌한 일부이다. 이 기획서가 좋은 기획서의 요건을 갖추고 있는지 토의해 봅시다.

제 4회 신세계 대학생 유통 프론티어

- 기획서 부문 우수 수상작 -

제목 : 윤리경영과 기업경쟁력

- 윤리경영의 열린 신세계를 위하여

신○○, 이○○, 정○○(××대, ××여대, ××대학교)

■ 심사평

본 작품은 강력한 메시지와 시각적 구성효과가 눈길을 끄는 작품이다. 신세계의 윤리경영을 시장의 시각에서 볼 때 파악되는 문제점을 명시하고 신세계가 추진하여야 할 윤리경영의 전략방향을 설득력 있게 제시하였으나, 세부실행방안에 대한 고려는 다소 미흡하였다.

■ 목차

Part1. 왜, 윤리 경영인가?

Part2. 신세계의 윤리경영 진단

Part3. 전략적 윤리경영 실천방안

● 신세계의 윤리헌장

경 영 이 념

신세계는 기업윤리에 바탕을 두고
기업의 사회적 책임을 다하며,

고객, 종업원, 협력회사 및 주주가
성과와 가치를 다함께 나누고,

풍요롭고 합리적인 생활문화를 선도
하는 세계 초일류 유통기업이 된다.

신세계는 윤리 경영을 하는 기업입니다.

● 삼성전자의 윤리헌장

삼성전자는 인재와 기술을 바탕으로 최고의 제품과 서비스를 창출하여 인류사회에 공헌한다는 경영이념 아래 공정하고 투명한 기업 경영으로 세계 초일류 기업을 지향한다.

우리 모두는 건전한 기업윤리와 깨끗한 조직문화를 바탕으로 신기술 개발과 최고 품질의 실현을 위해 한 방향으로 노력할 때 국제사회에서 존경과 신뢰를 받는 세계 초일류 기업이 될 수 있다는 믿음으로 「삼성전자 윤리헌장」을 다음과 같이 제정하여 우리의 행동과 가치판단의 기준으로 삼고자 한다.

1. 우리는 고객만족을 최우선의 가치로 삼고, 임직원 · 협력사 · 경쟁사 · 주주와 함께 신가치 창출의 동반자로서 상호 신뢰와 존중을 바탕으로 공동의 번영을 추구한다.

2. 우리는 비즈니스 활동을 수행하는 모든 지역과 국가의 문화와 관습을 존중하며 법규와 도덕을 준수하고 공정한 경쟁을 통해 건전한 기업시민으로서의 권리와 의무를 성실히 수행한다.

3. 우리는 자율과 책임, 창의와 도전정신을 중시하고 인간미와 도덕성을 함양하며 예의범절과 에티켓의 준수를 통해 삼성전자인의 명예와 품위를 지킨다.

4. 우리는 정직과 성실로써 맡은 바 업무에 최선을 다하며 상대방을 존중하고 배려하는 인간관계와 노사 협력을 바탕으로 건전한 조직문화를 창출한다.

삼성전자 역시 좋은 윤리 경영을 하는 기업입니다.

● 롯데쇼핑(주)의 윤리규범

고객에 대한 다짐	고객존중, 고객만족, 고객신뢰창조
주주에 대한 책임과 의무	성실경영, 투명성 유지, 주주의 알 권리 보장
임직원의 기본윤리	규범준수, 신의성실, 상호존중, 능력개발
협력사와 올바른 관계	공정한거래, 상호발전의 추구, 협력회사에 대한 비윤리적 행위금지
국가와 사회에 대한 책임	건전한 기업활동, 정치불개입, 환경친화, 안전관리 및 사고예방

롯데쇼핑 역시 좋은 윤리경영을 하는 기업입니다.

● 월마트 코리아의 윤리경영

전국 각 월마트 매장에서는 지역사회에 이익을 환원하기 위해 매월 사회 봉사 프로그램을 운영하고 있습니다. 각 매장별로 양로원에 김치 담아 주기, 무료 급식 제공, 고아원이나 장애인 단체에 물품 기증 등 다양한 활동이 전개됩니다. 특히 월마트가 신규 오픈하는 지역에는 1천만원씩의 기부금이 관련 시의 사회 복지과에서 지정한 단체로 전달 됩니다.

월마트 코리아 역시 좋은 윤리경영을 하는 기업입니다.

모두가 똑같습니다.

신세계의 윤리경영이
기업경쟁력이 없는 이유는 간단합니다.
삼성도, 롯데도, 현대도,YMCA도 모두
똑같은 윤리경영을 하고 있기 때문입니다.

이것으로 본 기획서는 끝마치겠습니다.
기획서는 끝이 났지만 전략은 이제부터 시작입니다.
모든 것은 자명합니다.

달라야 합니다!

● **PART1**. 왜, 윤리경영인가?

환경이 변하고 있습니다.

국외 차원에서의 변화

1997년 12월 OECD 뇌물 방지협약 체결
→ 윤리라운드 추진

2003년 ISO 윤리경영 표준 승인 계획

▶ 국제적인 윤리 기준의 강화

국내 정부 차원에서의 변화

1998년 11월 부패방지 종합 대책 수립

1999년 2월 국제 상거래 뇌물 방지법

1999년 9월 반부패특별위원회 설립

▶ 기업 윤리 강화를 위한
법적 제도 장치 마련

국내 기업 차원에서의 변화

기업 회계 투명성

사외 이사 제도 도입

경영에 대한 주주 참여 확대

외국인 주주, 투자자들의 한국 기업에
대한 투명성 요구 증대

▶ 기업들의 윤리경영에 대한
인식의 변화

소비자 차원에서의 변화

소비자 주권의식의 강화

인터넷 사용의 확대로
소비자들의 사이버 파워 강해짐

NGO, 시민 사회의 발전
사회 문제에 적극 참여
특히 대기업의 부정 부패 문제에 대한
반감이 늘어남

▶ Consumer 에서 Prosumer로의
전환

윤리경영은 이 시대의 경영패러다임입니다.

● **PART2**. 신세계의 윤리경영진단

WHAT ARE WE DOING?

신세계는 다음과 같은 여섯가지 테마로 윤리경영을 실천하고 있습니다.

(1) 고객존중 경영	각종 고객 서비스, 원스톱 고객만족센터 개설, 친절 교육 등
(2) 준법 경영	공정거래 자율 준수 선포, 안전 교육, 성실한 납세 의무 이행 등
(3) 협력회사 존중 경영	유통 VAN서비스 오픈, 신세계-협력회사 임직원간 친목도모 등
(4) 청결 경영	윤리 대상 시상, 성희롱 예방 교육 등
(5) 인재중시 경영	유통경영 아카데미 개설, 교육비 지원, 사이버 열린 대화공간 등
(6) 사회봉사 경영	헌혈 캠페인, 바자회, 불우이웃 돕기 활동 등

하지만 보이지 않습니다.

누구나 할 수 있는,

윤리적으로 당연한 일들을 하기 때문에

고객들에게 감동으로 전해지지 않습니다.

無감동은 경쟁력이 없습니다.

● **PART3.** 전략적 윤리경영 실천 방안

ㅗ

3P in 3P - PRICE

정직한 가격 릴레이

바겐 세일이 아닌 정직한 세일

미국의 노드스트롬 백화점의 전략은
가격과 서비스의 정직함을 바탕으로한
고객감동입니다.

정직한 가격과 정직한 서비스는
그 어떤 상황에서도
고객에게 최상의 가치를 제공합니다.

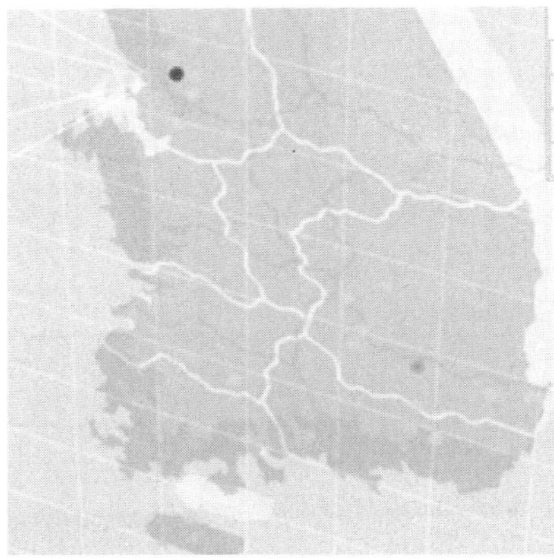

서울 소재의 신세계 백화점과 이마트를 중심으로
바겐세일이 아닌 **정직한 세일** 행사를 시작합니다.
정직한 세일은 경쟁 회사의 백화점 바겐 세일과 동시에 시작하며
그 기간동안 정직하지 못한 가격과 정직하지 못한 서비스를 받은
고객에 대해 보상제도를 실시 합니다.

정직한 세일은 경쟁 업체와의 경쟁에서 신세계만의
차별화된 기업 경쟁력으로 자리 잡을 것이며,
앞서 이야기한 **윤리경영 공개나 SEMME** 등의 **프로그램과 맞물려**
고객 지향적인 새로운 윤리경영의 표준이 될것입니다.

2. 심사평에서 언급하고 있는 것을 참고로 하여 이 기획서의 성과와 부족한 점을 평가하고 이를 보고서로 작성하시오.

3. 다음은 전체적인 기획서의 윤곽(Frame Work)입니다. 대한 공익광고의 기획자가 되어 기획서의 윤곽을 잡아보시오. (예 환경, 복지 문제 등)

로드맵&항목		작성방법	작성목적
전체 규명 한계 설정	제목		
	부제		
궁극적 목적 설정	목표		
	2차 목표		
이유 제시	논리적 근거		
금전적 명시	재정		
현상 파악	현재 상태		
요구사항	실행		
마무리	날짜와 서명		

4. 기획서의 윤곽을 잡았다면 기획서의 초고를 쓸 준비가 된 것입니다. 3번 문항을 활용해 여러분의 개성이 드러나는 기획서를 작성해 보시오.

쉬어가기

– 대본이 필요 없는 배우

미후네 도시로는 연기로 보나 스케일로 보자 현대 일본의 영화계에서 특출한 존재였다. 그는 세계 영화제에서도 수상하는 등 세계적으로 명성을 떨친 명실 공히 뛰어난 배우였다. 물론 한순간에 거기까지 성장한 것은 아니고 남모르는 피나는 노력에 힘입어 세계적인 배우가 된 것이다. 그가 얼마나 힘들여 노력했는가를 잘 보여주는 일화가 있다.

미후네가 처음으로 다니구치 센키치 감독의 영화에 출연하기로 했을 때의 일이다. 미후네가 촬영장에 나왔는데 다니구치가 문득 보니 미후네의 손에 대본이 들려 있지 않았다. 배우라면 늘 대본을 갖고 다니며, 성실하게 일하는 배우일수록 대본을 소중히 여긴다. 다니구치 감독이 불끈해서 소리쳤다.

"자네, 대본은 어떻게 된 거야?"

"네, 집에 두고 왔습니다."

"대본은 집에 두라고 나눠주었나? 그 따위 자세로 일을 제대로 할 수 있다고 생각하나?"

"……."

감독은 투덜거렸지만 미후네가 주연 배우라 어쩔 수 없이 촬영을 시작했다. 그러나 미후네는 대사는 말할 것도 없고, 깨알 만하게 씌어져 있던 지문까지 한자도 틀리지 않게 완전히 암기하고 있었다. 대본은 머릿속에 있었던 것이다. 다니구치 감독도 너무나 놀라 입을 다물지 못했다.

선천적으로 타고난 재능이라는 것은 분명히 있다. 그러나 선천적인 재능이 그 사람의 재주를 결정하는 것은 아니다. 누구나 뛰어난 재주 하나쯤은 갖고 있다는 것은 타고난 재능 덕분이 아니라 오히려 그것에 외곬으로 쏟아 붓는 피나는 노력 덕분이라는 것을 이 일화는 분명히 말해 주고 있다.

영화에서 대본이라는 것은 그 극 전체를 말로써 표현한 것이며, 게다가 거기에는 지문이라고 하여 그 진행에 수반되는 인물의 동작까지 명시하고 있다. 연기자는 그 대본을 보고 극 전체를 이해하고 감독의 지시에 따라 영화라는 예술을 완성시킨다. 따라서 대본이 손안에 없으면 아무리 재능 있는 연기자라 할지라도 연기를 하기는커녕 꼼짝달싹도 하지 못한다. 자연히 일에 정열을 쏟는 사람일수록 대본을 소중히 하고 한시라도 이것을 떼어놓지 않는다.

그것이 스타라고 불리는 자의 본연의 자세이다. 미후네가 대본을 지니지 않은 것을 보고 다니구치 감독이 불손한 놈이라고 화를 낸 것도 당연했다. 그런데 미후네가 대본을 암기하여 지문까지 하나도 틀리지 않고 암기하고 있었던 것이다. 이것은 정말 대단한 노력의 결과라고 하지 않을 수 없다.

바로 이런 것이 피나는 불굴의 고행이다. 걸핏하면 우리는 뛰어난 재주를 지닌 자의 화려함에만 시선을 준다. 그런 재주를 지니기까지의 고통을 생각하지 않은 채 그 화려한 측면만을 헛되게 꿈꾼다. 우리는 한 가지 조차 뛰어난 재주가 없을 수도 있다. 그러나 이 일화에서 자세에게 주어진 일을 대하는 태도가 어떠해야 하는지를 겸손하게 배우기 바란다.

2강

2 연애의 기술

– 편지와 전자 문서

(1) 서간문의 개념과 특징

서간문, 즉 편지는 일상생활에서 자주 쓰이는 글이다. 편지는 직접 만날 수 없는 사람과 지면을 통한 대화이다. 상황에 따라서는 자주 만나는 사람과도 직접 말로 할 수 없는 용건이 있을 때 쓰기도 한다. 이러한 시, 공간의 제약을 벗어날 수 있는 편지는 정보화 시대가 되었음에도 여전히 유요한 글쓰기 방식이다. 은밀한 접근도 가능하겠지만 엄밀하게 편지는 일정한 격식을 갖는다. 편지와 관련한 내용은 그 자체로 법적 효력을 지닐 수 있다. 인터넷 메일이나 편지 등이 주요한 증거자료가 되는 것은 거꾸로 설령 사적인 내용을 담았다고 하더라도 편지가 단순한 환담과는 다르다는 것을 의미한다. 이러한 편지는 격식과 예절을 중시하는 글인 편지는 다음과 같은 특징을 지니고 있다.

① 특정한 독자(수신인)를 대상으로 쓰는 글이다.

② 일정한 형식과 격식에 따라 쓰는 글이다.

③ 받는 상대방에 따라서 문장의 표현이 달라지는 글이다.

물론 자신에게 편지를 보내는 경우도 있을 수 있다. 하지만 그 역시 시간이라는 매개를 통해 발신자와 수신자는 구분된다. 예를 들어 예약 메일을 통해 10년 후의 자신에게 편지를 보냈다고 한다고 해도 그것은 현재의 자신과는 다른 수신인이므로 발신자와는 구분되는 대상임을 알 수 있다. 전자 메일을 경우 격식 없이 그저 본문만을 적는 경우도 많지만 이 경우 역시 상대에게 좋은 인상을 심어주기 어렵다는 점에서 격식은 매우 중요하다. 물론 친한 경우, 특히 단순한 파일을 주고받는 경우에 따로 인사말을 하지 않기도 하지만 이 역시 바람직하지는 않는다. 전자 메일의 경우 인사말을 따로 저장할 수 있으므로 그것을 활용하는 것도 좋은 방법이 될 수 있다.

편지의 종류

연하장, 축하편지, 문안편지, 위문편지, 초청 편지, 안내편지, 청탁편지, 기별편지, 소개편지, 문의편지, 제안편지, 독촉편지, 사절편지, 훈계편지, 사례편지, 사과편지, 권유편지, 연애편지, 우정편지 등 보내는 사람의 목적에 따라 다양하게 구분할 수 있다.

(2) 편지 쓰는 요령

편지의 내용은 일반적으로 개인적인 내용이다. 따라서 그 내용이나 자세는 매우 정성스러워야 한다. 얼굴을 볼 수 없다는 점에서 전화와 같지만, 음색이나 억양이라는 비언어적 표현 자체도 편지에는 드러나지 않는다. 따라서 올바른 의사전달을 위해서는 대화를 하듯 쉽게 써야 하며 또한 격식을 제대로 지켜야 한다.

상대방에게 전달되는 것은 오직 글이기 때문에 실례나 실수가 있을 수 있을 경우 해명이나 정정이 쉽지 않다는 점은 편지의 또 다른 특징이다. 따라서 내용은 물론이거니와 글씨나 말씨와 그 밖에 봉투 쓰는 법, 우표 붙이는 것까지 정성이 배어 있어야 좋은 편지가 될 수 있다.

아무리 흉허물 없는 친구지간이라도 예의를 지켜 상대방을 높여 주는 것이 일반적이 편지의 특징이다. 또한 쓰고자 하는 목적, 즉 무언가 할 말을 제대로 했는지도 중요한 문제다. 간단명료하면서 분명하게 자신의 의사를 전달할 수 있어야 한다. 편지를 다 쓴 뒤 몇 번이고 읽어 오자나 탈자가 없도록 하는 것이 편지쓰기의 기본이 되는 것은 바로 이 때문이다.

예를 들어 연애편지에서 맞춤법이 잘못되었다고 한다면, 그것은 그 자체로 상대에게 신뢰를 얻기 어렵다. 밤에 쓴 편지를 아침이면 찢어버리는 이유는 자신이 말하고자 한 바를 두서없이 썼을 경우 오해의 여지가 남기 때문이다. 말로 건네는 것과 편지는 그처럼 유사하면서도 큰 차이가 있는 것이다.

편지를 쓸 때의 유의사항은 다음과 같다.

(1) 편지를 받을 대상이 누구인가?
(2) 하고자 하는 말이 무엇인가?(어떤 사연을 보낼 것인가?)
(3) 사연을 글로 어떻게 표현할 것인가?

편지는 받는 사람을 전제로 하여 쓰는 글이므로 편지를 쓰는 사람은 상대방의 연령, 성별, 직업, 자기와의 친근감 정도에 따라 그에 맞는 예의와 격식을 갖춘 글을 써야 한다. 서로의 관계에 따라 그에 어울리는 어휘를 선택하고, 정성을 다하여 써야 한다. 높임말(경어 표현)에 있어서도 평상시 말할 때보다 한 단계 높여서 사용하는 것이 바람직하다.{평소에 대화할 때, '해라'하는 친구 사이더라도 편지에는 '하오', '합니다.' 정도로 높이는 것이 좋다.}

글은 그 사람의 인격을 드러내게 마련이다. 서간문도 예외는 아니다. 따라서 저속하지 않은 말을 사용하고, 지나치게 교만하거나 비굴하지 않도록 표현하는 것도 중요하다.

편지는 자신이 하고 싶은 말을 상대방에게 전달하기 위해서 쓰는 글이다. 편지의 가장 중요한 목적은 사연을 전달하는 데 있다. 따라서 편지를 쓸 때에는 용건을 분명히 밝히고, 상대방이 분명히 이해할 수 있도록 조리 있고 명확하게 표현해야 한다.

편지를 쓸 때에는 되도록 상대방을 직접 만나서 이야기하듯이 자연스럽게 써야 한다. 마음에 없는 말을 쓴다든지 공연한 말을 늘어놓으면 부자연스러워지고 자신의 진심을 드러내기가 어렵게 된다.

(3) 편지의 형식

편지의 형식을 살펴보겠지만 이는 반드시 그래야 한다는 규정은 아니다. 편지는 그 글의 속성상 자유로운 형식을 취해도 무방하기 때문이다.

1) 서두(처음)

이 부분은 편지를 받아 보는 사람에게 처음 말을 꺼내는 부분이다. 따라서 호칭, 시후, 문안, 자기 안부 등을 적는 것이 일반적이다. 경우에 따라서 사과나 감사의 말을 적을 수도 있다.

① 호칭

받는 사람이 누구냐에 따라서 예의에 벗어나지 않도록 쓴다. 어렵고 형식적인 표현보다는 평소에 사용하던 말을 다정하게 쓰는 것이 좋다.

예 어머님께 올립니다. 김 선생님께. 성호에게. 소현아. 희야. 성호 보아라

② 시후(時候)의 인사

시후(時候)란 계절과 관련된 인사말을 하는 것을 말한다. 계절이 바뀔 때에는 환절기로 건강상의 문제가 발생하기 쉬운 때이기에 이런 인사말을 하는 것이다. 인사말은 계절의 감각에 어울리는 문구를 스스로 만들어 사용하는 것이 좋다. 그래야 상대에 대한 정성감도 드러나고 자연스럽게 글을 풀어나갈 수가 있다. 그러나 너무 상투적이어도 곤란하다.

예 · 화사한 분홍빛 옷으로 단장한 개나리가 수줍은 자태를 뽐내는 계절입니다.

· 창밖으로 보이는 버들가지가 실바람에 하늘거리고 있습니다.
· 아침, 저녁으로 제법 선선한 것이 두꺼운 옷을 생각나게 하는 계절입니다.
· 첫눈 내리는~ , 풀벌레 소리 마당 가득한~, 봄바람이 싫지 않은 이때, 삼복더위가 맹위를 떨치는,

③ 안부인사

문안(問安)은 상대편의 안부를 묻는 것으로서, 상대편 또는 그 가족의 건강이나 생활 등에 관심을 나타내는 것이다. 이때, 겉치레적인 인사보다는 예의를 갖추어 상대방에게 깊은 관심을 기울이는 내용을 쓰는 것이 좋다. 따라서 취미나 건강 등의 내용을 구체적이고 상세하게 물어보는 것이 좋다. 자신의 안부 역시 알리는 것이 바람직한데, 과장되지 않고 솔직하게 전하도록 한다. 요즘 하는 일이나 관심사를 소개하는 것이 일반적이다.

예 · 그 간 별일 없으시고 건강은 좋으신지요?
· 요즘도 여전히 겨울 낚시를 즐기시는지요?
· 온 가족이 평안하시고 하시는 사업도 잘 되고 있겠지요?

예 · 염려해 주신 덕분에 열심히 공부하고 있습니다.
· 제주도로의 여행은 잘 다녀왔으며, 요즈음은 밀린 과제물 작성으로 인하여 눈코 뜰 새가 없습니다.
· 끈질기게 물고 늘어지던 감기도 이제 다 나았습니다.

④ 용건

이 부분은 편지를 씀에 있어 가장 사무적인 부분이며 또한 편지를 쓰게 된 직접적인 원인이 되는 부분이다. 따라서 간명하고 구체적으로 써야 한다.

용건은 중요한 내용부터 쓰는 것이 좋으며, 자세한 내용은 그 다음 부분에 쓰는 것이 효과적이다. 특히, 일시, 인명, 숫자 등을 구체적으로 밝혀 적어야 한다. 용건이 복잡하여 상대방이 쉽게 파악하기 힘든 경우에는 나름대로 번호를 매겨 쓰는 것도 좋은 방법이다.

서두가 끝나면 줄을 바꾸어 본문을 새로운 문단으로 시작하되, 아래와 같은 방

법으로 전환을 시도한다.

예 · 여쭐 말씀은……, 다름이 아니오라……, 아뢸 말씀은……
· 말씀드리고자 하는 바는……

⑤ 맺는 인사말

편지 내용을 마감하면서 인사를 하는 부분이다. 끝부분에 쓰는 인사는 상대방을 축원하는 내용으로 간단하고 정중하게 쓰는 것이 좋다. 하지만 그때그때 상황에 맞는 내용으로 꾸미면 자연스럽다.

예 · 이제 곧 만나게 되기를 바란다. 그때까지 몸 건강히 잘 지내어라.
· 온 집안에 평안이 깃드시기를 기원합니다.
· 이만 그칩니다. 안녕히 계십시오.
· 밖에서 호출이 있습니다. 내내 건강하십시오.

⑥ 날짜

날짜가 개인편지에 그리 중요한 것은 아니다. 그러나 법적인 근거가 될 수 있는 내용증명 편지일 경우는 반드시 적어야 한다. 물론 여행 중 적는 편지의 경우도 일정을 알리는 데 도움이 되므로 적어두는 것이 좋다.

예 · '2006년 3월 5일' 같이 편지를 쓴 날짜를 적는다.
· 토요일 밤 11시 58분
· 10월의 마지막 불의 날

⑦ 서명

공적인 편지일 경우는 이름과 함께 직위를 적는 것도 좋으나 대개의 경우는 이름 석 자만 적으면 된다. 타자나 워드프로세서로 작성한 편지의 경우도 서명만은 친필로 하는 것이 좋다. 특히 편지를 쓴 사람의 이름을 정자로 써 주는 것이 좋다. 특히 친구가 아닌 경우 사인을 하거나 별명을 사용하는 것은 실례가 되므로 유의해야 한다.

예 · 친구 사이 '○○○ 씀', '○○○ 보냄' 등
· 웃어른이 받을 경우면 '○○○ 올림', '○○○ 드림' 등

⑧ 추신(追伸)

편지를 다 쓴 뒤 읽어보고 빠진 내용이나 추가로 전할 말을 적는 부분이다. 이 경우에는 '추신(追伸)' 또는 '덧붙임'이라고 적고 사연을 쓰면 된다. 추신의 내용은 너무 길거나 무리한 부탁 내용이 되지 않도록 해야 한다. 우리말은 끝까지 들어봐야 한다는 말처럼 추신에서 무리한 부탁을 할 경우나, 본문과는 다른 말을 하는 것은 코미디 소재가 아니라면 가급적 피해야 한다.

(4) 봉투 쓰는 법

상대방의 이름이 적히는 봉투를 쓰는 것도 중요하다.

1) 일반적으로 소개하는 경칭

① 좌하(座下) : 부모, 스승 등 아주 높여야 할 때
② 선생님 : 스승이나 사회적으로 이름 있는 사람에게 쓸 때
③ 귀하 : 일반적으로 높여서 쓸 때
④ 씨 : 자기와 나이나 직위가 비슷한 사람에게 쓸 때
⑤ 형 : '씨'와 같으나 좀더 정다운 사람에게 쓸 때
⑥ 군 : 아랫사람에게 쓸 때
⑦ 여사 : 일반 부인에게 쓸 때
⑧ 양 : 미혼 여성에게 쓸 때
⑨ 님 : 일반적으로 높여서 쓸 때. 남녀 모두에게 쓸 수 있다.
⑩ 귀중 : 회사, 단체, 기관에 쓸 때
⑪ 본제입납(本第入納) : 부모에게 편지를 보낼 때 겉봉투에 자신의 이름을 쓰고 그 아래에 '본제입납'이라고 쓴다.
⑫ 본가입납(本家入納) : 본가에 편지를 보낼 때 쓴다.

2) 쓰는 사람 이름 아래 쓰는 호칭

① 아랫사람, 나이나 직위가 비슷한 사람인 경우 : 씀, 답, 드림,
② 윗사람인 경우 : 올림, 상서(上書), 배상(拜上)

3) 규격봉투

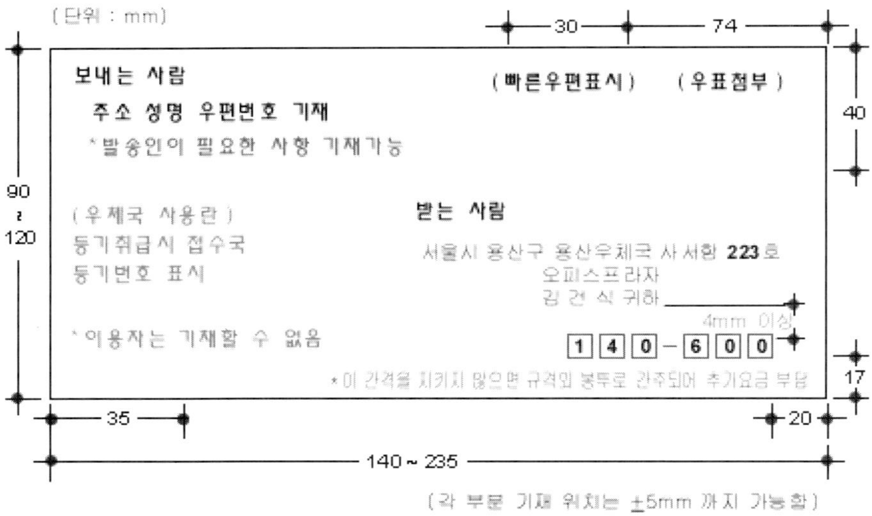

① 왼편 위쪽에는 보내는 사람, 주소, 성명, 우편 번호를 쓴다.
② 오른편 아래쪽에는 받는 사람의 주소, 성명, 우편 번호를 쓴다.
③ 받는 사람과의 관계에 따라 칭호를 구별해서 쓴다.

(5) 연애편지 쓰기

연애편지는 서간문 중에 가장 사적인 편지일 것이다. 또한 연애편지만큼 쓰기 어려운 글도 없을 것이다. 사람에 따라 그것을 대필해주는 사람이 있는 경우도 있는 것을 보면 연애편지에도 일정한 요령이 있다.

1) 편지지와 봉투

연애편지를 쓰고자 한다면 편지지와 봉투는 일반적으로 사용하는 것과는 구별해야 한다. 내용만으로도 감동을 주는 편지가 있지만, 형식을 갖추는 것은 정성을 보이는 방법이라는 점에서 자신의 마음을 드러낼 수 있는 편지지와 봉투를 사용하는 것이 좋다. 최근에는 직접 봉투를 제작하는 사람들도 있는데 이 역시 좋은 방법 중의 하나이다. 흔히, 꽃 편지라고 불리는 연애편지의 경우는 흰색의 규격 봉투와는 달리 다양한 색과 모양을 하기 마련이다. 물론 규격봉투를 쓰지 않으면 많은 비용이 들 뿐 아니라, 그것을 처리하는 과정의 수고가 드는 것은 사실이다. 그러나 연애편지의 목적은 효율성과는 거리가 먼 부분이다. 도리어 그와는 반대의 경우가 더 상대에게 기쁨을 주기도 한다. 그러나 편지지 안에 무늬가 너무 복잡하다면 그것은 역효과를 낳을 수 있다. 간단한 그림이 좋으며 여백이 많은 것을 사용하는 것이 상대에게 편안한 기분을 줄 수 있다는 점을 명심해야 한다. 대개의 경우 그림이 글보다 많게 되면, 의도와는 상관없이 내용의 빈약성 혹은 정성의 부족과 같은 지적을 받을 수도 있다.

또한 편지지와 봉투가 한 세트로 나오는 경우도 있지만 반드시 그럴 필요는 없다. 도리어 그런 것들은 유치한 느낌을 줄 수도 있기 때문이다. 여성의 경우는 크게 문제되지 않지만 남성의 경우는 겉과 속이 다른 방식도 좋다. 편지지의 경우 무난한 것이 좋으므로 봉투에 보다 더 신경을 쓰는 편이 나을 것이다. 물론 흰 봉투를 사용한다면 편지지의 색을 과감하게 가져가는 것도 좋은 방법이다. 최근에는 검은 계열의 편지지도 등장하고 있는데, 이러한 다양한 것들을 활용하는 것이 좋다. 연애편지의 경우 그 내용물 뿐 아니라 편지 그 자체가 보관의 대상이 되므로 가급적이면 편지지와 봉투는 그것을 모두 모았을 때의 상황까지 상정해보고 보내는 것이 좋다. 전부 하안색이라든가 검은 색이라든가 하는 것은 그렇게 좋은 방법이 아닌 것이다.

2) 편지 글씨와 펜

모든 편지의 경우가 그렇지만 연애편지의 경우도 글씨체는 중요하다. 공적인 경우가 아니므로 정자를 고집할 필요는 없지만 그렇다고 휘갈겨 써서는 안 된다. 인터넷 매체의 경우에도 다양한 이모티콘을 활용하지만 일반 편지도 마찬가지이다. 남성의 경우도 이런 이모티콘의 적절한 활용은 매우 긍정적인 결과를 얻을 수 있다.

글씨체뿐만 아니라 중요한 것은 펜이다. 훌륭한 목수는 연장 탓을 하지 않는다지만 펜의 경우는 그렇지 않다. 가급적이면, 번지지 않는 것이 좋다. 수성의 경우라면 자신의 손이 그것을 쓸어내릴 염려가 있으므로 주의해야 한다. 또한 편지지에 따라 펜의 색깔을 달리하는 것도 중요한 포인트이다. 공적 편지의 경우 가급적 검은 색을 활용하는 것이 좋지만, 연애편지는 다르다. 검은색 편지지를 활용할 경우에는 흰색, 은색의 펜을 써야 한다. 거의 모든 연애편지지는 연한 색조를 띠게 마련이므로 검정색도 무난하지만 녹색이나 파란색 심지어는 분홍색의 펜을 사용하는 것도 나쁘지 않은 선택이다. 최근에는 향기 나는 펜도 있지만 그보다는 다 쓰고 남은 향수병을 편지지와 함께 보관하는 방법이 더 오랫동안 향이 나므로 한번 사용해도 좋은 방법이다. 그러나 남성의 경우 굳이 향기에는 연연해 할 필요는 없다. 후각의 경우 남성이 더 발달해 있으므로 여성이 좀 더 신경 써야 할 부분이다.

TIP

우표를 붙일 때는 침을 사용하지 말 것. 간접 키스라도 바랄 생각일는지도 모르지만 침의 경우 손때가 묻거나 떨어질 수 있으니 가급적 잘 보이는 곳에 규격에 맞춰 풀로 붙여야 한다. 특히 연애편지의 우표는 그것을 거꾸로 붙이는 것이 하나의 관습처럼 되어 있다는 것도 알아 두자.

3) 서두 쓰기

연애편지라 역시 일정한 서두를 쓰는 것이 좋다. 엄밀하게 말해 연애편지에는 사연이라고 할 만한 것이 없다. 편지 자체가 하나의 사연이기 때문이다. 따라서 연애편지의 서두는 형식적이어서는 안 된다. "안녕? 늘 만나다가 이렇게 글로 하려니 조금 그렇다. 그렇지?" 이와 같은 서두는 가급적 피해야 한다. 마땅히 할말이 없는 것도 사실이겠지만 "안녕~" 으로 시작하는 어투는 식상함을 넘어서 짜증이 날 수도 있다. 물론 특정한 서로간의 인사가 있다면 그 방법을 사용하는 것도 상관이 없다. 어렵겠지만 편지에 번호를 붙여 그것을 기억하는 방법도 좋다. 그러나 중요한 것은 상대의 특성이고 또한 상대와 자신의 관계 정도를 잘 감안해야 한다. 일반적으로 공통의 기억을 활용하는 것이 좋다. 우리가 흔히 낭만적이라고 하는 것은 과거의 것들에 대한 향수에서 비롯된다. 편지의 횟수를 기억하는 것도 그 때문이다. 따라서 편지를 쓰는 시기, 혹은 편지를 쓰는 상황과 관련한 과거의 기억의 단편으로부터 출발하는 것이 가장 바람직한 방법이다. 그때를 아직도 기억하고 있다는 말은 분명 칭찬이다. 남성의 경우 이러한 부분에 신경을 쓴다면 더 큰 효과를 얻을 수도 있다.

4) 빈칸 채우기

사연이라고 할 만한 것이 없는 연애편지에서 안부와 그간의 일들을 적고 나면 더 이상 쓸 말이 떠오르지 않을 것이다. 보통 연애편지는 1-2장 정도가 적당하다. 너무 긴 편지는 상대에게 부담을 줄 수 있다. 자주 볼 수 있는 사람의 경우는 더 그렇다. 그러나 군대에 있는 사람이거나 멀리 있는 사람의 경우는 예외이다. 그 경우에는 편지의 길이에 비례하여 애정이 드러나기 때문이다.

따라서 일반적인 경우에는 일상에서 일어나는 일들을 편지로 옮기는 방법은 좋지 않다. 마치 일기를 쓰듯 적어 내려가는 방법은 경우에 따라 상대에게 의아함만을 줄 뿐이다. 반면 멀리 있는 상대에게 보내는 것이라면 일상사에 대해 적는 것은 상대에 대한 배려가 될 수 있다.

주된 목적이 없는 만큼 구체적 주제를 정하여 적는 것이 연애편지의 요령이다. 요즘에야 없겠지만 과거에는 주로 시나, 노래가사 등을 넣는다. 이는 전자 메일에서도 마찬가지인데, 사진이나 그림과 노래를 동봉하는 경우가 있다. 하지만 그러한 식상한 방법은 피하는 것이 좋다. 편지란 보는 것이 아니라 읽는 것이기 때문이다. 따라서 일정한 서두가 끝났다고 한다면, 특정한 목적에 의해 글을 진행하는 것이 바람직하다.

앞으로의 일들에 대한 계획서 같은 것도 무난한 내용 중의 하나이다. 인생 전반에 걸친 내용은 도리어 부담을 줄 수 있으므로 근일에 계획하는 일들을 알리는 방법도 좋다. 뿐만 아니라, 요리를 하는 방법이라든가 특정한 이벤트 계획서를 보여주는 것도 좋은 방법이다. 또 설문의 형태를 취하여 자신이 대답을 하거나 상대에게 대답을 묻는 방법도 좋은 빈칸 채우기의 요령이다. 편지는 쓰다보면 점점 할 말이 많아지는 법이다. 처음에는 빈칸을 채우는 것이 어려운 일이겠지만 점점 그것 자체가 하나의 기쁨이 될 수 있을 것이다.

5) 멋진 마무리

편지는 일반 글과를 달라서 그것으로 끝이 나는 것이 아니다. 마무리란 엄밀한 의미에서 없다고 보아야 한다. 서두와 사연이 구분되지 않는 것도 그 때문이다. 연애편지란 적어도 그 관계가 지속되는 순간까지 이어지는 시리즈물과 같다.

"쓸 말은 많지만 이만 펜을 놓는다. 안녕."
"이제 더 쓸 얘기가 없네. 다음에 더 많이 써줄 게."

위의 예처럼 식상한 표현은 삼가도록 하자. 굳이 밝힐 필요도 없는 이야기일 뿐만 아니라 밝혀서도 안 된다. 쓸 말이 많다는 것은 당연한 것이고 없다는 것은 해서는 안 되는 말이다. 연애편지의 마무리는 자신의 다짐 정도가 무난하다. 그리고 상대에 대한 자신의 마음을 드러내는 것이 좋다.

마무리 방법에서 가장 중요한 것은 추신을 잘 활용하는 것이다. 쓸 말이 많다는 것을 보여주는 것이 곧 추신이기 때문이다.

연애편지의 노하우 기르기*

(1) 말투개발법 : 꼭 표준어로 딱딱하게 쓸 필요가 없다. 그녀가 보고 즐거워 할 수 있는 건 내용이 아니라 말투일 수도 있다는 걸 명심하자. 조선시대 한량들이 쓰던 말투와 같이 '낭자, 오늘은 입동이 지나 어느새 개화가 시작되고 매실이 열리는…….' 이런 식도 괜찮고, 경상도 사투리를 섞어 넣어도 좋다. 외계인의 말이라며 이상한 기호를 섞어 쓸 수도 있다. 신선하고 재미있는 말투를 개발해보라.

(2) 여백 이용법 : 줄에 맞춰서 쓰자는 생각은 버리자. 제일 안쪽부터 돌려가면서 줄줄이 쓸 수도 있고, 남아있는 여백을 여러 가지 낙서로 채울 수 있다. 못 그리면 좀 어떤가? 그녀를 위해 정성껏 그림을 그린다면 그녀도 알아준다. 그림편지도 괜찮으니 흰 칸이 보이지 않도록 가득가득 매워보자. 그러나 주의할 것은 지저분하게 보일 수도 있으니 글과 글 사이의 공간은 어느 정도 지켜야 한다는 것이다. 읽을 수는 있어야 하지 않느냔 말이다.

(3) 콜라쥬기법 : 콜라쥬는 모더니즘 미술사의 한 획이다. 주위의 잡동사니를 붙여서 표현하는 것인데 이걸 응용하면 조금 더 화려한 편지가 된다. 그 날의 신문 기사를 붙이든지, 내 사진도 붙일 수 있다. 너무 무게가 나가지 않는 작은 것들은 소포로 취급되지 않으니 편지 여기저기에 붙여보도록 해보자. 신선하고 대담한 발상인 것이다. 그녀의 생일이라면 국내에 존재하는 모든 신문사의 신문 헤드라인만 다 프린트 해다가 붙이는 건 어떨까? 신문에서 한 글자씩 오려내서 편지를 완성하는 것도 많이 보았을 거다.

(4) 요약정리법 : 노트 정리를 생각해보자. 일일이 다 적는가? 아니다. 중요한 것만 요목조목 정리해서 1, 2, 3 이렇게 숫자 붙이고 당구장 표시 찍 하고 그렇게 알록달록 해야 점수 잘 받는다. 편지도 그렇게 꾸며보자. 꼭 ~ 했다. ~

* 다음 블로그 운제나루님의 글을 발췌 수정하였습니다.
〈자료출처 :http://blog.daum.net/miskiss/7011880〉

하지. 이런 식으로 끝낼 필요는 없다. 정리한 것 처럼 깔끔하게 채워보자. 자도 사용하고 형형색색의 볼펜으로 보기에도 노트 같은 요약정리를 해서 그녀에게 줘보자.

(5) 암호사용법 : 글로만 편지를 쓸 수 있는가? 암호를 만들어보자. 너무 어렵지 않지만 그렇다고 바로바로 읽을 수 없는 힌트 있는 암호말이다. 힌트는 물론 〈P.S. - 전화하면 알려줄게〉 이런 식으로 처리해도 좋다. 복잡하지 않고 재미있게 편지를 즐길 수 있는 그녀를 상상하며 조금 시간이 걸리지만 암호를 개발해서 써먹어보자.

(6) 예단편지

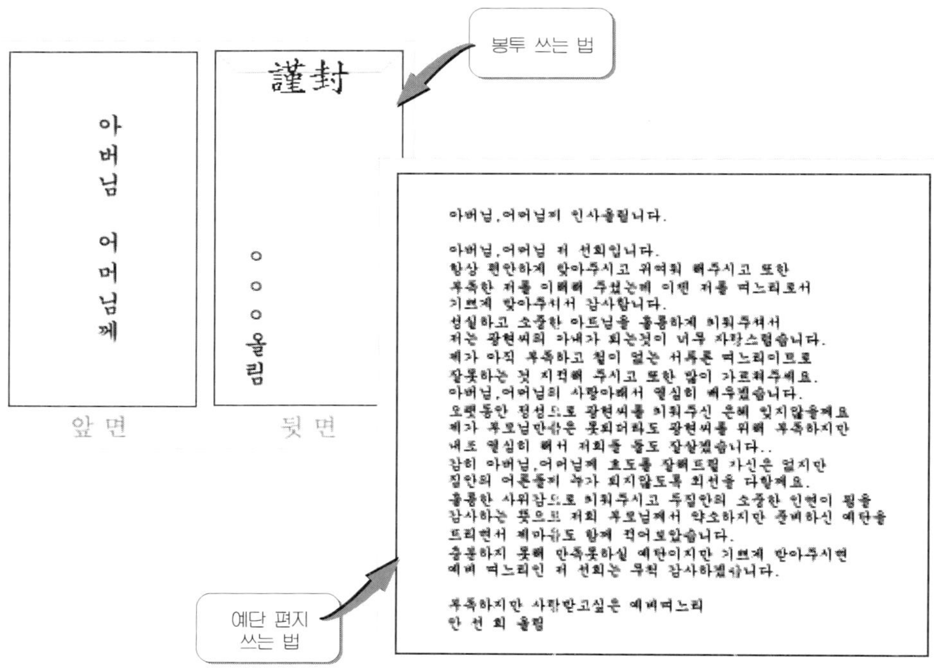

예단(신부가 신랑에게 보내는 건 예단(비))

① 예단봉투 쓰는법

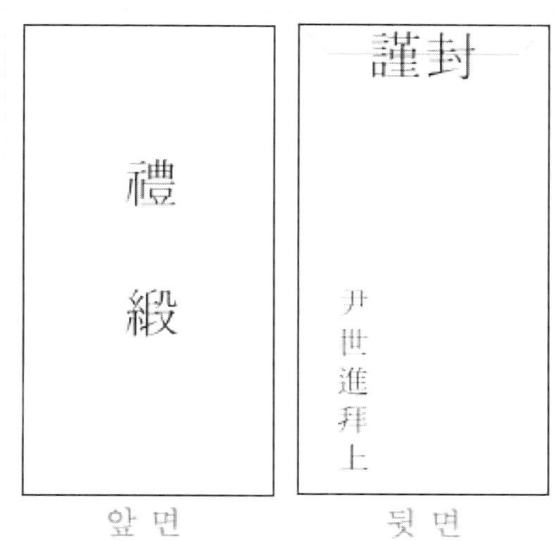

예단봉투 앞면에 예단(禮緞)이라 쓰고, 뒷면에 근봉(謹封) 및 혼주이름을 적습니다.

② 예단속지

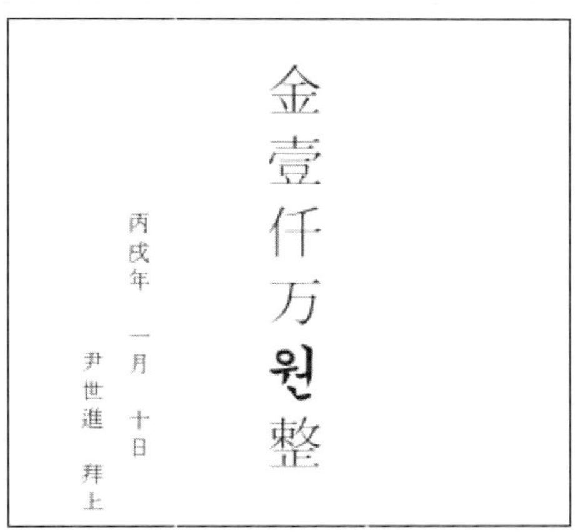

백지 정중앙에 예단금액을 적고 날짜 및 혼주이름을 적습니다.

봉채(신랑이 신부에게 보내는 건 봉채)

① 봉채봉투 쓰는법

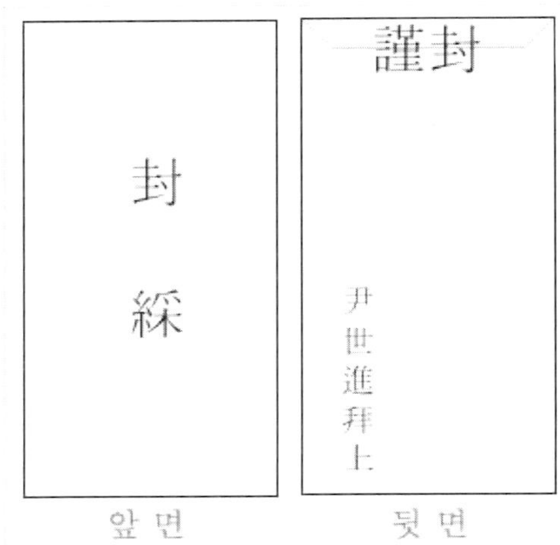

예단봉투 앞면에 봉채(封採)이라 쓰고, 뒷면에 근봉(謹封) 및 혼주이름을 적습니다.

② 봉채속지

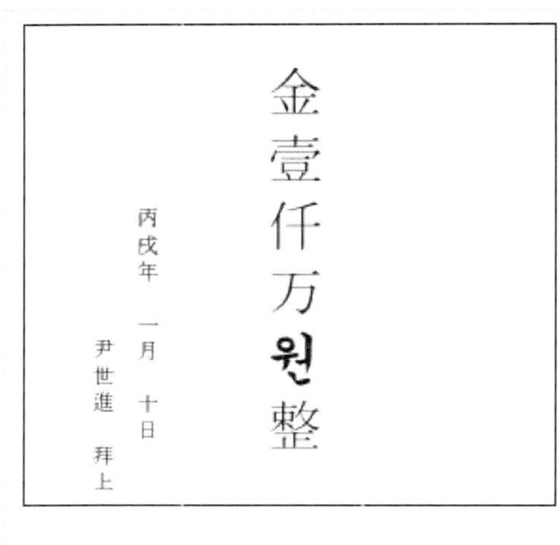

백지 정중앙에 예단금액을 적고 날짜 및 혼주이름을 적습니다.

※ 참조사항(예단편지/예단봉투/봉채봉투는 풀칠을 하지 않습니다.)
출처 : http://cafe.daum.net/8145976

연습문제

1. 편지의 절차를 순서에 따라 나열해보고 그 의미를 알아보자.

2. 다음 사람에게 보낼 때 알맞은 경칭을 써보자.

(1) 부모, 스승 등 아주 높여야 할 때

보내는 사람

받는 사람

(2) 학교 교무과에 보내고자 할 때

보내는 사람

받는 사람

(3) 부모님에게 편지를 보낼 때

보내는 사람

받는 사람

3. 자신의 친구나 이성 친구에게 연애편지를 각자 써보도록 하자. 만일 없다고 한다면 있다는 가정아래 편지지 1-2장 분량의 편지를 각자 쓰도록 한다.

쉬어가기

– 해와 바람

명랑한 자기 성격에 항상 자부심을 갖고 있던 해가 이와 정반대인 음울한 성격에 역시 똑같은 자부심을 갖고 있던 북풍과 논쟁을 벌이게 되었다. 해는 자기의 친절하고 따뜻한 성격이 모든 이들로부터 존경을 한 몸에 받는 원천이라고 자랑했고, 북풍은 또 북풍대로 자기도 폭풍 같은 성격 때문에 더욱 큰 존경을 받고 있다고 떠벌렸다.

말다툼의 결판을 낼 요량으로 해가 이렇게 제안했다. 즉 누가 밭에서 일하고 있는 농부의 겉옷을 벗겨낼 수 있는가를 시험해 보자는 것이었다. 북풍은 이 제안에 동의하고 자기가 먼저 하겠다고 했다. 북풍은 그리하여 얼음처럼 차갑고 매운바람은 농부에게 퍼부었다. 하지만 바람을 강하게 보내면 보낼수록 농부는 옷깃을 바짝 끌어당겨 더욱더 꽉 여미는 것이었다. 다음은 해가 할 차례였다. 해는 자기가 가진 가장 따스한 햇살을 농부에게 흠뻑 쏟아 부었다.

"에이, 날씨 한번 요상하네. 조금 아깐 바람이 그렇게 몹시 몰아치더니 이번엔 또 뜨거운 해가 쨍쨍 내리 쪼이니, 참."

농부는 투덜거리면서 겉옷을 벗어 던졌다. 승리는 당연히 해에게 돌아갔다.

해는 결과에 신이 나서 하하 웃었지만, 북풍은 완전히 승복하지 않았다.

"잠깐! 네가 이긴 건 이긴 거야. 거기에 대해선 불만이 없어. 하지만 어디 이번엔 누가 저 농부의 옷을 다시 입힐 수 있는가 시합을 해 보자구."

"참 치사하구나. 졌으면 깨끗하게 졌다고 할 일이지. 뭘 또 다른 게임은 게임이냐? 하지만 원한다면 못할 것도 없지."

자신감에 넘친 해가 말했다. 해는 더욱 많은 햇살을 농부에게 쏟아 부었다. 하지만 농부는 땀을 뻘뻘 흘리게 되니까 오히려 입고 있던 속옷까지 벗어부치고 계속 일을 했다. 그러자 바람이 기회는 이때다 싶어 약간 쌀쌀한 돌풍을 날려 보냈다.

"나 참, 이렇게 변덕스런 봄 날씨는 생전 처음이야."

농부는 이렇게 중얼거리면서 떨리는 몸을 추스른 동시에 속옷과 겉옷을 다시 주워 입었다. 그래서 이번에는 바람이 승자가 되었다.

해는 자기가 졌다는 사실에 매우 상심이 되었지만, 아까 자기 성품이 온화하다고 떠벌렸던 것을 떠올리곤 심술을 부릴 수도 없었다. 이렇게 자기감정을 꽉꽉 억누른 것이 결국 다음날 심인성 두드러기를 일으켜 태양의 흑점이라는 큰 얼룩들을 만들어 내고 말았다.

강

3 타인을 유혹하는 글

– 개인 홈페이지(블로그) 꾸미기

우리는 하루에도 수십 번씩 자신이 속해 있는 커뮤니티community나 블로그blog*가 있는 웹 사이트에 로그인을 반복한다. 인터넷 메신저는 늘 온라인 상태이고, 메일 확인을 위해 수시로 프로그램을 열어 살펴본다. 인터넷 보급이 확산되면서 우리는 오프라인과 온라인에서 동시에 존재감을 느끼며 살아가고 있다. 하루라도 인터넷에 접속하지 않으면 불안감을 느끼는 시대가 온 것이다. 이제 사람들은 디지털 공간에서의 개인적 글쓰기를 당연한 삶의 일부로 인식하고 있다.

현대 사회에서 흔히 볼 수 있는 풍경 중의 하나가 인터넷에 쓴 글에 덧붙여지는 글에 열광하는 사람들의 반응이다. '싱하형'같은 악성 리플러가 인터넷에서 화제가 되기도 하고, 반응이 시큰둥한 '무플'이라는 신조어까지 등장했다. 그래서인지 익명의 타자들에게 열려있는 디지털 공간은 늘 일상에 쫓기는 오프라인 공간보다 훨씬 더 매력적으로 보이는 것도 같다. 이제는 디지털 공간에서 글쓰기를 잘하는 것이 중요한 능력으로 평가받기에 이르렀다.

대부분의 포털 사이트와 커뮤니티 사이트는 개인 홈페이지나 블로그를 가입자

* 웹(web) 로그(log)의 줄임말로, 1997년 미국에서 처음 등장하였다. 새로 올리는 글이 맨 위로 올라가는 일지(日誌) 형식으로 되어 있어 이런 이름이 붙었다. 그러나 현재는 개인 출판, 개인 방송 등을 뜻하는 1인 미디어로 사용되고 있다.

들에게 제공하고 있다. 웬만한 사람이라면 개인 미니홈피나 블로그를 가지고 있을 것이다. 우리는 단순하게 메일을 주고받던 것을 넘어 자신의 디지털 공간을 가지는 것이 당연시되는 시대를 살고 있다. 최근에 개인 홈페이지나 블로그에서 보이는 글쓰기는 확장된 공적 공간 속에서 지친 개인들의 '자기 노출'이면서 자신에게 진실하고자 하는 열망의 반영이다. 삶 속에서 여러 개로 나누어진 역할들 중 하나를 선택하려는 실존적 노력일 것이다. 이제 우리의 글쓰기 교육도 이를 그냥 지나칠 수 없게 되었다.

지금 이 순간, 타인을 유혹하는 글이 가장 많은 곳은 개인 홈페이지나 블로그일 것이다. 본 강에서는 디지털 공간에서 글쓰기를 잘 활용할 수 있는 방법을 살펴보고자 한다.

(1) 1인 미디어; 블로그의 확산

인터넷 도입 이후 갑작스레 늘어난 의사소통 기회의 발현으로 한국사회가 크게 변화하였다면, 개인화된 미디어, 즉 인터넷 1인 미디어의 등장이 중요한 이유가 될 것이다. 매체에 대한 접근성이 늘어나면서 묻혀있던 개인의 목소리가 사회적으로 분출되는 창구가 많아진 것이다. "누구나 기본적인 커뮤니케이션 테크놀로지에 접근을 시도하여 인터넷의 다양성을 즐기고, 또한 그 다양성에 공헌"하고 있다.* 이는 대안매체를 찾고 있던 사람들의 요구와 절묘하게 맞아 떨어진 것이라 볼 수 있다. 우리의 IT 산업이 비약적 발전을 하고 빠른 전송속도가 가능한 회선이 많아지면서 그 흐름이 더욱 거세졌다.

인터넷은 우리 사회에서 의사소통 기회를 폭발적으로 증가시켰다. 그 와중에 1블로그는 타인과의 상호작용을 넘어 개인 주체에 대한 욕구, 자신만의 공간에 대한 욕구가 발현된 것으로 점차 확산되고 있다.

블로그는 크게 개인형 블로그와 정보를 전달, 제공하기 위한 블로그로 나눌 수

* Shapiro, A. 김명준 역.(2001). 《테크놀로지와 통제혁명》. 커뮤니케이션북스. p.62.

있다. 개인형 블로그의 대표적인 형태가 싸이월드(www.cyworld.com)의 '미니홈피'와 네이버(www.naver.com)의 블로그다. '싸이질'이라는 신조어를 만들만큼 많은 호응을 받았고 가장 활발한 검색과 접속이 이루어지는 포털 사이트의 블로그답게 가장 활동이 활발한 두 곳이다.

통상 블로그를 1인 미디어라고 부르는데 이는 블로그가 일기형식으로 인터넷에서 자신의 관심사에 따라 자유롭게 글을 올리면서도 불특정 다수에게 개방된 개인 사이트를 의미하기 때문이다. 처음 미국에서 블로그가 등장했을 때만 해도 '온라인 개인 일기장'에 지나지 않았지만 점차 사회 사건들에 대한 자신의 관점과 목소리를 전달하는데 관심을 가지기 시작하면서 블로거(Blogger: 블로그 하는 사람)가 막강한 '뉴스 게릴라'로 자리를 잡기 시작했다. 또한 새로운 정보를 획득하면 블로그를 통해 세상에 공개하고, 많은 사람들이 지식 획득의 중요한 원천으로 블로그를 활용하게 되었다. 개인 일기장의 본연의 역할에서 타자와의 의사소통 공간으로 그 기능이 확장된 것이다.

1) 개인적 경험의 공유의 장

현재 우리나라의 1인 미디어는 개인적인 경험을 주위 사람들과 공유하는 것에 초점을 두고 확산되고 있다. 사람들은 개인 홈페이지 형태로 운영되는 블로그 사이트에 일상적인 사진을 올리고, 방명록에 안부 인사를 남기면서 친밀감을 쌓아가고 있다. 인터넷에서 사진과 짧은 글을 통해 타인에게 나를 알리는 동시에, 개인 이미지를 형성하고 온라인 공간에서 '나'를 만들어간다. 이렇게 인터넷을 통한 문화 생산 양식은 개인 중심적으로 움직이는 반면에 타인과 지속적으로 연결된 공동체를 경험하게 한다. 또한 멀티미디어 시대로 접어들면서 나타난 글쓰기 형식의 변화는 개인적 경험을 나누는데 1인 미디어가 더욱 필요하게 된 동인으로 작용한다. 멀티미디어 시대의 소통 양식은 기존의 구두와 문자 시대의 소통 양식과는 다른 새로운 감각체계에 대한 확장이 나타나고 있다. 특히 1인 미디어들에 일기 형식을 도입하게 된 것이 정보 관리 방식을 바꿔 놓았다.

▶ 사례 : wjd○○○의 블로그와 safar○○의 미니홈피

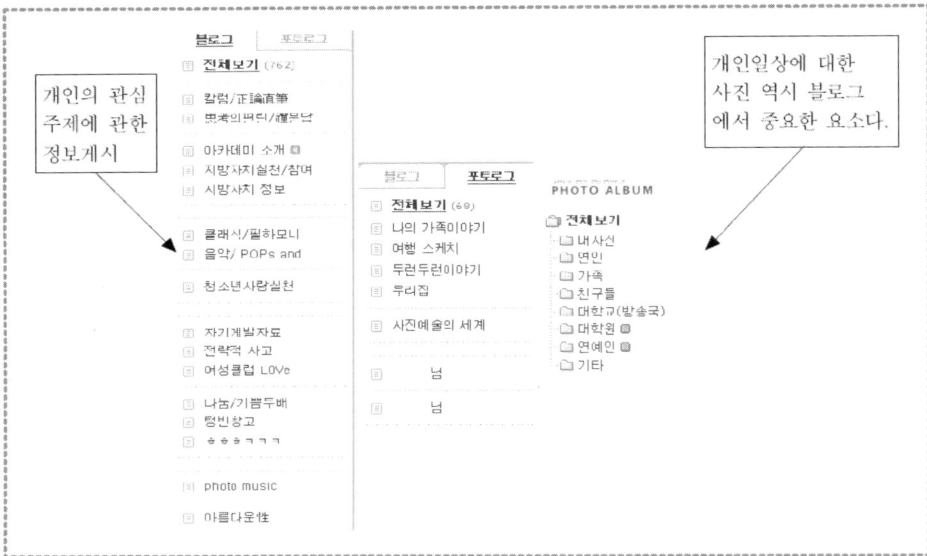

블로그는 위의 사례에서 보는 바와 같이 사진이나 글을 자신만의 관점으로 배열하는 형식을 취한다. 정보를 주관적으로 기록하는 것을 일상적으로 만들어 놓았으며, 개인의 기억 능력 및 정보 기록에 획기적인 확대를 가져왔다. 현대 사회에서 개인 정체성의 발현과 확인이 개인형 홈페이지를 통해 가능하게 되었다.

2) 정보전달과 제공

이제 블로그는 개인형 블로그를 지나 정보전달과 제공의 기능을 하는 1인 미디어로 진화하고 있다. 점차 개인 관심사에 대해 숙련된 비전문가들이 온라인 형식으로 정보를 제공하는 형태로 1인 미디어의 형식을 갖추어 가고 있다. 공연이나 영화 등 문화생활에 관심이 있는 사람들이 참여하여 글을 쓰고, 다른 사람들은 '구독'하는 형식이다.

사례 : 인터넷에서 발행되는 개인 관심사 위주의 정보 미디어

1인 미디어 블로그는 매스 미디어에 반대되는 개방형 커뮤니케이션으로 발전하고 있다. 즉, 인터넷에서는 주제를 막론하고 개인이 중심이 되어 자신만의 관점으로 자유롭게 이야기할 수 있고, 전문가가 아니더라도 시나 소설, 그림을 온라인상으로 출판, 발행할 수 있기 때문에 1인 미디어가 대안적 미디어로 자리 잡고 있다는 말이다. 사실 대부분의 블로그들이 독자적인 내용은 생산하지 못하고, 관심 있는 주제에 대한 자료나 정보를 모아서 폴더를 만들고, 간단한 글을 달아 모아두는 것에 그친다. 이를 데이비드 솅크는 쓸모없는 데이터(단순히 나열된 것)를 정보(나에게 필요한 데이터)로 착각하는 데이터 스모그data smog*라고 지적한 바 있다. 그러나 인터넷 시대에 주목해야 하는 것은 핫 링크**를 통한 끝없는 자료들의

* 데이비드 솅크, 정태석, 유홍림 역(2000),≪데이터 스모그≫, 민음사
** 하이퍼텍스트링크 hypertext link

나열보다는 여기저기서 모은 관련 자료들의 '유용성'과 '가치성 때문이다. 인터넷에서 수없이 쏟아져 나오는 정보와 개인들의 목소리가 정보의 양을 증가시키고 정보의 다양성을 확대시켜주었다. 물론 사용자 입장에서 정보가 지나치게 많아지는 결과를 낳은 것도 사실이다. 그래서 '맞춤형 정보'라는 개념이 등장했다. 이제 1인 미디어 시대에는 수많은 자료들 중에서 자신에게 더욱 "맞춤화 된 정보"를 찾게 된다. 자신이 관심 있는 분야의 정보만을 골라서 스크랩해서 자신의 미디어에 담고, 또 자신이 직접 의견을 올릴 수 있는 것이다.

(2) 블로그에 글쓰기

개인적인 글을 쓰기 위해 개인 정보를 노출시켜야 한다는 건 다소 불합리해 보이지만, 사적 공간과 공적 공간의 갈등은 온라인이라고 해서 예외가 아니니다. 개인적인 글쓰기를 할 수 있는 곳으로는 대부분의 포털 사이트에서 블로그 기능을 제공하고 있다. 만약 다른 곳에 글을 쓰고 싶다면 개인 홈페이지를 개설하는 것이 좋다. 대부분의 사람들은 블로그를 처음 활용할 때 다음과 같은 목적으로 글을 쓰는 경우가 많다.

1) 감정적인 일기 쓰기

> 피곤했다. 그래서 맥주를 마셨다. 그러나 슬퍼졌다.
> 어린 시절 사진을 찾았다. 신난다. ○○에게 보여줘야지.
> ○○(강아지)이 수술을 했다. 얼마나 아팠을까? 더 잘해줘야지.

평소에 친분이 있는 사람들의 블로그를 방문했을 때 흔히 볼 수 있는 글이다. 자신의 느낌을 진솔하게 드러내는 짧은 일기형태의 글쓰기다. 대부분 100자나 200자를 넘지 않는 글이다. 길게 적는 것은 좋지 않다. 이런 식으로 온라인에서 개인적인 글쓰기를 시작할 수 있다.

2) 디지털 사진과 글쓰기

디지털 카메라와 휴대폰으로 인해 사진을 찍고 온라인에 올리는 것이 매우 쉬워졌다. 자기가 찍은 사진을 올리면서 몇 문장의 글을 남기는 것도 좋다. 어디서 찍은 사진임을 알리는 구체적인 설명보다는 개인적인 생각을 적어보는 것을 권한다. 사진과 글이 어우러지면 많은 정감을 줄 수 있다. 간편한 디지털 사진은 아니지만 외국의 어떤 사람이 단층촬영 사진(자신의 몸)을 블로그에 올리고 글을 남겨 화제가 된 적이 있다. '누구나 평범한 자신을 자랑할 권리가 있다.'는 폭발적인 반응을 일으켰다. 올리는 사진에 자신의 생각과 감정을 실어보는 것은 훌륭한 창조적 글쓰기 훈련이 될 수 있다. 배경음악을 선곡하는 것도 좋은 방법이다.

객관적이고 구체적인 설명은 아무런 도움이 되지 않는다. 차라리 그때의 기분을 몇 문장으로 적어 올리는 게 낫다.

3) 특정 소재를 가지고 글쓰기

친구들과 함께 간 술집, 소개로 만난 이성, 오랜만에 읽은 책, 또는 선물 받은 음반에 대한 글을 적는 경우가 있다. 다시 이야기하지만, 길게 적는 건 육체 건강에도 정신 건강에도 좋지 않다. 되도록 짧게 적는 것이 좋다. 이런 경우는 있을 것이다. 가령 1분 동안 겪은 일을 적었는데 원고지 분량으로 수십 매가 되고, 한 시간 동안 겪은 일인데 원고지 한 장을 넘기지 않는 경우가 있다. 어떤 소재나 사연마다 그것에 어울리는 길이가 존재한다. 또 길이라는 게 사람마다 다르다. 억지로 길이를 조정하지 말라는 이야기다. 아무렇게나 적어도 좋다. 단지 느낀 대로 그대로 옮기는 것이 좋다.

4) 여행 떠나기

여행 떠나기란 다른 사람들의 세계 속으로 들어가는 것을 의미한다. 다른 이의 홈페이지나 블로그를 방문해 타인의 세계를 훔쳐보는 것이다. 잘 찾아보면 자신에게 도움이 될 공간도 찾을 수 있다. 자기 자신에게 진실하다는 것은 타인에게도 진실하다는 것을 의미한다. 여행을 떠나는 것은 자기 자신과 타인을 동시에 알아가는 과정인 셈이다.

정보는 공유할수록 더 커지는 경우가 많다. 내 정보를 빼앗긴다고 생각하지 말고, 많이 읽은 만큼 많이 쓰고 나눠주다 보면 자신이 가진 정보가 더 많이 쌓이는 것을 알게 될 것이다. 오프라인 경우에도 그것은 마찬가지다. 내 정보를 빼앗기지 않으려는 사람에게 누가 정보를 나눠주겠는가?

다른 이의 홈페이지나 블로그를 자주 방문하며 글을 쓰고 자신의 블로그에 초대하는 글을 써보라.

(3) 디지털 공간에서 글쓰기

1) 과감하게 쓰고 답하되 겸손해야 한다.

인터넷 글쓰기는 일방적으로 자신의 의사를 전달하기 위한 것이 아니고, 쌍방향으로 의견을 교환하면서 교감을 형성해 나가는 공간이다. 하지만 악화가 양화를 구축할 때도 있다. 많은 오프라인 논객들이 인터넷 글쓰기를 두려워하는 이유 중 하나가 소위 악성 리플이나 스토커처럼 따라다니며 퍼붓는 인신공격 때문이다. 얼굴을 직접 마주하지 않는 공간이라 상대방의 입장을 고려하지 않고 공격들을 하는 경우가 많다. 결국 마음이 약한 사람은 상처받고 인터넷을 멀리하게 된다. 그래서 디지털 공간에서의 글쓰기는 배짱이 있어야 한다. 그러나 온갖 종류의 댓글에 용감하게 대응하되, 겸손함을 잃지 말아야 한다.

2) 가르치기보다는 공감을 주는 글을 써야 한다.

네티즌들은 기본적으로 자신을 가르치려 드는 글을 싫어한다. 딱딱한 형식이나 문체보다는 여러 가지 실험적인 형태의 글이 호응을 받는다. 전문적인 글쓰기보다 진솔한 글에 더 높은 점수를 받는다. 물론 이런 성향이 지나쳐 부작용이 되면 전문가나 지식인에 대한 혐오로 나타나지만, 인터넷에서 소통을 하려면 이 점을 많이 생각해야 한다.

3) 디지털 글쓰기도 아날로그적 성찰이 필요하다

글쓰기는 타자연습을 하듯 빠른 걸음을 더욱 빨리 하려는 게 아니다. 오히려 신중함을 강조해야 한다. 다른 사람에 대한 비판만큼이나 자신이 어떤 사람인지 알기 위해 노력해야 한다. 나는 디지털 공간에서만 존재하는 것이 아니라 현실에도 존재한다. 아무리 초고속 디지털 시대라지만, 아날로그적 성찰은 필요하다.

4) 자기만의 개성을 만들어야 한다.

인터넷에는 수많은 1인 미디어들이 존재한다. 그 수만큼 다양한 개성적인 글쓰기 공간이 있어야 할 것 같다. 그러나 대개 비슷한 글들로 채워져 있거나 다른 곳의 글을 연결시키는데 그치고 있다. 각자의 개성을 만개할 수 있는 공간을 헛되이 낭비하고 있는 것이다. 인터넷 공간만큼 2등이 대접받기 힘든 곳도 없다. 자기 스타일의 글을 완성하기 위해 노력해야 한다.

연습문제

1. 데이터 스모그data smog는 쓸모없는 자료를 가치 있는 자료로 착각하는 현상이다. 이 문제에 대한 자신의 의견을 블로그 활동을 중심으로 작성하시오.

2. 개인 블로그는 개성이 넘치는 글쓰기 공간이다. 자신의 개성이 담긴 블로그의 제목과 별명을 만들어 보시오.

3. 일반적으로 블로그는 HTML을 사용하지 않아도 쉽게 자료를 게시할 수 있는 편집기능이 있다. 이를 이용하여 관심 분야의 카테고리를 만들고 꾸며보시오.

예 네이버 블로그

4. 다음은 미니홈피 서비스를 하고 있는 포털 사이트의 '페이퍼'라 불리는 미디어이다. 혹시 자신이 관심 있게 활동하거나 구독하고 있는 페이퍼가 있는가?
관심 분야 페이퍼의 발전과정이나 활동을 평가하여 보고서로 작성하시오.

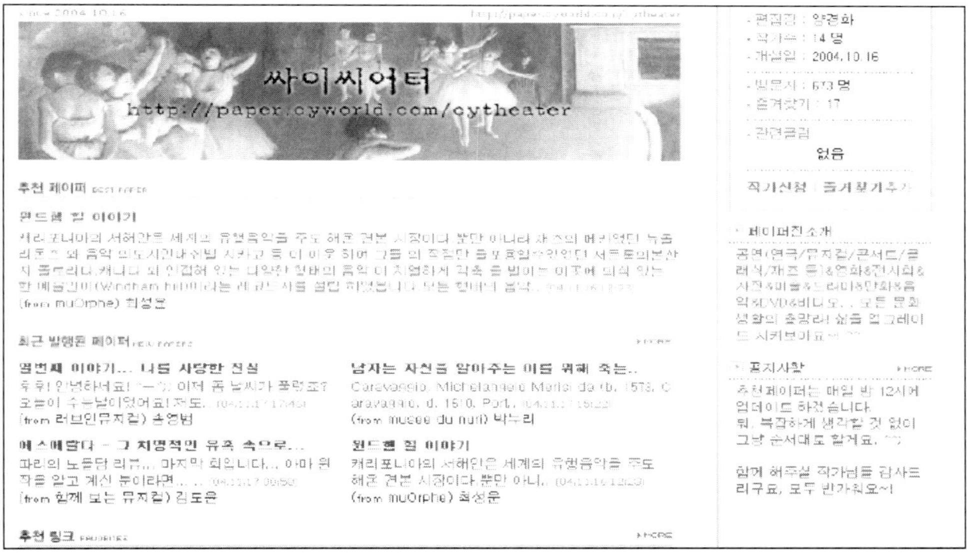

6부 · 부록

제 안 서

<table>
<tr><td colspan="3">부서 : (TEL :)</td><td>접수번호</td><td></td></tr>
<tr><td colspan="3">급호 : 성명 : ㉥</td><td>제 안 일</td><td></td></tr>
<tr><td colspan="5">건명 :</td></tr>
<tr><td colspan="3">현재의 방법(문제점)</td><td colspan="2">개 선 책</td></tr>
<tr><td colspan="3">개선전 그림</td><td colspan="2">개선후 그림</td></tr>
<tr><td rowspan="4">검
토
부
서</td><td rowspan="2">부 과</td><td rowspan="2" colspan="2"></td><td>과(부)장
/ ㉥</td></tr>
<tr><td>담 당
/ ㉥</td></tr>
<tr><td rowspan="2">부 과</td><td rowspan="2" colspan="2">(TEL :)</td><td>과(부)장
/ ㉥</td></tr>
<tr><td>담 당
/ ㉥</td></tr>
<tr><td colspan="5">※ 내용이 많을 경우 별첨하십시오. ※ 제안서는 과(부)담당자에게 제출하십시오.</td></tr>
</table>

보 고 서

20 년 월 일

소 속 :		성 명 :			
보고처(부서)		보 고 서 명		취 급	기밀 · 보통
회 의 일 자		장 소		참 석 자	

정보(자료)출처

보고내용과 의견

문 제 점

기 계 임 대 계 약 서

(이하 '갑'이라 칭함.)와 (이하 '을'이라 칭함.)와의 사이에 무선부품 제작의 거래에 필요한 물건의 대여(이하 '대여물건'이라 칭함.)에 관하여 하기 조항의 계약을 체결한다.

제 1 조 본 계약에서 대여물건이라 함은 별지 명세서에 기재된 것을 말한다.

제 2 조 대여물건의 임대료는 금 　　　　　　원으로 정하고 을은 매월 말일까지 갑에게 지급한다.

제 3 조 대여물건에 관한 공조공과 및 화재보험료는 을이 부담하고 화재보험금의 수취인 명의는 갑으로 한다.

제 4 조 을은 본 계약과 동종 또는 유사품을 제조하거나 타인에게 판매할 수 없다.

제 5 조 을은 갑의 동의 없이 본 계약 이외의 물품제조를 위하여 대여물건을 사용 또는 타에 대여할 수 없다.

제 6 조 을은 대여물건에 대하여 항상 최선의 주의를 하며 선량한 관리자의 주의로써 상용하고 손상, 훼손하지 않도록 노력한다.
만약 을의 귀책사유로 손해가 발생한 경우는 즉시 갑에게 보고하고 을의 비용으로 완전히 보상한다.

제 7 조 을은 갑의 허가 없이 대여물건의 개조 또는 개수를 할 수 없다.

제 8 조 본 계약이 완료했을 경우 을은 즉시 대여물건을 보수완비하고 을의 비용으로 갑에게 반환한다.

제 9 조 전조 각항에 위반할 경우 갑은 을에 대한 보상 없이 갑의 단독의사로 계약을 해제할 수 있다.

제 10 조 본 계약의 기간은 계약일로부터 　　년간으로 한다.
단, 갑·을의 협의에 의하여 이를 갱신할 수 있다.

제 11 조 본 계약의 조항 이외의 분쟁이 발생하였을 때는 갑·을 협의한 후 수시 결정한다.

본 계약체결을 증명하기 위하여 본 증서 2통을 작성하여 갑·을 각 1통씩 보관한다.

20 　년 　월 　일

(갑)

주소 : 　　　　　　　　　　(전화 : 　　　　　)

대표이사 : 　　　　　　　　　㊞

(을)

주소 : 　　　　　　　　　　(전화 : 　　　　　)

대표이사 : 　　　　　　　　　㊞

건 물 매 매 계 약 서

부동산의 표시

소 재 지					
건물구조		건 평		대지면적	

계약조건

매매목적물		대 금	
계 약 금		대금지급일	

제 1 조 【차지권에 대한 약정】 은 에 대하여 이 본건 건물을 소유하기 위해 그 부지에 대한 임대료 1개월 금 원, 매월 일 지급, 존속기간 년의 임차권을 인정한다. (건물이 차지상에 있는 경우) 은 에게 이전하는 것으로 하고 은 이에 대하여 이 본건 건물 부지 소유자의 승낙을 받는 데 협력한다.

제 2 조 【인도와 등기】 은 에 대하여 19 년 월 일까지 의 대금 지급과 동시에 교환으로 소유권 이전등기절차를 한다. 은 본건 건물에 대한 저당권, 질권, 임차권 등의 등기가 있을 때는 소유권 이전등기할 때까지 이를 말소해야 한다.

제 3 조 【위험부담】 이 계약 성립 후 본건 건물을 인도할 때까지 본건 건물의 멸실 또는 그 손실은 의 부담으로 한다. 이 전항의 경우로 이 계약을 체결한 목적을 달성할 수 없을 때는 은 무상으로 계약을 해약할 수 있으며 기타의 경우에는 멸실·훼손의 비율에 따라 대금의 감액을 청구할 수 있다.

제 4 조 【하자담보】 이 으로부터 본건 건물의 인도를 받은 후에 본건 건물에 하자가 있다고 해도 은 이를 이유로 해약 또는 대금 감액의 청구를 하지 않기로 한다.

제 5 조 【부담의 귀속】 본건 건물에 대한 고정자산세 기타 공과금은 본건 건물의 이전분은 이, 그 이후의 분은 이 부담한다.

제 6 조 【설비의 이전 등】 은 본건 건물에 부속된 수도·전기·가스 기타의 설비에 관한 권리를 일체 에게 이전하며 또한 그 명의의 변경절차에 협력한다.

제 7 조 【계약해제】 · 중의 어느 일방이 이 계약의 각 조항을 일개 조라도 위반할 때는 상대방은 즉시 이 계약을 해제할 수 있다.

제 8 조 【위약금】 의 의무불이행으로 인하여 이 이 계약을 해제했을 때는 은 계약금의 반환을 청구할 수 없다.
의 의무불이행으로 인하여 계약을 해제했을 때는 은 에 대하여 계약금의 배액을 지급하여야 한다.

이 계약의 성립을 증명하기 위하여 본 계약서를 2통 작성, · 각각 서명날인하고 각 1통을 보관한다.

20 년 월 일

주 소 :
매도인 : ㊞

주 소 :
매수인 : ㊞

주 소:
입회인: ㊞

고　소　장

고소인 :　　　　　㊞
주　소 :　　　　　(전화:　　　　　)
주민등록번호 :
피고소인 :　　　　　㊞
주　소 :　　　　　(전화 :　　　　　)
주민등록번호 :

— 고 소 취 지 —

피고소인은 고소인을 기망하여 금　　　　　원을 편취한 사실이 있습니다.

— 고 소 사 실 —

피고소인은　　　동　　　번지 소재　　　　　의 대표이사로서 20　　년　　월　　일 위 회사 소유인　　　동 소재의 공장건물　　　평을 소외　　　　에게 임대하는 임대차계약을 체결하고, 동 건물을 소외　　　　에게 또 임대차계약을 체결, 동 공장건물은 타인에게 다시 임대할 수 없음을 잘 알면서 위와 같은 사정을 잘 모르는 고소인을 기망하여 재물을 편취할 것을 마음먹고, 고소인과 위 공장건물에 대한 임대차계약을 체결하고 같은 날 계약금으로 금　　　　　만원을 교부받아 이를 편취한 사실이 있습니다.

위와 같은 사실을 들어 고소하오니 조사하여 엄벌하여 주시기 바랍니다.

소 명 방 법

1. 계약서
1. 영수증

20　　년　　월　　일

위 고소인 :　　　　　㊞

경찰서장　귀하

아파트임대차계약서

	주민등록번호	주　　　　소
임대인(갑)		(TEL:　　　　)
임차인(을)		(TEL:　　　　)
입 회 인		(TEL:　　　　)

소재 :　　　시　　　구　　　동　　　번지　　　아파트　　　동　　　호

(단, 공작물 일체는 현상대로임)

보증금 :　　　원　　　월임차료 :　　　원

임대인　　　를 '갑'이라 하고 임차인　　　를 '을'이라 한다.

갑은 그 소유인 건물의 일부를 20　년　월　일부터 을에게　　　로써 사용케 하기 위한 목적으로 전기 임차보증금 및 월임차료로 임대차함에 있어서 아래의 조항을 약정하여 본 계약을 체결한다.

제 1 조　임대차의 기간은 20　년　월　일로부터 20　년　월　일까지 향후　년간으로 한다.
단, 기간만료 전에 을로부터 갱신신청이 있을 때에는 갑·을 합의하여 계약을 갱신할 수 있는 것으로 하고 계약기간중에 을이 계약을 해제하고자 할 때에는　개월 전에 갑에게 그 취지를 통지하여야 한다.

제 2 조　을은 익월분의 월임차료를 매월 말일까지 갑에게 지참하여 지급하여야 한다. 또한 월임차료는 경제상태의 변동으로 인하여 증감이 필요한 때에는 계약기간중이라도 갑·을 합의하여 변경할 수 있다.

제 3 조　건물 등은 현상대로 사용할 것이며 임차권의 양도, 임차물의 전대, 제 3 자와의 공동사용 등은 갑의 승낙 없이는 절대로 하여서는 아니된다.

제 4 조　을은 다음의 경우에 있어서는 즉시 본 계약을 해제당하여도 이의 없는 것으로 한다.
1.　월 이상 월임대료를 체납하였을 때
2. 본 계약에 위반하였을 때

제 5 조　을은 을의 책임으로 인한 계약해제시에는 이로 인한 중개수수료를 부담하여야 하고, 여하한 명목으로라도 금전상의 요구는 일절 할 수 없다. 단, 갑은 해약시에 보증금을 을에게 반환하여야 한다.

제 6 조　수도, 가스, 전기, 전화 기타 소모비는 갑·을 협의하여 월임대료와는 별도로 지급하여야 한다.

제 7 조　을은 고의 및 과실을 불문하고 건물에 손상을 입혔을 때에는 그 상황에 따라서 손해배상의 책임을 부담한다.

제 8 조　본 증서는 2통 작성하여 쌍방 각 1통씩 보관한다.
전기 각 조항을 승낙하고 확실히 이행할 것을 서약하며 서명날인하여 임대차계약서로 한다.

20　년　월　일

임대인(갑) :　　　　㊞

임차인(을) :　　　　㊞

입 회 인 :　　　　㊞

외　출　부

월	일	외 출 자		외출시간		외 출 사 유	행 선 지	결　재	
		직 위	성　명	부　터	까　지			과 장	부 장

결 근 계

소속부서	담 당	과 장	부 장	부처장	처 장

주관부서	담 당	과 장	부 장

1. 사 유 :

2. 기 간 : 20 년 월 일 (일간)
20 년 월 일

3. 여행시의 행선지 :

위와 같이 출근하지 못하겠으므로 이에 계출합니다.

20 년 월 일

소 속 :

직 위 :

성 명 : ㊞

귀 하

기 안 용 지

분류기호 및 문서번호				위임전결실행기준표 에 의거 직책: 성명: 전결		
기안부서	대 리	과 장	차 장	부 장	이 사	이 사	사 장
	/	/	/	/	/	/	/

기 안 자		협조부서	대 리	과 장	차 장	부 장	감 사	
기안일자	20 년 월 일							
시행일자	20 년 월 일		/	/	/	/		/

경 유 수 신 참 조		발 신	통 제	처리기간	보존년한
제 목					

	정서
	날인
	발송

문서처리대장

접수사항						처리사항		확인		
연번	접수일자	발신처	제목	처리기간	수령인	일자	처리내용	담당	과장	부장
1										
2										
3										
4										
5										
6										
7										
8										
9										
10										
11										
12										
13										
14										
15										
16										

(양식 제28호)

개 명 신 고 서

년 월일

<table>
<tr><td rowspan="5">개
명
자</td><td>본 적</td><td colspan="3"></td><td>호주 및 관계</td><td colspan="2">의</td></tr>
<tr><td>주 소</td><td colspan="3"></td><td>세대주 및 관계</td><td colspan="2">의</td></tr>
<tr><td>부모성명</td><td>부</td><td></td><td>모</td><td colspan="3"></td></tr>
<tr><td rowspan="2">본인성명</td><td>한 글</td><td></td><td rowspan="2">본</td><td rowspan="2"></td><td rowspan="2">주민등록번호</td><td rowspan="2"></td></tr>
<tr><td>한 자</td><td></td></tr>
<tr><td colspan="2">변경하고자 하는 이름</td><td>한 글</td><td></td><td>한 자</td><td colspan="3"></td></tr>
<tr><td colspan="2">허가일자</td><td colspan="2">년 월일</td><td>법원명</td><td colspan="3"></td></tr>
<tr><td colspan="2">기타사항</td><td colspan="6"></td></tr>
<tr><td rowspan="2">신
고
인</td><td>성 명</td><td>서명(인)</td><td>주민등록번호</td><td></td><td>자 격</td><td colspan="2"></td></tr>
<tr><td>주 소</td><td colspan="3"></td><td>전 화</td><td colspan="2"></td></tr>
</table>

병적정리	월 일(인)

〈작성방법〉

* 도장을 찍는 대신에 서명을 하셔도 됩니다.
* 이 신고서에는 개명허가의 등본을 첨부하여야 합니다.

란에서 본인의 본(본)은 한자로 기재합니다.

란은 변경하고자 하는 이름을 기재하며, 한자가 없는 경우는 한글란에만 기재합니다.

란 기타사항에는 호적에 기재하여야 할 사항을 분명하게 하는데 특히 필요한 사항을 기재합니다.

란에서 자격은 부모, 후견인 사건본인 등 해당되는 자격을 기재합니다.

(양식 제6호)

혼 인 신 고 서

년　　월일

<table>
<tr><td colspan="2">구 분</td><td colspan="4">남　　편</td><td colspan="4">처</td></tr>
<tr><td rowspan="5">혼인당사자</td><td>본적</td><td colspan="2"></td><td>호 주
및관계</td><td>의</td><td colspan="2"></td><td>호 주
및관계</td><td>의</td></tr>
<tr><td>주소</td><td colspan="2"></td><td>세대주
및관계</td><td>의</td><td colspan="2"></td><td>세대주
및관계</td><td>의</td></tr>
<tr><td rowspan="2">성명</td><td>한 글</td><td>서명(인)</td><td>전 화</td><td></td><td>한 글</td><td>서명(인)</td><td>전 화</td><td></td></tr>
<tr><td>한 자</td><td></td><td>본</td><td></td><td>한 자</td><td></td><td>본</td><td></td></tr>
<tr><td colspan="2">주민등록번호</td><td colspan="3"></td><td>주민등록번호</td><td colspan="3"></td></tr>
<tr><td rowspan="4">부모</td><td rowspan="2">부</td><td>본 적</td><td colspan="3"></td><td>본 적</td><td colspan="3"></td></tr>
<tr><td>성 명</td><td colspan="3"></td><td>성 명</td><td colspan="3"></td></tr>
<tr><td rowspan="2">모</td><td>본 적</td><td colspan="3"></td><td>본 적</td><td colspan="3"></td></tr>
<tr><td>성 명</td><td colspan="3"></td><td>성 명</td><td colspan="3"></td></tr>
<tr><td colspan="3">혼인해소일자</td><td colspan="3">년 월 일</td><td colspan="4">년 월 일</td></tr>
<tr><td colspan="3">신 본 적</td><td colspan="7"></td></tr>
<tr><td colspan="3">기 타 사 항</td><td colspan="7"></td></tr>
<tr><td rowspan="4">증인</td><td colspan="2">성 명</td><td colspan="3">서명(인)</td><td>주민등록번호</td><td colspan="3"></td></tr>
<tr><td colspan="2">주 소</td><td colspan="7"></td></tr>
<tr><td colspan="2">성 명</td><td colspan="3">서명(인)</td><td>주민등록번호</td><td colspan="3"></td></tr>
<tr><td colspan="2">주 소</td><td colspan="7"></td></tr>
</table>

※ 다음은 통계법 제13조에 의거 개인의 비밀사항이 철저히 보호되고 또한 국가의 인구정책 수집에 필요한 정보 수립이 목적이므로 사실대로 기재하여 주십시오.

<table>
<tr><td colspan="2">실제결혼년월일</td><td colspan="3">년 월 일부터 동거</td></tr>
<tr><td>직 업</td><td>남편</td><td></td><td>처</td><td></td></tr>
<tr><td>교육정도</td><td>남편</td><td>1 무학 2 초등학교 3 중학교
4 고등학교 5 대학이상</td><td>처</td><td>1 무학 2 초등학교 3 중학교
4 고등학교 5 대학이상</td></tr>
<tr><td>혼인종류</td><td>남편</td><td>1 초혼 2 사별후재혼 3 이혼후재혼</td><td>처</td><td>1 초혼 2 사별후재혼 3 이혼후재혼</td></tr>
</table>

(양식 제7호)

이혼(친권자지정)신고서

(불)수리	과태료처분	송부	지재	불수리통지
월 일	월 일	월 일	월 일	월 일

조사	년 월 일	조사자인	
시정지서	년 월 일	책임자인	

구분			남 편			처			
이혼당사자	본적			호 주 및관계	의			호 주 및관계	의
	주소			세대주 및관계	의			세대주 및관계	의
	성명	한 글	서명(인)	전화		한 글	서명(인)	전화	
		한 자		본 (한자)		한 자		본 (한자)	
	주민등록번호					주민등록번호			
부모	부	본 적				본 적			
		성 명				성 명			
	모	본 적				본 적			
		성 명				성 명			

복적 또는 부흥일가	본적		호주	
신본적				
부흥또는일가창립장소		일가창립원이		
기타사항				
재판확정일자	년 월 일	법원명		

친권자지정						
미성년자성명						
주민등록번호						
친권행사자		지정일자, 원인	. . .		지정일자, 원인	. . .

증인				
성 명	서명(인)	주소		
본 적			주민등록번호	
성 명	서명(인)	주소		
본 적			주민등록번호	

※ 다음은 국가의 인구정책 수립을 위한 기초자료로 이용되오니 정확히 기재해 주십시오.

실제결혼년월일	년 월 일부터 동거		실제이혼년월일	년 월 일부터 이혼
20세미만자녀수	명	이혼의 종류		1 협의이혼 2 재판에 의한 이혼
이 혼 사 유	1 부부불화 2 가족간 불화 3 건강상 4 경제문제 5 기타			
교육정도	남편	1 무학 2 국민학교 3 중학교 4 고등학교 5 대학이상	처	1 무학 2 국민학교 3 중학교 4 고등학교 5 대학이상

(양식 제1호)

출생신고서

년 월 일

<table>
<tr><td rowspan="5">출
생
자</td><td>본 적</td><td colspan="4"></td><td>호 주
및관계</td><td>의</td></tr>
<tr><td>주 소</td><td colspan="4"></td><td>세대주
및관계</td><td>의</td></tr>
<tr><td rowspan="2">성 명</td><td>한 글</td><td></td><td rowspan="2">본</td><td rowspan="2"></td><td>성별</td><td rowspan="2">1혼인중의 자
2혼인외의 자</td></tr>
<tr><td>한 자</td><td></td><td>남 여</td></tr>
<tr><td>출생일시</td><td colspan="7">년 월 일 시 분 (1자택 2병원 3기타)에서 출생</td></tr>
<tr><td></td><td>출생장소</td><td colspan="7"></td></tr>
<tr><td>부 모
성 명</td><td>부</td><td colspan="2">(본 :)</td><td>모</td><td colspan="4">(본 :)</td></tr>
<tr><td colspan="2">기타사항</td><td colspan="7"></td></tr>
<tr><td rowspan="2">신
고
인</td><td>성 명</td><td>서명(인)</td><td>주민등록번호</td><td></td><td>자격</td><td colspan="3"></td></tr>
<tr><td>주 소</td><td colspan="3"></td><td>전화</td><td colspan="3"></td></tr>
</table>

※ 다음은 국가의 인구정책 수립을 위한 기초자료로 이용되오니 정확이 기재하여 주십시오.

<table>
<tr><td>구 분</td><td colspan="2">부(父)에 관한 사항</td><td colspan="2">모(母)에 관한 사항</td></tr>
<tr><td>생년월일</td><td colspan="2">년 월 일</td><td colspan="2">년 월 일</td></tr>
<tr><td>직 업</td><td colspan="2"></td><td colspan="2"></td></tr>
<tr><td>교육정도</td><td colspan="2">1 무학 2 초등학교 3 중학교
4 고등학교 5 대학이상</td><td colspan="2">1 무학 2 초등학교 3 중학교
4 고등학교 5 대학이상</td></tr>
<tr><td colspan="2">부모의 결혼 년월일</td><td>년 월 일부터 동거</td><td>임신주(주)수</td><td>임신만 주</td></tr>
<tr><td colspan="2">태 아 수</td><td>1 1태아 2 2태아 3 3태아이상</td><td>신생아 체중</td><td>kg</td></tr>
<tr><td colspan="2">모의 출산아 수</td><td colspan="3">현재까지 총 명을 출산하여 명 생존(명 사망)</td></tr>
</table>

<table>
<tr><td rowspan="6">읍
면
동
접
수</td><td rowspan="6"></td><td>세대별주민
등록표정리</td><td>월 일
(인)</td><td rowspan="2">본
적
지
송
부</td><td rowspan="2">월 일
(인)</td><td rowspan="2">호 적 부
정 리</td><td rowspan="2">월 일
(인)</td></tr>
<tr><td>개인별주민
등록표작성</td><td>월 일
(인)</td></tr>
<tr><td>대 장
정 리</td><td>월 일
(인)</td><td rowspan="4">본
적
지
접
수</td><td rowspan="4"></td><td>호적부에주민
등록번호기재</td><td>월 일
(인)</td></tr>
<tr><td rowspan="3">주민 등록
번 호</td><td rowspan="3"></td><td>주민등록지
통 보</td><td>월 일
(인)</td></tr>
<tr><td rowspan="2">인 구 동 태
신고서 송부</td><td rowspan="2">월 일
(인)</td></tr>
<tr></tr>
</table>

[별지 제12호서식] 발급번호: 호

<table>
<tr><td>주민등록
번 호</td><td colspan="3">- </td><td colspan="2">인 감 증 명 서</td><td>본인</td><td>대리</td></tr>
<tr><td>성 명
(한 자)</td><td colspan="5">( )</td><td>인감</td><td></td></tr>
<tr><td rowspan="6">주
소
이
동
사
항</td><td>순서</td><td colspan="4">주소(통/반)</td><td colspan="2">전 입</td></tr>
<tr><td>1</td><td colspan="3">서울특별시 구 동 번지 호
아파트 동 호</td><td>/</td><td>. .</td><td>확인</td></tr>
<tr><td>2</td><td colspan="3"></td><td>/</td><td>. .</td><td></td></tr>
<tr><td>3</td><td colspan="3"></td><td>/</td><td>. .</td><td></td></tr>
<tr><td>4</td><td colspan="3"></td><td>/</td><td>. .</td><td></td></tr>
<tr><td>5</td><td colspan="3"></td><td>/</td><td>. .</td><td></td></tr>
<tr><td colspan="2">여행중의 주소</td><td colspan="3"></td><td>국적
(외국인)</td><td colspan="2"></td></tr>
<tr><td colspan="2">국외 주소지</td><td colspan="6"></td></tr>
<tr><td rowspan="2">부동산
매수자</td><td>성명(법인명)</td><td colspan="2"></td><td>주민등록번호</td><td colspan="3"></td></tr>
<tr><td>주 소</td><td colspan="6"></td></tr>
<tr><td colspan="2">비 고</td><td colspan="6"></td></tr>
</table>

1. 부동산매수자란에는 부동산매도용으로 증명을 사용하고자 하는 경우에 한하여 이를 기재하고 부동산매도용이외의 경우에는 "빈란"임을 표시하여야 합니다.
2. 제외국민이 부동산매도용으로 증명을 신청하는 경우에는 비고란에 이전 할 부동산명과 그 소재지를 기재합니다.
3. 비고란에는 금치산자 한정치산자의 표시 및 법정대리인의 성명과 주민등록번호를 기재합니다.

위 인감은 신고인감과 틀림없음을 증명합니다.

[양식 제27호] 〈개정 98 · 6 · 3〉

국 적 상 실 신 고 서

※ 아래의 작성방법을 읽고 기재하시기 바랍니다. 년 월 일

<table>
<tr><td rowspan="3">① 국적상실자</td><td>본 적</td><td colspan="3"></td><td>호주 및 관계</td><td>의</td></tr>
<tr><td>주 소</td><td colspan="3"></td><td>세대주 및 관계</td><td>의</td></tr>
<tr><td>성 명</td><td>한글</td><td></td><td>한자</td><td></td><td>주민등록번호</td><td></td></tr>
<tr><td colspan="2">② 국적상실연월일및원인</td><td colspan="6">년 월 일</td></tr>
<tr><td colspan="2">③ 취득한외국국적</td><td colspan="6"></td></tr>
<tr><td colspan="2">④ 기 타 사 항</td><td colspan="6"></td></tr>
<tr><td rowspan="2">⑤ 신고인</td><td>성 명</td><td>서명(인)</td><td>주민등록번호</td><td></td><td>자격</td><td></td></tr>
<tr><td>주 소</td><td colspan="3"></td><td>전화</td><td></td></tr>
</table>

작 성 방 법

*도장을 찍는 대신에 서명을 하셔도 됩니다.

*이 신고서에는 국정상실을 증명할 만한 서면을 첨부하여야 합니다.

④란의 기타사항에는 호적에 기재하여야 할 사항을 분명하게 하는데 특히 필요한 사항을 기재합니다.

⑤란의 자격에는 호주, 호주승계인, 배우자, 4촌이내의 친족등 해당되는 자격을 기재합니다.

부록 2 한글 맞춤법 문제

※ 다음은 한글 맞춤법 중 제3장 '소리에 관한 것'입니다. 맞는 것을 찾아 괄호 안에 동그라미를 해 주십시오.

1
㉠ 소쩍새가 운다 ( )
㉡ 솟적새가 운다 ( )

2
㉠ 산듯한 공기가 방안에 들어왔다 ( )
㉡ 산뜻한 공기가 방안에 들어왔다 ( )

3
㉠ 무를 칼로 싹둑 잘랐다 ( )
㉡ 무를 칼로 싹뚝 잘랐다 ( )

4
㉠ 교실이 야단법썩이다 ( )
㉡ 교실이 야단법석이다 ( )

5
㉠ 날이 추워 덛저고리를 입었다 ( )
㉡ 날이 추워 덧저고리를 입었다 ( )

6
㉠ 핑계없는 무덤 없다 ( )
㉡ 핑게없는 무덤 없다 ( )

7
㉠ 계시판에 구인광고를 붙였다 ( )
㉡ 게시판에 구인광고를 붙였다 ( )

8
㉠ 휴계실에서 쉬었다 가자 ( )
㉡ 휴게실에서 쉬었다 가자 ( )

9
㉠ 하늬바람이 분다 ( )
㉡ 하니 바람이 분다 ( )

10
㉠ 학교에서 닐리리타령을 불렀다 ( )
㉡ 학교에서 닐리리타령을 불렀다 ( )

11
㉠ 지금까지 한 일이 공념불되지 않게 하라 ( )
㉡ 지금까지 한 일이 공염불되지 않게 하라 ( )

12
㉠ 쌍용(雙龍) ( )
㉡ 쌍룡(雙龍) ( )

13
㉠ 그 노래를 듣고 전률(戰慄)을 느꼈다 ( )
㉡ 그 노래를 듣고 전율(戰慄)을 느꼈다 ( )

14
㉠ 학교신문에 가정란(家庭欄)이 있다 ( )
㉡ 학교신문에 가정난(家庭欄)이 있다 ( )

15
㉠ 실패률(失敗率) 낮추는 것이 우리의 일이다 ( )
㉡ 실패율(失敗率) 낮추는 것이 우리의 일이다 ( )

16
㉠ 새 금융상품은 년이율이 높다 ( )
㉡ 새 금융상품은 연이율이 높다 ( )

17
㉠ 연연불망(戀戀不忘)은 그리워 잊지 못함을 뜻한다 ( )
㉡ 연련불망(戀戀不忘)은 그리워 잊지 못함을 뜻한다 ( )

18
㉠ 빵이 놀놀하게 구워졌다 ( )
㉡ 빵이 놀롤하게 구워졌다 ( )

19
㉠ 밋밋한 부분이 있다 ( )
㉡ 밋밋한 부분이 있다 ( )

20
㉠ 맛이 씁살하다 ( )
㉡ 맛이 씁쌀하다 ( )

※ 다음은 한글 맞춤법 중 제4장 '형태에 관한 것'입니다. 맞는 것을 찾아 괄호 안에 동그라미를 해 주십시오.

21
㉠ 이리로 오시오 (   )
㉡ 이리로 오시요 (   )

22
㉠ 이것은 책이요, 저것은 붓이요, 또 저것은 먹이다 (   )
㉡ 이것은 책이오, 저것은 붓이오, 또 저것은 먹이다 (   )

23
㉠ 겨울에 얼음이 언다 (   )
㉡ 겨울에 어름이 언다 (   )

24
㉠ 그가 비로소 정상에 올랐다 (   )
㉡ 그가 비로서 정상에 올랐다 (   )

25
㉠ 네 꼬락서니가 왜 그 모양이냐? (   )
㉡ 네 꼴악서니가 왜 그 모양이냐? (   )

26
㉠ 물에 빠진 사람은 짚푸라기라도 잡는다 (   )
㉡ 물에 빠진 사람은 지푸라기라도 잡는다 (   )

27
㉠ 얼굴이 넓적하다 (   )
㉡ 얼굴이 넙적하다 (   )

28
㉠ 운동장이 널따랗다 (   )
㉡ 운동장이 널따랗다 (   )

29
㉠ 갓길이 널찍하다 (   )
㉡ 갓길이 널찍하다 (   )

30
㉠ 고기를 싫컷 먹었다 (   )
㉡ 고기를 실컷 먹었다 (   )

31
㉠ 오뚜기는 넘어지면 일어난다 ( )
㉡ 오뚝이는 넘어지면 일어난다 ( )

32
㉠ 그 음식점의 깍뚜기가 맛있다 ( )
㉡ 그 음식점의 깍두기가 맛있다 ( )

33
㉠ 함부로 지꺼리다 ( )
㉡ 함부로 지껄이다 ( )

34
㉠ 그 일은 일찍이 유래를 찾기 어려운 일이었다 ( )
㉡ 그 일은 일찌기 유래를 찾기 어려운 일이었다 ( )

35
㉠ 오늘이 몇일이냐? ( )
㉡ 오늘이 며칠이냐? ( )

36
㉠ 다달이 저금을 하였다 ( )
㉡ 달달이 저금을 하였다 ( )

37
㉠ 여기에 부나비가 많다 ( )
㉡ 여기에 불나비가 많다 ( )

38
㉠ 어머니께서 반짓고리를 찾으셨다 ( )
㉡ 어머니께서 반짇고리를 찾으셨다 ( )

39
㉠ 그가 떠난 지 사흗날이 된다 ( )
㉡ 그가 떠난 지 사흘날이 된다 ( )

40
㉠ 여름엔 모깃불을 피운다 ( )
㉡ 여름엔 모깃불을 피운다 ( )

41
㉠ 이 식당은 선지국으로 유명하다 ( )
㉡ 이 식당은 선짓국으로 유명하다 ( )

42
㉠ 그도 예전에 전세집에서 살았다 ( )
㉡ 그도 예전에 전셋집에서 살았다 ( )

43
㉠ 찌개가 끓자 조개살이 보였다 ( )
㉡ 찌개가 끓자 조갯살이 보였다 ( )

44
㉠ 아랫마을에 착한 사람이 산다 ( )
㉡ 아래마을에 착한 사람이 산다 ( )

45
㉠ 배가 들어오는 횟수를 세었다 ( )
㉡ 배가 들어오는 회수를 세었다 ( )

46
㉠ 머리말을 꼭 읽어야 한다 ( )
㉡ 머릿말을 꼭 읽어야 한다 ( )

47
㉠ 갯펄을 살려야 한다 ( )
㉡ 개펄을 살려야 한다 ( )

48
㉠ 시장에서 숫개를 사왔다 ( )
㉡ 시장에서 수캐를 사왔다 ( )

49
㉠ 집 안밖으로 청소를 하였다 ( )
㉡ 집 안팎으로 청소를 하였다 ( )

50
㉠ 아무튼 여기에서 기다려라 ( )
㉡ 아뭏든 여기에서 기다려라 ( )

51
㉠ 아무튼 여기에서 기다려라 ( )
㉡ 아뭏든 여기에서 기다려라 ( )

※ 다음은 한글 맞춤법 중, 제5장 '띄어쓰기'에 관한 것입니다. 맞게 띄어 쓴 것을 괄호 안에 동그라미를 해 주십시오. (둘 다 맞으면 모두 동그라미를 해 주십시오)

51
㉠ 나도 할 수 있다 ( )
㉡ 나도 할수 있다 ( )

52
㉠ 먹을만큼 먹어라 ( )
㉡ 먹을 만큼 먹어라 ( )

53
㉠ 키가 전봇대만큼 크다 ( )
㉡ 키가 전봇대 만큼 크다 ( )

54
㉠ 집이 큰지 작은지 모르겠다 ( )
㉡ 집이 큰 지 작은 지 모르겠다 ( )

55
㉠ 나무, 풀 등이 있다 ( )
㉡ 나무, 풀등이 있다 ( )

56
㉠ 남자뿐이다 ( )
㉡ 남자 뿐이다 ( )

57
㉠ 아는 대로 말해라 ( )
㉡ 아는대로 말해라 ( )

58
㉠ 고향에 갔던차에 선을 보았다 ( )
㉡ 고향에 갔던 차에 선을 보았다 ( )

59
㉠ 바둑 한 판 두자 ( )
㉡ 바둑 한판 두자 ( )

60
㉠ 규칙 제일항은 다음과 같다 ( )
㉡ 규칙 제일 항은 다음과 같다 ( )

61
㉠ 삼 년 육 개월 이십 일간 체류하였다 ( )
㉡ 삼년 육개월 이십일간 체류하였다 ( )

62
㉠ 그는 국장겸 과장의 일을 하고 있다 ( )
㉡ 그는 국장 겸 과장의 일을 하고 있다 ( )

63
㉠ 오늘 한국 대 일본의 경기가 있다 ( )
㉡ 오늘 한국 대 일본의 경기가 있다 ( )

64
㉠ 편지가 도착하기까지는 열흘 내지 보름이 걸린다 ( )
㉡ 편지가 도착하기까지는 열흘내지 보름이 걸린다 ( )

65
㉠ 훨씬 더 큰 새 집으로 이사했다 ( )
㉡ 훨씬 더큰 새집으로 이사했다 ( )

66
㉠ 누구나 늙어 간다 ( )
㉡ 누구나 늙어간다 ( )

67
㉠ 알아 가지고 간다 ( )
㉡ 알아가지고 간다 ( )

68
㉠ 학자인양한다 ( )
㉡ 학자인 양한다 ( )

69
㉠ 모르는체한다 ( )
㉡ 모르는 체한다 ( )

70
㉠ 잘 아는척한다 ( )
㉡ 잘 아는 척한다 ( )

71
㉠ 놓칠 뻔하였다 ( )
㉡ 놓칠뻔하였다 ( )

72

㉠ 잡아매 둔다 ( )

㉡ 잡아매둔다 ( )

73

㉠ 기억해둘 만하다 ( )

㉡ 기억해 둘 만하다 ( )

74

㉠ 이해리 씨가 온다 ( )

㉡ 이해리씨가 온다 ( )

75

㉠ 박동식 박사님이 찾으신다 ( )

㉡ 박동식박사님이 찾으신다 ( )

76

㉠ 그는 대한중학교에 다닌다 ( )

㉡ 그는 대한 중학교에 다닌다 ( )

77

㉠ 여름 채소 가꾸기가 한창이다 ( )

㉡ 여름채소가꾸기가 한창이다 ( )

78

㉠ 법에서 정해진 기간 내에 일을 마쳐야 한다 ( )

㉡ 법에서 정해진 기간내에 일을 마쳐야 한다 ( )

79

㉠ 그를 설득하는 데에 힘이 들었다 ( )

㉡ 그를 설득하는데에 힘이 들었다 ( )

80

㉠ 비가 올 듯하다 ( )

㉡ 비가 올듯하다 ( )

81

㉠ 비가 올 듯하다 ( )

㉡ 비가 올듯하다 ( )

※ 다음은 한글 맞춤법 중 제6장 '그 밖의 것'에 관한 것입니다. 맞는 것을 찾아 괄호 안에 동그라미를 해 주십시오.

81
㉠ 책을 틈틈히 읽어라 ( )
㉡ 책을 틈틈이 읽어라 ( )

82
㉠ 번번히 신세만 진다 ( )
㉡ 번번이 신세만 진다 ( )

83
㉠ 삶의 희노애락을 느꼈다 ( )
㉡ 삶의 희로애락을 느꼈다 ( )

84
㉠ 초파일에 만나자 ( )
㉡ 초팔일에 만나자 ( )

85
㉠ 지금은 지게꾼이 없다 ( )
㉡ 지금은 지게군이 없다 ( )

86
㉠ 팔꿈치를 때렸다 ( )
㉡ 팔굼치를 때렸다 ( )

87
㉠ 금강산에 나무꾼이 살았다 ( )
㉡ 금강산에 나무꾼이 살았다 ( )

88
㉠ 거적대기를 걷었다 ( )
㉡ 거적때기를 걷었다 ( )

89
㉠ 된장은 뚝배기에 끓여야 맛있다 ( )
㉡ 된장은 뚝빼기에 끓여야 맛있다 ( )

90
㉠ 자장면 곱빼기를 시켰다 ( )
㉡ 자장면 곱빼기를 시켰다 ( )

91

㉠ 그는 멋적게 웃었다 ( )

㉡ 그는 먹쩍게 웃었다 ( )

92

㉠ 가든지 오든지 마음대로 해라 ( )

㉡ 가던지 오던지 마음대로 해라 ( )

93

㉠ 그는 열심히 공부한다 그럼으로 은혜에 보답한다 ( )

㉡ 그는 열심히 공부한다 그러므로 은혜에 보답한다 ( )

94

㉠ 한약을 다린다 ( )

㉡ 한약을 달인다 ( )

95

㉠ 문이 저절로 닫혔다 ( )

㉡ 문이 저절로 닫쳤다 ( )

96

㉠ 차가 차와 마주 부딪쳤다 ( )

㉡ 차가 차와 마주 부딪혔다 ( )

97

㉠ 우표를 봉투에 붙인다 ( )

㉡ 우표를 봉투에 부친다 ( )

98

㉠ 생선을 조린다 ( )

㉡ 생선을 졸인다 ( )

99

㉠ 주민 대표로서 참석하였다 ( )

㉡ 주민 대표로써 참석하였다 ( )

100

㉠ 그가 나를 믿음으로 나도 그를 믿는다 ( )

㉡ 그가 나를 믿으므로 나도 그를 믿는다 ( )

참고문헌 및 저작권 대상

- 허영만, 〈〈사랑해〉〉, 채널, 2000.
- 고려대학교 사고와 표현 편찬위원회, 〈〈인문학과 글쓰기〉〉, 고려대학교 출판부, 2004.9
- 임동훈, 〈〈국어문화학교 교재〉〉, 국립국어원, 2004
- 교재편찬위원회, 〈〈바른말 좋은글〉〉, 성균관대출판부, 2002
- 일간지 기사 (해당 일자 표시함)

자기표현과 글쓰기

2006년 2월 23일 초판1쇄 인쇄
2006년 2월 28일 초판1쇄 발행
공저자 김영진 · 김학현 · 유승호
정 가 12,000 원

저자와의 협의하에 인지생략

펴낸이 임 순 재
펴낸곳 한올출판사
등록 제11-403호
121-849
주 소 서울시 마포구 성산동 133-3 한올빌딩 3층
전 화 (02)376-4298(대표)
팩 스 (02)302-8073
홈페이지 www.hanol.co.kr
e-메 일 hanol@hanol.co.kr